# PC und Netz effektiv nutzen – Gewinn für Studium und Beruf

**edition advanced**

Martin Rost (Hrsg.)

# PC und Netz effektiv nutzen – Gewinn für Studium und Beruf

edition advanced

**Umschlaggestaltung**
bhv Verlags GmbH

**Satz**
Olaf Schlierf · Satz, Grafik & DTP · Lachendorf



Dieses Buch wurde der Umwelt zuliebe auf chlorfrei gebleichtem Papier gedruckt.

**Gesamtherstellung**
Bercker Graph. Betrieb, Kevelaer



Für Verbesserungsvorschläge und Hinweise auf Fehler sind Verleger und Autor dankbar.


bhv Verlags GmbH
Novesiastraße 60
41564 Kaarst
Germany
Telefon: (0 21 31) 765-01
Telefax: (0 21 31) 765-101
Internet-Adresse: http://www.bhv.net

1. Auflage

01 00 99 98 97
10 9 8 7 6 5 4 3 2 1

ISBN 3-89360-145-7

Printed in Germany

# Inhaltsverzeichnis

# Statt eines Vorworts...
# Die Industrialisierung der Datenverarbeitung

Martin Rost

Die *Informationsgesellschaft* ist nicht erst mit dem Massen-PC entstanden, sondern lange schon Realität. Sie entstand als Folge der Mechanisierung des Buchdrucks durch Johann Gutenberg Mitte des 15. Jahrhunderts und war eine Voraussetzung für die Entwicklung von Werkzeug- und Dampfmaschinen, mit denen die *Industrielle Revolution* zum Anfang des 19. Jahrhunderts ihren Ausgang nahm (vgl. Giesecke 1990; 1992).

Und auch die *Informationsflut* ist alles andere als ein Phänomen erst der letzten beiden Jahrzehnte. Zu Beginn des 19. Jahrhunderts zählte man etwa 1000, zu dessen Ende waren es bereits etwa 10 000 wissenschaftliche Journale, für das Jahr 2000 rechnet man mit etwa einer Million entsprechenden Zeitschriften (vgl. Wiiers 1994) – von wissenschaftlichen Büchern noch ganz abgesehen. Das Problem der Informationsflut besteht nicht so sehr in den überbordenden Mengen an Mitteilungen – im Gegenteil, sie sind ökonomisch, politisch, wissenschaftlich und kulturell eine Errungenschaft moderner Gesellschaften – sondern das Problem der Informationsflut besteht in der bislang mangelhaften technischen Unterstützung beim Filtern von relevanten Mitteilungen. Computer und Computernetz sind moderne Techniken, mit denen nicht nur noch mehr Mitteilungen produziert werden, sondern mit denen sie auch gefiltert, automatisch verarbeitet und zu einem guten Teil bewertet werden können. Insofern tragen sie ungleich mehr als das Buch zur Bewältigung der Flut bei.

Der Einbau von Computer und Computernetz in den (Arbeits-)Alltag ist allerdings noch nicht bewältigt. Es klafft eine Lücke zwischen der atemverschlagenden Leistungsfähigkeit von Computern einerseits und dem typischen Umgang mit diesen andererseits. Ich danke den Teilnehmern der Newsgroup kiel.computer für einige aufgeführte Beispiele, die dieses Phänomen veranschaulichen:

- Ein Mitarbeiter, dem E-Mail über ein Computernetz betriebsweit zur Verfügung steht, schickt seine Mitteilung nach einem kurzen Anruf beim Empfänger per Fax zu.
- Bankangestellte übertragen die von den Kunden bereits in den Automaten eingegebenen Angaben per Hand wieder auf Überweisungsformulare und scannen die Formulare anschließend mit einem Lesegerät ein.
- Ein Messgerät im Chemielabor druckt kontinuierlich Daten aus. Eine Assistentin tippt acht Stunden am Tag die Daten in eine Datenbank ein.
- Ein Drucker für eine Abteilung druckt den Tag über beständig Protokolle von irgendetwas aus. Die Ausdrucke versteht niemand – auch weiss man nicht, wie man sie abstellen kann – weshalb sie eben direkt in den Müllkorb gedruckt werden.

– Bestelllisten werden auf einem Desktop-Publishing-System angefertigt, das Aufsummieren der Preise der einzelnen Posten geschieht anschließend per Taschenrechner.

Auf der Suche nach Beispielen für schmerzende Ineffizienz bei der PC-Nutzung muss man aber gar nicht in die Ferne schauen. Die Konstrukteure gängiger Textverarbeitungen geben immer noch ihr bestes, um ihren Nutzern eine Schreibmaschinensimulation zu präsentieren; aus gutem Grunde, denn die meisten kreativ schreibenden Textverarbeiter befinden sich gegenüber ihrem PC im Modus subversiver Opposition. Sie verachten die Schreibarbeit mit dem PC, zu der sie ihre Umgebung mit immer geringer werdender Nachgiebigkeit seit Ende der 80er Jahre ja leider nötigt. Ihrer Ansicht nach ist man gerade als sensibler Autor aufgerufen, sich grundsätzlich von der kalten Technik fernzuhalten, um sich die verbliebenen leisen Regungen der feinen Seele zu bewahren.

Das Niveau der Entwicklung einer Informationsgesellschaft bemisst sich nicht an dem technischen Fuhrpark, den eine Gesellschaft sich hinstellt, sondern an der Form des Umgangs mit diesem. Und die Form dieses Umgangs mit Technik ist nicht zuerst ein mentales Problem einzelner Menschen, sondern ein Problem der Organisationen, die die Menschen umschmiegen.

Unter den Künstlern und Wissenschaftlern, den Medizinern, Pharmazeuten, Rechtsanwälten, den Richtern und Staatsanwälten, den Lektoren, Programmierern, Ingenieuren, Lehrern, Autoren und sämtlichen Varianten von Management-Berufen usw. herrschen noch immer Zunft-organisiertes Kunsthandwerk mit einem – im gesellschaftlichen Vergleich – meist gering technisierten Niveau der Informationsverarbeitung und einem entsprechend kunsthandwerklichem Selbstverständnis der Akteure vor (vgl. dazu ausführlich: Rost 1996). Diese Berufe werden derzeit industrialisiert. Die Betroffenen greifen deshalb gern zu dürftigen Kritik-Simulationen, in denen Computer und Netz apokalyptische Wirkungen auf Geist und Gesellschaft nachgesagt werden (vgl. Postman 1991; Stoll 1995; Virilio 1996). Die Ängste der alten Infoelite sind ja auch aus deren Sicht durchaus begründet: Durch die Industrialisierung der Informationsverarbeitung geht es der traditionellen Infoelite mit ihrer Vorherrschaft über die Verlautbarungsmedien vermutlich an den Kragen. Ihre zunftpolitischen Filter werden wirkungslos, wenn im Netz nach Belieben publiziert werden kann und eher formale Kriterien des Filterns relevanter Texte entwickelt werden müssen. Ernstzunehmendere Versuche der Kritik findet man auch nicht bei denjenigen, die weder zur alten etablierten Infoelite gehörten noch sich offensiv die neue Technik aneignen mögen, sondern sich zur etablierten Gegenöffentlichkeit zählen. Ihnen gelingt zumeist wenig mehr als die Formulierung des Verdachts, dass sich die Vorherrschaft der alten Infoelite sehr wohl doch auch über das neue Medium Internet erstrecke und sie dadurch insgesamt eher noch gefestigt sei (vgl. nettime 1997).

Sobald ein PC nicht mehr stand-alone, sondern an ein Computernetz angeschlossen ist, lässt er sich nicht länger im suboptimalen Modus einer Schreibmaschine verwenden. Der vernetzte PC ist durch die Integration in das Netz zu einem Bestandteil einer universalen *Datenverarbeitungsmaschinerie* geworden und bildet dadurch Ansprüche an Bedienung und Know-How ganz eigener Art aus. Man muss sich fortan als Computernetznutzer nicht nur mit Sicherheitsproblemen wie *Verschlüsselung* und *Steganografie* (also dem Verbergen des Verschlüsselns) beschäftigen, sondern sich auch mit verschiedenen Datenformaten und Umlauten, mit Kompressions- und Verschlüsselungsprogrammen auskennen, E-Mail- und Serveradressen analysieren und die Software und Hardware des PC zumindest im Groben untersuchen können usw. Denn auf absehbare Zeit noch fällt Netzkommunikation nicht wie der Strom aus der Steckdose...

Das neue Produktionsniveau mittels vernetztem PC gegenüber einer Schreibmaschine zeigt sich in den folgenden Aspekten:

Texte auf der Basis von Computernetzen können zu einem guten Teil bereits automatisch bearbeitet werden, wie dies in Form der *Search-Machines* im World Wide Web sowie der *Personal Agents* und *Robots* geschieht. Diese Maschinen erzeugen, obwohl sie nach wie vor vollkommen trivial technisch operieren, aus bestehenden Texten neue Texte, die für ihre Nutzer einen Sinngewinn mit Neuigkeitswert abwerfen.

Texte lassen sich auf der Basis von Computernetzen in Teams erarbeiten, deren Grad der *Arbeitsteilung* so weit wie noch nie hochgetrieben werden kann. Mit Papier als Kommunikationsmedium war *Teamarbeit* entweder mit einer nur groben Arbeitsteilung oder mit dermaßen viel Zeitaufwand für den Abgleich verbunden, dass der zusätzliche Gewinn, der durch Teamarbeit erzeugt werden sollte, aufgezehrt wurde.

Und es werden die Funktionen des *Managements* durch Projektverwaltungssoftware trivialisiert. Manager haben es zunehmend schwerer, ihre besondere, bislang so schwer fassbare Position zu begründen. Der Konflikt, dass sie schlicht die nackte Macht innehaben, tritt dann glasklarer als derzeit zutage.

Viele der *Krisenerscheinungen* der westlichen Gesellschaften (hohe *Arbeitslosigkeit* gerade auch unter Akademikern; das Poröswerden der Sinnstiftung und Identitätsschaffung durch *Normalerwerbsarbeit*, die Auflösung von *Großorganisationen* wie Kirche, Gewerkschaften, Parteien bis hin zum Sozialstaat etc.) lassen sich mit der These vom Abschluss der Industrialisierung der Gesellschaft mit Gewinn aufhellen. Ich werde auf die sozialen Konflikte, die durch die Fortsetzung der Industrialisierung der Gesellschaft durch den Einbau der Kommunikationstechniken absehbar entstehen, hier nun nicht weiter eingehen können (gehaltvolle Analysen der Situation sind zu finden in: Bolhuis/ Colom 1995; Bulmahn et al. 1996; Castells 1996; Heibach/Bollmann 1996; Heuser 1996; Priddat 1996; Rost 1996; Schmiede 1996; Gräf/ Krawitz 1997; Münker/ Roesler 1997). Ich habe diese Überlegungen hier deshalb umrissen, weil sie den theoretischen Hintergrund abgeben, vor dem ich die Beiträge in diesem Buch zusammengestellt habe.

# Die Beiträge in diesem Buch

Die Autoren können ihren Problembereich in der Regel nur knapp umreißen. So lassen sich beispielsweise allein zum Thema „Ergonomie am PC-Arbeitsplatz“ einige Meter an Buchrücken abschreiten. Ihr Ziel konnte deshalb nur darin bestehen, für das angesprochene Problem sensibel zu machen und dann im Verlauf etwas genauer auf einige typische Details einzugehen. In jedem Beitrag finden sich selbstverständlich Hinweise auf vertiefende Literatur. Wir haben uns darum bemüht, zu einem guten Teil Texte im World Wide Web zu berücksichtigen.

Literaturhinweise auf Publikationen im World Wide Web werden als Adressangaben, sogenannte *URL* (Uniform Ressource Locator) formuliert. Eine typische URL-Angabe auf einen Text auf meiner WWW-Homepage lautet: `http://www.netuse.de/~maro/mr_dml.html`. Das *http* (HyperText Transfer Protocol) gibt hierbei den Transportmechanismus für die Daten an, dann folgen die Angaben der Adresse des Servers (die zumeist mit „www." beginnt) sowie häufig die Namen von Verzeichnis und Datei (die meist mit „.htm" oder „.html" endet). Sind kein Verzeichnis- und Dateinamen angegeben, gelangt man auf die Startseite des Servers, von der aus dann Links auf das Textangebot des Servers gesetzt sind. Als *Link* bezeichnet man die Verknüpfung einer Textstelle mit einer anderen Textstelle, die man über eine URL in einem World-Wide-Web-Browser (die bekanntesten Browser heißen *Netscape*, *Mosaic* oder *Internet Explorer*) direkt anspringen kann. Hierbei ist es für den Benutzer vollkommen gleichgültig, ob der Link auf eine Stelle im gleichen Text zeigt oder zu einem anderen Text auf einem anderen Server, solange zwischen den Servern ein Kontakt über Internet besteht.

Nun zu den Beiträgen im einzelnen:

Zu Anfang nimmt sich Werner Herwig dem Problem der Gestaltung von PC-Arbeitsplätzen an. Nackenschmerzen, Sehnenscheidenentzündungen und Augenprobleme sind die häufigsten Beschwerden von PC-Anwendern. Sie lassen sich auf die oftmals katastrophale *ergonomische Gestaltung* insbesondere heimischer PC-Arbeitsplätze zurückführen.

Lutz Ohlendieck zeigt in seinem Beitrag, wie nützlich es ist, sich während kreativer Schreibphasen und bei Schreibblockaden zu bewegen. Ein besonderer Clou kommt hinein, wenn ein Spracherkennungssystem zur Verfügung steht, das während des Gehens das Gesprochene in Text umsetzt.

In meinem Beitrag zeige ich, wie sich die *Zusammenarbeit im Team* optimal und mit geringen Kosten organisieren lässt, sofern sämtliche Mitglieder des Teams über E-Mail kommunizieren.

Manfred Boni stellt Strategien dar, wie sie Bibliothekare benutzen, wenn sie über das Internet nach *Buchtiteln recherchieren.* Er vergisst auch nicht den Weg zu zeigen, wie man an ein gefundenes Buch auch tatsächlich gelangt.

Anschließend wirft Kristian Köhntopp die *WWW-Search-Engine Altavista* so an, dass sie nicht etwa 25 000, sondern allenfalls wenige Dutzend relevante Treffer anzeigt. Eine Recherche ist dann optimal angelegt, wenn die Formulierung der Anfrage spezifisch-relevante und überraschend-interessante Treffer erzeugt.

Als eine Search-Engine ganz anderer Art lassen sich *Elektronische Diskussionsforen* benutzen, wenn man nicht Fakten, sondern Thesen sucht oder diese bearbeitet wissen will. Dagmar Jäger und Patrick Goltzsch berichten, wie sich gehaltvolle Diskussionen in Newsgroups und Mailinglists lostreten lassen. Sie ermutigen außerdem, nicht nur Mailinglists zu nutzen, sondern sie einrichten zu lassen.

Wenn es gelingt, ein Experiment so zu entwerfen, dass es Daten in Form von Spannungsunterschieden erzeugt, kann man mit geringen Investitionen das *Sammeln und Aufbereiten von Daten* einem PC überlassen, wie Renee Rober zeigt.

Und auch Psychologen und Soziologen wissen inzwischen, wie sie an Befragungsdaten gelangen, die von den Befragten am Computer erzeugt wurden. Bernad Batinic berichtet davon, wie er das *Internet als wissenschaftliches Erhebungsinstrument* einsetzt.

Einen Überblick über Tastaturen und Scanner sowie praxisgestählte Hinweise auf den Umgang mit *OCR-Software* gibt Karl Sarnow.

Hat ein *elektronischer Zettelkasten* einen gewissen Umfang angenommen, kann er seinen Autoren ungleich besser noch als in der papierenen Version überraschen. Dieser Effekt stellt sich ein, wenn die Verbindungen zwischen den Einträgen eines elektronischen Zettelkastens automatisch hergestellt werden. Wie das genau funktioniert, zeigt sein Erfinder Markus Krajewski.

Überraschungen ganz anderer Art kann man erleben, wenn man mit den üblichen *Standard-Textverarbeitungen* arbeitet. Martin Recke gibt einen Einblick in den versierten Umgang mit dem Office-Programmpaket von Microsoft.

Beispiele dafür, wie man Textdateien automatisiert bearbeiten lassen kann, zeigt Ehrhardt Petter in seinem Beitrag über die Anwendung der *Programmiersprache Perl*, die mittlerweile für jedes Betriebssystem zur Verfügung steht.

*Gutes Layout* nach klassischem Vorbild ist das Thema von Hermann Rotermund. Die Herstellung der knappen Ressource Aufmerksamkeit hat heutzutage auch die eher auf Askese getrimmten Wissenschaftler zu interessieren, weil sie bislang dazu neigten, eine gute Form eher zu verdächtigten als sich um sie zu bemühen.

Mit dem gleichen Hintergrund gibt auch Jörg Kybelka eine Übersicht zur *Bürotechnik* und zu Programmen, mit denen sich Daten für Präsentationen aufbereiten lassen.

Ehrhardt Petter zeigt in seinem zweiten Beitrag auf, welche Formen *elektronischen Publizierens* derzeit realisierbar sind und auf welche Umstellungen Autoren, die bislang mit Papier vertraut waren, sich dabei einstellen müssen.

Dirk Hagedorn weist in das Konzept der *Markup-Languages* ein. Markup-Languages erlauben die betriebssystemübergreifende, textformatunabhängige und publikationsformflexible Texterstellung. Die Verwendung von Markup-Languages ist das derzeit wichtigste Mittel zur Steigerung der Produktivität von Textverarbeitern.

Torben Schmielau schildert zum Schluss, wie sich mit geringen Mitteln eine Mailbox eröffnen lässt. Auch wenn „Mailbox" gern mit den Rechnern der als Hobby betriebenen Mailboxnetze assoziiert wird... Mailboxen bilden für viele Betriebe die technische Grundlage der Telearbeit.

## Literatur

van Bolhuis, Herman E./ Colom, Vincente, 1995: Cyberspace Reflections, Brussels: VUB University Press

Bulmahn, Edelgard/ Haaren, Kurt van/ Hensche, Detlef/ Kiper, Manuel/ Kubicek, Herbert/ Rilling, Rainer/ Schmiede, Rudi (Hrsg.), 1996: Informationsgesellschaft – Medien – Demokratie. Kritik – Positionen – Visionen, 1. Auflage, Marburg: BdWi-Verlag

Castells, Manuell 1996: The Rise of the Network Society. Blackwell Publishers, Cambridge Mass.

Giesecke, Michael, 1990: Der Buchdruck in der frühen Neuzeit. Eine historische Fallstudie über die Durchsetzung neuer Informations- und Kommunikationstechnologien, Frankfurt am Main: Suhrkamp

Giesecke, Michael, 1992: Sinnenwandel, Sprachwandel, Kulturwandel – Studien zur Vorgeschichte der Informationsgesellschaft, Frankfurt am Main: Suhrkamp

Gräf, Lorenz/ Krajewski, Markus (Hrsg.), 1997: Soziologie des Internet. Handeln im elektronischen Web-Werk, Frankfurt am Main: Campus

Heibach, Christiane/ Bollmann, Stefan (Hrsg.), 1996: Kursbuch Internet – Anschlüsse an Wirtschaft und Politik, Wissenschaft und Kultur, 1. Auflage, Mannheim: Bollmann-Verlag

Heuser, Uwe Jean, 1996: Tausend Welten – Die Auflösung der Gesellschaft im digitalen Zeitalter, Berlin: Berlin Verlag

Münker, Stefan/ Roesler, Alexander (Hrsg.), 1997: Mythos Internet, 1. Auflage, Frankfurt am Main: Suhrkamp

nettime (Hrsg.), 1997: Netzkritik – Materialien zur Internet-Debatte, 1. Auflage, Berlin: Edition ID-Archiv

Priddat, Birger P. (Hrsg.), 1996: Arbeits-Welten – Forum für Dimensionen und Perspektiven zukünftiger Arbeit, Band 1, Marburg: Metropolis-Verlag

Rost, Martin (Hrsg.), 1996: Die Netzrevolution – Auf dem Weg in die Weltgesellschaft, Frankfurt am Main: Eichborn-Verlag

Schmiede, Rudi (Hrsg.), 1996: Arbeit, Produktion und Subjekt in der Informationsgesellschaft, Berlin: Edition Sigma

Wiiers, L., 1994: A Vision of the Library of the Future; in: Geleijnse, H./ Grootaers, C. (eds.), 1994: Developing the Library of the Futur – The Tilburg Experience; Tilburg University Press, S. 1-9

# Gestaltung des Bildschirmarbeitsplatzes

Werner Herwig

Nicht wir passen uns der Maschine an, sondern sich die Maschine an uns. Diesem Prinzip geht die Wissenschaft der *Ergonomie* nach. Auf den Bildschirmarbeitsplatz ist diese Forderung selbstverständlich ebenfalls anzuwenden.

Es mutet seltsam an, wieviel Wert z.B. im Handwerk auf gutes Werkzeug gelegt wird, während viele Bildschirmarbeiter die schlechte Ausstattung ihres Arbeitsplatzes hinnehmen. Die Tische sind zu klein, die Monitore flimmern, das Licht blendet, der Stuhl ist eine Zumutung, der gesamte Arbeitsplatz eines heimischen Textverarbeiters ist in irgendeine überladene Zimmerecke hineingedrückt. Die Menschen, die unter solchen Bedingungen arbeiten müssen, sind alles in allem von dieser Umgebung schnell genervt. Die Abbildung 1-1 zeigt das technische Spannungsfeld, in dem man sich am Arbeisplatz befindet.

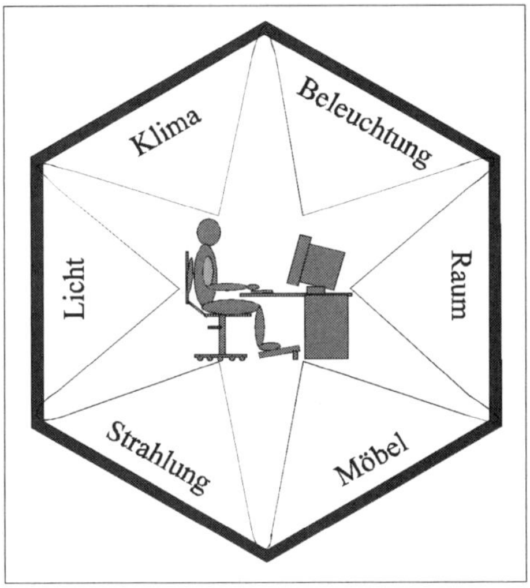


***Abbildung 1-1:***
*Einflussfaktoren auf den Bildschirmarbeitsplatz*

Ein Arbeitsplatz ist dann *ergonomisch* gut gestaltet, wenn unter Berücksichtigung aller Einflussfaktoren ein angenehmes Arbeiten möglich ist und die Arbeit keine Gefahr für die Gesundheit bedeutet. Das ist nach unzähligen Besuchen des Autors in Büros in den meisten Fällen kein finanzielles Problem. Viele Beschäftigte sind selbst dafür verantwortlich, dass ihr Arbeitsplatz ungesund gestaltet ist. So kommt es immer wieder vor, dass zwar moderne Bürosysteme angeschafft worden sind, die Tische sind ideal, der Stuhl ist sehr gut, aber beide Elemente sind falsch eingestellt. Meist hilft in solch einem Fall schon eine kurze Beratung, die zudem bei den zuständigen Berufsgenossenschaften auch noch kostenlos ist.

## 1.1 Wer rastet, der rostet!

Heute verbringen die meisten ihren Tag in einer Position, die für uns Menschen eigentlich völlig ungeeignet ist. Die Evolution hat zum „Leidwesen" unserer *Wirbelsäule* dazu geführt, dass wir uns nicht mehr auf allen Vieren fortbewegen. Der Entschluss unserer Urur-ahnen, sich aufzurichten, hatte weitreichende Konsequenzen. Die Wirbelsäule, ein wahres „Meisterwerk" in Bezug auf Statik, Federkomfort, Haltbarkeit, Beweglichkeit und Ausgewogenheit, muss seitdem noch mehr Schwerstarbeit leisten. Sie erträgt uns trotzdem erstaunlich lange, wenngleich viele meinen, sie hätten noch eine zweite im Gepäck. Dabei braucht sie eigentlich nur ein bisschen Bewegung. Die zwischen den einzelnen Wirbeln befindlichen *Bandscheiben*, deren Funktion der eines Autostoßdämpfers ähnelt, brauchen eine ausreichende Nährstoffversorgung, um dieser Dämpferfunktion nachkommen zu können. Die Nährstoffversorgung wird durch ständige Bewegung – Belastung und Entlastung – sichergestellt. Ohne Bewegung der Wirbelsäule führt der ständige tägliche Druck, der auf unseren Schultern lastet, allmählich zu einer Abstandsverringerung zwischen den Wirbeln. Um es noch anschaulicher zu machen: Die Bandscheibenbelastung im Sitzen ist mit ca. 200 kp doppelt so hoch wie die Belastung beim Stehen. Kommt zu diesem hohen Druck noch eine allmählich einsetzende falsche Körperhaltung, kann die Situation eintreten, dass urplötzlich der knorpelartige Bandscheibenkern seitlich hervorspringt. Dabei kann es zu Behinderungen wichtiger Nervenstränge kommen, was mit Taubheit in den Beinen u.s.w. verbunden sein kann. Dann kommt es zum klassischen *Bandscheibenvorfall.* Natürlich ist das der Extremfall, der nicht bei jedem eintreten muss. Bestimmte Anzeichen in diese Richtung sind häufige Rückenschmerzen, Verspannungen der Muskeln, um nur einige Beispiele zu nennen.

Geht es um Beschwerden im Zusammenhang mit der Bildschirmarbeit (vgl. Abbildung 1-2), spielen Rückenprobleme mit Abstand die größte Rolle, dann folgen Probleme mit den Augen. In diesem Zusammenhang muss erwähnt werden, dass Sehprobleme häufig die Ursache für Haltungsprobleme bei der Bildschirmarbeit darstellen, was viele Beschäftigte nicht wissen. Eine bestehende Kurz- oder Weitsichtigkeit wird auf die einfachste Art und Weise kompensiert, indem man kurzerhand die Sitzposition verändert und so eine Haltung entwickelt, die das oben beschriebene Rückenproblem nochmals verstärkt. Typische Beispiele sind diejenigen, die mit der Nase fast am Monitor kleben. Dass in einem solchen Fall Nackenverspannungen vorprogrammiert sind, mag jedem einleuchten.

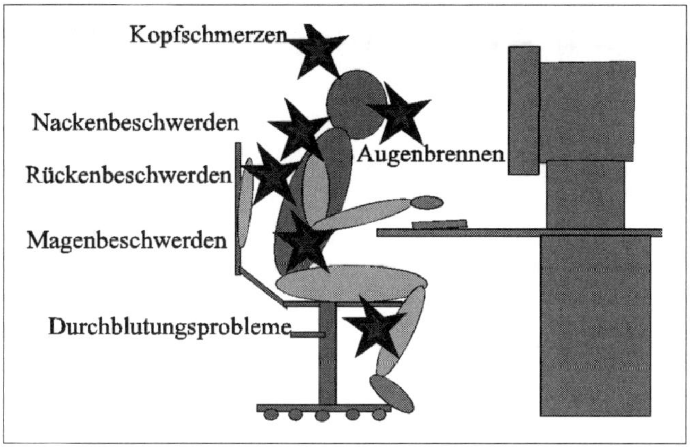


***Abbildung 1-2:***
*Beschwerden bei der Bildschirmarbeit*

Das Problem *Augenbrennen* wird ebenfalls häufiger genannt. Auch hier ist möglicherweise der Bewegungsmangel von Bedeutung. Nachgewiesen ist, dass bei der Bildschirmarbeit die Augenlieder weniger bewegt werden. In Verbindung mit trockener Raumluft, besonders im Winter, sind gerötete Augen am Ende eines Arbeitstages nicht selten. Die Lösung ist wieder einmal das Zauberwort *Bewegung*. Eine wechselnde Tätigkeit, ab und zu aus dem Fenster in die Ferne gucken und eine höhere Luftfeuchtigkeit – ca. 50% –, lässt solche Probleme nicht mehr aufkommen. Sollte das doch der Fall sein, so könnte die Ursache in dem Sonderangebot-*Monitor* liegen oder in dem Ehrgeiz, einen ganzseitigen Brief am 14 Zoll großen Monitor zu bearbeiten (siehe weiter unten).

Statische Körperhaltung bedeutet auch Schwerstarbeit für Muskeln und Kreislauf. Paradoxerweise erhöht sich beim Sitzen der Blutdruck, allerdings nicht wie bei Bewegung durch Volumenvergrößerung, sondern durch Gefäßverengung. Diese Art der Blutdruckveränderung ist auf Dauer ungünstig und kann nur durch wechselnde Tätigkeiten verhindert werden. Die Muskeln müssen in zweierlei Hinsicht leiden. Einerseits werden einige Muskelpartien unterfordert (z. B. Bauchmuskulatur), einige andererseits überfordert (z. B. Nackenmuskulatur). Das Resultat sind schlaffe Bauchmuskeln und Verspannungen im Nacken. Darüber hinaus spielen besonders die Beinmuskeln als *Blutpumpe* eine wichtige Rolle. Das Blut gelangt zwar auch im Sitzen noch in die Beine, ohne die Hilfe der Beinmuskulatur ist der Rückfluss aber ungünstiger. Am Ende werden die Füße immer dicker und wir haben immer weniger das Bedürfnis, auf einem Fleck zu sitzen.

Festzuhalten bleibt demnach: Bewegung ist unabdingbar für unseren Körper. Die gerade in Kraft getretene *Bildschirmarbeitsplatzverordnung* – Informationen zu dieser Verordnung erteilt u. a. jede *Berufsgenossenschaft* – fordert in diesem Zusammenhang u. a. *Pausenregelungen* **oder** andere Tätigkeiten. Ein Arbeitsplatz, der keine Dynamik zulässt, stellt in jedem Falle ein großes Problem für unseren Körper dar. Die Aussage, und das sei hier nochmals betont, bedeutet nicht, dass Bildschirmarbeit grundsätzlich in Frage gestellt werden soll. Das Ziel dieses Kapitels soll vielmehr ein Versuch sein, Hilfestellung bei der Gestaltung eines Arbeitsplatzes zu leisten, um den geschilderten Problemen vorzubeugen. Dabei besteht der Bildschirmarbeitsplatz aus einer Vielzahl von Elementen, die es zu berücksichtigen gilt.

## 1.2 Mehr Platz für den Arbeitsplatz

Platz ist in der kleinsten Hütte. Den Eindruck könnte man häufig bei der Betrachtung von Arbeitsplätzen, besonders im Heimarbeitsbereich, gewinnen. Merkwürdig klingt es schon, dass in Deutschland ein Arbeitsplatz nach der *Arbeitsstättenverordnung* nicht kleiner als 8 qm sein darf, womit die Mindestgröße geringer als die eines Schäferhundzwingers ist. Selbstverständlich ist durch derartige Vorgaben das Streben nach mehr Bewegungsfreiheit eher eine Wunschvorstellung, zumal die moderne Bürotechnik deutlich mehr Platz verbraucht als eine Schreibmaschine.

Um allein Tastatur und Monitor unterbringen zu können, benötigen wir *mindestens* 90 cm *Tischtiefe*, 160 cm Breite und 72 cm Höhe. Man geht davon aus, dass die Tastatur im Mittel eine Höhe von 3 cm hat (bitte nicht auf die Klappfüße stellen, die Sehnen danken es Ihnen): Somit ergibt sich eine *Arbeitshöhe* von 72 cm + 3 cm = 75 cm. Ideal wäre natürlich ein höhenverstellbarer Tisch, den man an die Größe der Personen anpassen kann.

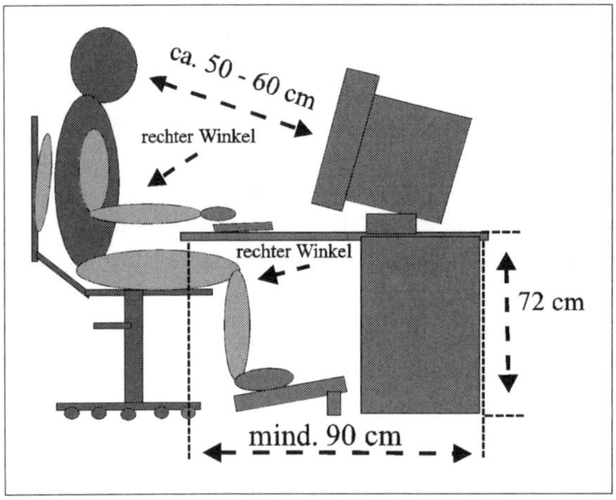


***Abbildung 1-3:*** *Ergonomisch gestalteter Bildschirmarbeitsplatz*

Die genannten Tischplattenmaße garantieren ausreichend Platz für Monitor, Vorlagenhalter, Tastatur und Handballen. Die Anordnung sollte so gestaltet sein, dass der Kopf nicht ständig hin und her gedreht werden muss. Nach den Seiten können Augen in einem Winkel von 60 Grad sehen, nach oben und unten in etwa 120 Grad. Der Monitor sollte so hoch eingestellt werden, dass ein entspanntes, leicht nach unten geneigtes Sehen möglich ist. Auch unter dem Tisch muss freie Bewegung möglich sein. Schreibtische, die links und rechts fest angebrachte Schränke und in der Mitte eine Schublade haben, sind als Bildschirmarbeitsplätze völlig ungeeignet, da sie die Bewegungsfreiheit erheblich einschränken, außerdem ist nur die Mitte nutzbar. Die Sehentfernung zum Monitor sollte ca. 50 cm betragen, da unsere Augen innerhalb dieses Bereiches noch recht ordentlich nah- und fernzoomen können.

In diesem Zusammenhang sei noch auf ein ärgerliches Möbelstück hingewiesen, das nach dem Kauf immer wieder zu Enttäuschungen führt: der rollende *Computer-Tastatur-Drucker-Tisch.* Scheinbar handelt es sich um ein wahres Wunderwerk an Funktionalität:

Auf engstem Raum ist alles greifbar, das Herz des Bewegungsfaulen lacht, unser Körper sieht das jedoch anders; kaum Fußraum, wenig Ablageplatz, wackelig, zu niedrig und viel zu teuer, aus ergonomischer Sicht eine Katastrophe.

# 1.3 Der Stuhl

Wenige Völker auf der Welt benutzen in dem Maße wie die sogenannten *hochentwickelten Industriegesellschaften* Stühle zum Sitzen. Oft dominiert noch das Hocken und Knieen. Ob wir uns mit unserem Gestühl unbedingt einen Gefallen tun, das mag man ruhig bezweifeln, gibt es doch genaugenommen keinen *Gesundheitsstuhl*, wie es manche Verkäufer plausibel machen wollen. Falsches Sitzen, erst recht zu langes falsches Sitzen, ist für unseren Körper außergewöhnlich schädlich. Die Wirbelsäule wird in eine Position gezwungen, die besonders im Lendenwirbelbereich zu großen Belastungen führt. Unsere *Bandscheiben* müssen Schwerstarbeit verrichten und dies in vielen Fällen ohne große Unterbrechungen, da viele Bildschirmarbeitsplätze oftmals so gut durchorganisiert sind, dass man ohne sich vom Platz erheben zu müssen, problemlos acht Stunden sitzen könnte. Da werden Arbeitsplatzdrucker in der Nähe installiert, Aktenregale so positioniert, dass alles mit einem Griff zu erreichen ist. Und die Faxsoftware verhindert den Gang zum Faxgerät.

Dabei würde es unserem Körper schon reichen, ab und zu einmal aufstehen zu dürfen; das dabei entstehende Gespräch am Faxgerät ist zudem noch gut für unsere Psyche und das Betriebsklima, sofern es sich nicht um einen Heimarbeitsplatz handelt. In diesem Fall bietet sich ein kurzer Gang zum Balkon bzw. in den Garten an. Da das Sitzen nun einmal notwendig ist, sollte der *Stuhl* einige Kriterien erfüllen.

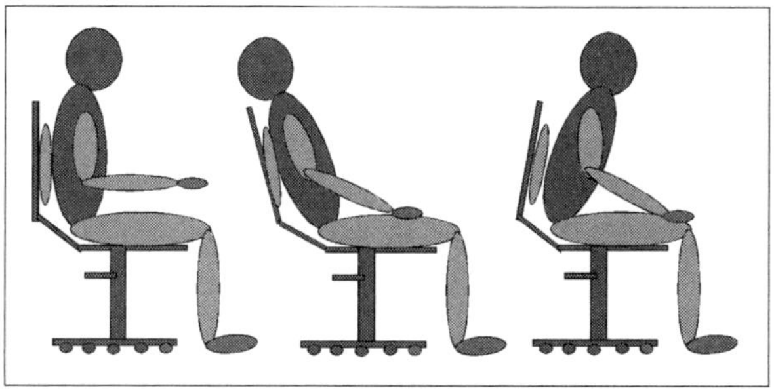

***Abbildung 1-4:***
*Dynamisches Sitzen*

An erster Stelle steht der Grundsatz des *dynamischen Sitzens* (vgl. Abbildung 1-4), also die Möglichkeit des sich entspannten Zurücklehnenkönnens. Notwendig sind ferner Drehmöglichkeit und Höhenverstellbarkeit. Die Sitzfläche sollte nicht zu lang sein und die Lendenwirbelsäule im hinteren Bereich ein wenig unterstützen. Rollen sind zwar nicht unbedingt notwendig, aber praktisch, sofern sie dem Fußboden entsprechend angepasst sind, also harte Kunststoffrollen für weiche Böden und weiche, gummierte Rollen für harte Böden.

Der Fußboden wird es danken, und selbstbremsende Rollen verhindern ein Wegrollen des Stuhles. Zu guter Letzt sei noch auf eine ausreichend hohe Rückenlehne hingewiesen. Sie sollte in etwa bis zu den Schulterblättern reichen. Man sollte aber daran denken, dass kein Stuhl der Welt natürliche Bewegung ersetzen kann. Der Stuhl kann uns, je nach Qualität, nur Erleichterung verschaffen. Optimal wären noch kleine gymnastische Übungen zwischendurch. Wie solche Übungen einfach und wirkungsvoll durchgeführt werden können, ist im Material der Krankenkassen und der Berufsgenossenschaften nachzulesen.

Noch ein Hinweis zum Thema *Sitzball* und *Kniehocker*. Auf den ersten Blick ist der Sitzball sicherlich eine interessante Alternative zum Stuhl. Die *Bandscheiben* sind immer in Bewegung. Allerdings gibt es zwei erhebliche Nachteile. Zum einen schaffen wir es nur kurze Zeit, den Rücken für längere Zeit ohne Unterstützung so gerade zu halten, dass es einigermaßen auszuhalten ist. Zum anderen besteht auf Grund des unsicheren Standes Unfallgefahr. Der Kniehocker hat ebenfalls keine Rückenlehne, ist somit für unsere verweichlichten Rückenmuskulaturen nicht geeignet. Ein entscheidender Nachteil des Kniehockers ist außerdem die eingeschränkte Bewegungsfreiheit der Beine, von Dynamik kann überhaupt keine Rede sein. Verstärkt wird das Ganze noch durch den großen Auflagedruck auf die Schienbeine, wodurch nicht selten eingeschlafene Füße, also offensichtliche Stauungserscheinungen, entstehen. Beide Möbel mögen zwar krankengymnastisch einsetzbar sein, aber bitte nicht bei langer Arbeit am Bildschirm. Abwechslung ist auch billiger zu bekommen. Wer unbedingt investieren will, sollte über die Anschaffung eines Stehpultes nachdenken. Moderne Tischkombinationen sind mittlerweile schon so konstruiert, dass eine von den vorhandenen Tischplatten stufenlos als *Stehpult* eingesetzt werden kann.

## 1.4 Der Monitor

Selbstverständlich ist der zentrale Bereich eines Bildschirmarbeitsplatzes der *Bildschirm*. Die Realität sieht aber häufig anders aus. In meinen Seminaren werden immer wieder Standardprobleme wie flimmernde und zu kleine (14 Zoll) Bildschirme oder falsche Hintergründe (helle Schrift auf dunklem Grund) genannt. Daneben lassen die am Bildschirm Tätigen kaum eine Gelegenheit aus, sich die entsprechende Arbeit unnötig schwer zu machen.

Beispielsweise ist es beliebt, seiner Individualität dadurch Ausdruck zu geben, dass möglichst viele schöne Farben für viel Aufregung auf dem *Bildschirm* sorgen. Inwieweit Augen, Psyche und Ergonomie im Allgemeinen darunter leiden könnten, scheint dagegen eher wenig zu interessieren. Die Augen sind im Prinzip zwar hochleistungsfähige Organe, dennoch sollten einige Merkmale, die im direkten Zusammenhang mit unserer Arbeit am Bildschirm stehen, nicht außer acht gelassen werden: Die Augen müssen akkommodieren (Nah-Fern-Einstellung), adaptieren (Hell-Dunkel-Einstellung) und Farben erkennen. Außerdem reagieren sie äußerst empfindlich auf Störungen wie Blendung und *Flimmern*.

Die Akkommodation der Augen funktioniert bei ausreichender Beleuchtung unproblematisch. Je nach Entfernung verändert sich die Linse, wodurch eine korrekte Darstellung auf der Netzhaut ermöglicht wird. Bei kurzsichtigen Menschen findet die Objektdarstellung vor der Netzhaut statt, bei weitsichtigen dahinter. In diesen Fällen haben die Augen Schwierigkeiten zu akkommodieren. In den meisten Fällen versuchen die betroffenen Menschen, sofern sie ihr Problem noch nicht erkannt haben, ihre Körperhaltung so zu verändern, dass sie ihr Objekt ausreichend erkennen können. Bezogen auf die Bildschirmarbeit bedeutet das meist Verspannungen, Kopfschmerzen, Überforderungen und eine allgemeine Unzufriedenheit mit der Arbeit. Oberstes Ziel sollte es deshalb sein, die Sehfähigkeit zu überprüfen, um diese Fehlerquelle auszuschließen.

Gesetzlich unfallversicherte Arbeitnehmer haben grundsätzlich einen Anspruch darauf, bis zum 40. Lebensjahr alle fünf Jahre, danach alle drei Jahre einen *Sehtest* auf Kosten des Arbeitgebers durchführen zu lassen, vorausgesetzt es handelt sich um eine Bildschirmtätigkeit. Kurzsichtigkeit ist meistens angeboren, Weitsichtigkeit einerseits angeboren, andererseits entsteht sie bei allen Menschen auf Grund einer geringer werdenden Flexibilität der Linse mit zunehmendem Alter von allein. Schon deshalb ist am *Bildschirmarbeitsplatz* eine regelmäßige Untersuchung notwendig. Nach derzeitigem wissenschaftlichen Kenntnisstand ist die Bildschirmtätigkeit selbst nicht Ursache für Fehlsichtigkeit.

Eine künstlich herbeigeführte Fehlsichtigkeit kann durch extreme *Farbeinstellungen* am Monitor entstehen, da unser Auge wegen der spektralen Empfindlichkeit höchst unterschiedlich auf Farben reagiert. Werden z.B. die im natürlichen Farbspektrum am weitesten auseinanderliegenden Farben rot und blau am Monitor benutzt, so haben die Augen Schwierigkeiten zu akkommodieren, und es entsteht eine auf Dauer anstrengende Unruhe. Zu vermeiden sind demnach extreme Farbeinstellungen sowohl mit Blick auf die Rot-/Blaukontraste als auch auf die Kontraste im allgemeinen. Die Ausgangseinstellung in den Textprogrammen von Microsoft (Word) und Star Division (Star Writer) sind auf Grund der Pastellfarben schon recht passend. Für Textverarbeitung sind schwarze Zeichen auf hellem Hintergrund (dies aber nicht zu hell einstellen!) für die Augen ideal. Aus Akkommodationsgründen sollte der Monitor 50 cm von den Augen entfernt stehen.

Je nach Arbeitsaufgabe ist die Monitorgröße von Bedeutung. Ein Architekt braucht für seine Zeichnungen einen 21-Zoll-Monitor, für Textverarbeitung reicht dagegen ein 17-Zoll-Monitor, d. h. der Bildschirm hat eine sichtbare *Diagonale* von etwa 42 cm. Darüber hinaus sollte der Monitor über Einstellfunktionen verfügen, die mögliche Verzerrungen (z. B. den *Kisseneffekt*) ausgleichen. Im Unterschied zu *Monochrombildschirmen* ist die Zeichendarstellung bei Farbbildschirmen sehr viel aufwendiger. Jedes Zeichen beinhaltet immer die drei Grundfarben, weshalb ein *Farbbildschirm* in Bezug auf die Randschärfe der Buchstaben gegenüber einem Schwarz-Weiß-Bildschirm deutliche Nachteile hat. Da es jedoch kaum noch gute Monochrombildschirme gibt, müssen wir uns mit einem Farbbildschirm zufrieden geben. Wer ausschließlich Texte verfasst, wäre auch aus ergonomischen Gründen mit einer Schwarz-Weiß-Darstellung besser bedient.

Um wenigstens halbwegs vernünftige Arbeitsbedingungen zu erreichen, sollte man am Monitor nicht sparen. Meist werden von Händlern Gesamtkonfigurationen angeboten, in denen die Bildschirme qualitativ nicht immer das Optimum darstellen. Die Darstellungsqualität hängt außerdem noch von der in den Computer eingebauten *Grafikkarte* und der jeweiligen Software ab. Immer wieder kommt es vor, dass „Computerneulinge“ sich eine komplette und kostspielige Anlage mit der Verkäuferzusage kaufen, man könne ohne Vorkenntnisse sofort beginnen. Doch was nützt die beste Anlage, wenn die Software nicht richtig eingestellt ist. In vielen Firmen wundern sich die Arbeitnehmer beispielsweise über flimmernde Bildschirme, d. h. der *Bildaufbau* erfolgt unter 75 HZ (erst ab 75 HZ aufwärts, also ab mehr als 75 Bildaufbauten in der Sekunde, entsteht subjektiv für uns ein ruhiges Bild). Häufigste Ursache ist ein falsch eingestellter *Grafiktreiber*. Soll das Bild also flimmerfrei sein, so muss sowohl der Monitor als auch die Grafikkarte und die dazugehörige Software in der Lage sein, mindestens 75 Hz Wiederholfrequenz zu unterstützen. Ob ein Bild flimmert, kann man übrigens sehr einfach prüfen, indem man den Kopf seitlich etwas dreht und dann aus dem Augenwinkel heraus auf den Bildschirm guckt, weil unser Auge im seitlichen Bereich empfindlicher als im Zentrum reagiert.

Zu guter Letzt sei noch auf das Problem *Strahlen* hingewiesen. Beweisbare Strahlenprobleme bei der Bildschirmarbeit sind zur Zeit nicht vorhanden. Die durch die Bildröhre entstehenden ionisierenden Strahlen und die elektromagnetischen Felder werden zwar diskutiert, aber ohne Ergebnis. Die Abgaben sind so gering, dass eine Vernachlässigung erlaubt ist. Die elektrostatischen Felder sind dank der neuen Technik eigentlich auch zu vernachlässigen, allerdings mit dem Hinweis, einmal die Luftfeuchtigkeit zu prüfen.

Überraschenderweise liegt die *Luftfeuchtigkeit* in vielen Büros häufig unter 40 %, was zu einer Verstärkung der elektrostatischen Aufladung führt. Besonders auffällig ist dieses Problem im Winter, da kalte Luft weniger Wasser aufnehmen kann. Eine einfache Lösung kann da schon das Besprühen des Teppichbodens mit Wasser sein. Beim Kauf der Bildschirme sollte zudem unbedingt auf die Kennzeichnung *Strahlenarm* (*MPRII*, *TCO* o. a.) geachtet werden. Noch mehr Sicherheit bekommt man, wenn die Geräte mit einem *GS-Zeichen* versehen sind. In jedem Falle sollte ein Monitor vor dem Kauf auf Herz und Nieren geprüft werden, d. h. der subjektive Eindruck ist letztlich entscheidend.

# 1.5 Die Tastatur

Tastaturen gibt es viele, aber welche passt zu mir? Die Antwort lautet: „Die, mit der ich am liebsten tippe." Entscheidend ist in der Tat, ähnlich wie beim Monitor, der subjektive Eindruck. Interessant scheinen die geteilten Tastaturen zu sein, deren Prinzip darauf beruht, möglichst genau an die natürliche Handstellung während des Tippens heranzukommen. Unsere Hände liegen nämlich nicht gerade nach vorn gerichtet, sondern schräg. Die Tastaturen gibt es sowohl als feste Einheit als auch als flexible Tastaturblöcke, die ich favorisiere, da sie individuell einstellbar ist. Im Zusammenhang mit der Tastatur fällt immer wieder auf, dass viele Benutzer die völlig überflüssigen Füße hochklappen, um die Tastatur hochzustellen. Diese Teile schaden nur, da die Hände unnötigerweise in eine Zwangshaltung kommen, die die Sehnen belasten.

In der Berufskrankheitenverordnung findet sich noch heute die Sehnenscheidenentzündung, deren Ursache früher in der ungünstigen Schreibmaschinenbauart lag. Um eine Entlastung herbeizuführen, gab es den Schreibmaschinentisch. Er war etwas niedriger, die Schreibkraft konnte dadurch mit dem Unterarm eine Waagerechte bilden. Die Büromöbelindustrie baut übrigens immer noch in hoher Zahl Schreibmaschinentische. Allerdings ist zu fragen, wer sie denn eigentlich noch braucht, sind doch sogar die modernen Schreibmaschinentastaturen genauso hoch wie Computertastaturen. Für die Bildschirmarbeit sind Schreibmaschinentische jedenfalls tabu, da sie auf Grund ihrer geringen Bauhöhe und -tiefe die Bewegungsfreiheit drastisch einschränken.

# 1.6 Die Beleuchtung

Bildschirmarbeitsplatz und Licht ist ein nie endendes Thema. Besonders in kleineren Büros werden immer wieder elementare Fehler gemacht. Zu wenig Licht, falsches Licht, zuviel Licht, falsche Lichtrichtung, reflektierendes Licht, kein natürliches Licht, falsche Bildschirmstellung zum Licht u.s.w.. Gute *Beleuchtung* erfüllt die Kriterien, die in Abbildung 1-5 aufgeführt sind.

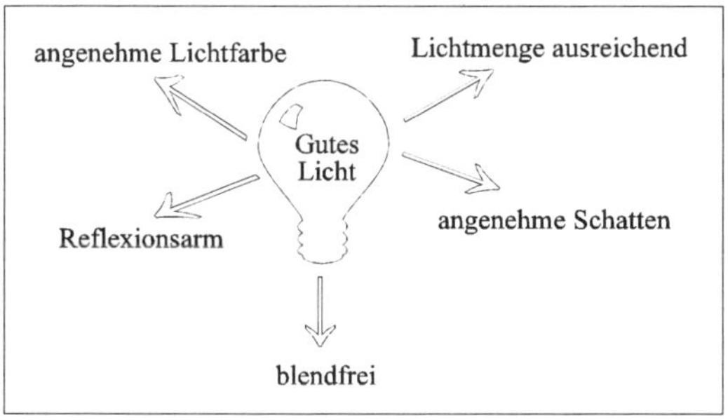


***Abbildung 1-5:***
*Gutes Licht fördert das Wohlbefinden*

Das beste Licht ist selbstverständlich das natürliche. Es zeigt die Tages- und Jahreszeiten, im Unterschied zum künstlichen Licht. Leider kommen wir nicht um letzteres herum. Entscheidend für die Arbeit am Bildschirm ist die Stellung des Monitors zum Fenster und zum künstlichen Licht. Der Bildschirm sollte auf keinen Fall mit dem Rücken zum Fenster stehen, aber auch nicht so, dass das Licht von hinten auf die Bildschirmfläche fällt. Im ersten Fall werden auf Grund der großen Hell-Dunkel-Unterschiede höchste Anforderungen an die Adaptionsfähigkeit der Augen gestellt. Der Effekt ist mit der Fahrt durch einen Autotunnel vergleichbar. Wir kommen vom Hellen ins Dunkle und können für einen Augenblick nicht so gut sehen. Es schädigt zwar nicht die Augen, ist aber anstrengend und auf Dauer ermüdend, die Zeichen auf dem Bildschirm und den hellen Hintergrund voneinander zu unterscheiden, da die Augen immer erst den hellen Punkt suchen.

Problematisch ist es ebenfalls, wenn der Monitor direkt unter einer Lichtquelle steht. Die auftretenden Reflexionen stellen einen erheblichen Störfaktor dar. Erledigt hat sich die Arbeit am Bildschirm, wenn das natürliche Licht direkt auf die Arbeitsfläche fällt. Die Kontraste verschwinden fast völlig. Da hilft die Kontrasteinstellung am Monitor auch nicht mehr.

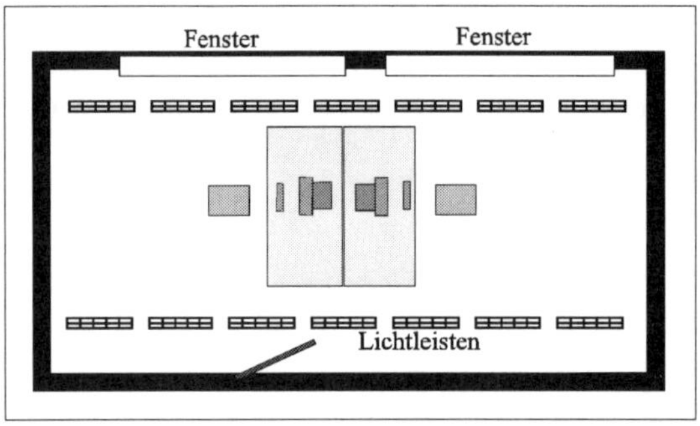


***Abbildung 1-6:***
*Anordnung des PC zum Licht*

Optimal steht der Bildschirm parallel zum Fenster, wenn das künstliche Licht seitlich auf den Arbeitsplatz fällt (vgl. Abbildung 1-6). Weder das Fenster noch die Lampe dürfen im Bildschirm zu sehen sein. Der Hals muss nicht mehr bei der Suche nach Zeichen verrenkt werden. Vielleicht nimmt sogar die Zahl der Fehler ab.

# 1.7 Was nun?

In diesem Kapitel habe ich versucht, die Hauptprobleme bei der Gestaltung des Bildschirmarbeitsplatzes aufzuzeigen. Dabei ging es mir mehr um eine Sensibilisierung für die Probleme und nicht um die Anschaffung neuer Geräte. In der Bevölkerung wird die Bildschirmarbeit leider als nicht so belastend gesehen, was aber eher ein Definitionsproblem zu sein scheint. Ein schwitzender Arbeiter hat nun mal einen augenfällig „anstrengenderen“ Job als der Angestellte am Bildschirm. In den letzten Jahren ist jedoch ein Wandel der Ansichten, zumindestens bei den zuständigen Stellen und den Betroffenen, festzustellen. Auch die rechtliche Lage hat sich im Sinne des Gesundheitsschutzes am Bildschirmarbeitsplatz geändert, zuletzt durch die *EG-Richtlinie* und die *Bildschirmarbeitsplatzverordnung*. Die Verwaltungs-Berufsgenossenschaft hat spätestens seit dem Jahre 1980 mit der *Sicherheitsregel für Bildschirmarbeitsplätze im Bürobereich* wegweisend gezeigt, was aus ergonomischer Sicht angestrebt werden soll (siehe auch ZH 1/618).

# Literaturliste und Quellen aus anderen Medien

## Richtlinien, Verordnungen

Sicherheitsregeln für Bildschirm-Arbeitsplätze im Bürobereich (ZH 1/618)

EU-Richtlinie über Mindestvorschriften bezüglich der Sicherheit und des Gesundheitsschutzes bei der Arbeit an Bildschirmgeräten (90/270)

Bildschirmarbeitsplatzverordnung (Bei den drei genannten Schriften handelt es sich um rechtliche Regelungen, die bei den amtlichen Stellen Berufsgenossenschaften, Gewerbeaufsichtsämter, Bundesanstalt für Arbeitsschutz in Dortmund und Buchhandlungen erhältlich sind.)

Bullinger, H. J. / Görner C., 1995: Leitfaden Bildschirmarbeit: Universum Verlagsanstalt

Bildschirmarbeit human gestalten, 1993: Hrsg.: DGB-Technologieberatung e.V. Berlin, Kleiststr. 19-21, 10787 Berlin, Tel.: 030 2119905

## Multimediales

Ergonomie im Büro: Ein Informations- und Lernprogramm der *Verwaltungs-Berufsgenossenschaft.* (Eine ausgezeichnete CD zum Thema Bildschirmarbeitsplatz, die eigentlich auf alle Fragen Antworten gibt, ohne dass man einer verdeckten Werbung unterliegt. Zum Teil enthält sie interaktive Elemente wie Spiele, rückengymnastische Übungen am Bildschirmarbeitsplatz etc.. Sie ist beim C. L. Rautenberg-Druck, Postfach 1280, 25343 Glückstadt, Tel.: 04124/5159-0 erhältlich.)

Video zum Thema Sitzen: Richtiges Sitzen – Tips für richtiges Sitzen am Bildschirm, Laufzeit 5 Min., Verleih kostenlos im Rautenberg-Druck (Adresse siehe oben)

## Weitere Informationsstellen

Verwaltungs-Berufsgenossenschaft, Deelbögenkamp 4, 22297 Hamburg, Tel.: 040 5146-0, Internet: `http://www.vbg.de`

*Bundesanstalt für Arbeitsschutz (BAU)*, Friedrich-Henkel-Weg 1-25, 44149 Dortmund, Tel.: 0231 9071-0

DGB-Technologieberatung e.V. Berlin (siehe oben)

Bundesministerium für Arbeit und Sozialordnung (BMA), Rochusstr. 1, 53123 Bonn, Tel.: 0228 527-0

2

# Die Wiederentdeckung des „Schreitens und Sprechens"

Lutz Ohlendieck

Goethe feierte die Erfindung des Bleistifts. Er litt daran, dass sein Gedankenfluss durch das notwendige Eintauchen und Abtropfen der Feder am Tintenfass unterbrochen wurde. Mit dem Bleistift konnte er nun ganze Sätze oder gar Verse zügig und ohne Unterbrechung niederschreiben. Endlich hielt das Tempo der Bewegung des Stifts mit dem der Gedanken mit.

Und Dostojevskij schwärmte von der Wonne, im Zimmer auf- und abzuschreiten, um dabei die Phantasien und Ideen für eine neue Geschichte zu entfalten. Er klagte über das hemmende Moment, sich zum Niederschreiben niedersetzen zu müssen, weil der erzwungene Stillstand des Körpers auch die Gedanken zum Stillstand kommen liess. Die eben noch reiche Phantasie erlahmte am Handwerklichen. Als Dostojevskij im Oktober 1866 einmal mehr den Vorschuss seines Verlegers verlebt und verspielt hatte und vor dem Ruin stand, wenn er nicht bis zum 1. November einen neuen Roman vorlegte, war eine junge und fähige Stenographin seine Rettung. Anna Grigorjevna, seine spätere Ehefrau, ermöglichte ihm, dass er ihr seinen Roman 'Der Spieler' aus der Schreit- und Denkbewegung heraus diktieren konnte, ohne seinen Denkfluss unterbrechen zu müssen. Nur so gelang es ihm, den Roman in sechsundzwanzig Tagen pünktlich fertigzustellen.

Ein ergonomisch besser angepasstes Schreibwerkzeug, dessen Vorzüge Goethe genoss, oder sogar eine 'eigenintelligente Schreibhilfe', wie sie Dostojevskij zur Hilfe gekommen war, sind keine Frage mehr einer glücklichen Fügung oder gehobenen Position. Heute setzt ein mit einer Spracherkennungssoftware ausgestatteter PC Gesprochenes in lesbaren Text um. Mit einem solchen Programm ausgestattet wird der PC tatsächlich zu einer Schreibmaschine, die ihren Namen verdient.

# 2.1 Creative Dictating

Seit dem Frühjahr 1997 ist von IBM ein leistungsfähiges und auch für den privaten Gebrauch erschwingliches Spracherkennungsprogramm auf dem Markt: Simply Speaking. Das Programm VoiceType Simply Speaking erspart das mühsame Eintippen von frisch Gedachtem oder das Abtippen von längst Gesprochenem.

Die Hardwareanforderungen sind moderat: ‘Simply Speaking’ setzt das Vorhandensein eines 100 MHz Pentium (90 MHz Pentium mit 256 kB L2-Cache) oder höher, 16 MB RAM und mindestens 28 MB freiem Speicherplatz auf der Festplatte voraus. Weiterhin sind ein CD-ROM-Laufwerk sowie eine (16bit) Soundblaster- oder kompatible Karte für die Spracheingabe notwendig. Die korrekte Einrichtung und Abstimmung des mitgelieferten Mikrofons mit der Soundkarte ist der erste und entscheidende Schritt zu einer optimal funktionierenden Spracherkennung. Als Betriebssystem ist Windows95 erforderlich.

Das Programm lässt sich dank Online-Hilfe komfortabel installieren und versteht Gesprochenes auf Anhieb, wenn man akzentfreies Hochdeutsch artikuliert. Zum gegenseitigen Kennenlernen von Benutzer und Programm ist bei akzentfreiem Hochdeutsch nur ein erster Übungssatz erforderlich, bei dem Stimme, Sprechtempo und Sprechpause festgelegt werden. Nachdem man sich mit dem Programm eingeübt hat, kann man jederzeit diese Prozedur wiederholen, um das Programm auf ein höheres Sprechtempo und kürzere Sprechpausen neu zu kalibrieren. Der gesprochene Text wird fast fehlerfrei aufgezeichnet und kann in jedem gängigen Textverarbeitungsprogramm weiterbearbeitet werden.

Aber auch Benutzern mit starkem Dialekt oder Akzent bleiben die Fähigkeiten von ‘Simply Speaking’ erstaunlicherweise nicht verschlossen. Ihnen wird eine ca. 20 bis 30minütige Einübung mit Hilfe von Übungssätzen abverlangt. Danach zeichnet das Programm auch ein stark dialekt- oder akzentgefärbtes Diktat ohne Ermüdungserscheinungen in lupenreinem Hochdeutsch auf. Dass Simply Speaking eine Wohltat gerade auch für Erstklässler oder Legastheniker sein kann, liegt auf der Hand. Weiterhin können mehrere Benutzer ‘Simply Speaking’ benutzen, sofern sie sich für eine optimale Spracherkennung beim Programm ‘IBM VoicePad’ getrennt ‘registrieren’ lassen.

Mit Hilfe einer verbalen Benutzerführung, die alle notwendigen Makrobefehle aufweist, wie z.B. ‘Diktat starten’, ‘Punkt’, ‘Komma’, ‘Absatz’, ‘Diktat stoppen’ etc., lässt sich in gewohnter Weise diktieren. Es braucht nicht besonders langsam gesprochen zu werden, und es sind auch keine überlangen Sprechpausen zwischen den einzelnen Wörtern notwendig. Die normale Diktiergeschwindigkeit liegt bei ca. 60 bis 100 Wörtern pro Minute. Geübte VoiceType-Benutzer sollen es sogar auf über 100 Wörter pro Minute mit Sprechpausen von nur einer zehntel Sekunde bringen. Entscheidend ist eine deutliche und akzentuierte Aussprache, eine Einübung des Sprechens, die auch unsere menschliche Umgebung sicherlich zu würdigen weiß.

Zur Ausstattung gehört ein Basisvokabular von 30 000 Wörtern, das sich bei Bedarf nach eigenem Ermessen auf 64 000 Wörter aufstocken lässt. Die VoiceType-Fachvokabulare werden in der hier vorgestellten ‘Home Edition’ nicht unterstützt. Wer sein Fachvokabular nicht selber eingeben will, dem sei die Erweiterung zum ‘professionellen’ IBM VoiceType Diktiersystem (Version 3.0.1 oder höher) empfohlen. Hier stehen Fachvokabulare für Mediziner, Juristen, Ökonomen und technische Gutachter zur Verfügung, für vergleichsweise recht hohe Preise.

Das beiliegende, ca. 2,5 Meter lange Mikrofonkabel bindet den Sprechschreiber allerdings recht eng an den PC. Gerade die so vorteilhafte Verbindung von Bewegen und Sprechen, die Simply Speaking böte, wird durch diese zu kurze ‘Nabelschnur’ nicht ausgenutzt. Möchte man den Radius des Gehenkönnens beim Diktieren vergrößern, sollte man ein Verlängerungskabel erstehen. So kommt bei mir z.B. ein fünf Meter langes Kabel zum Einsatz. Zukünftig wäre eine noch weitergehende Entkoppelung vom PC wünschenswert, nämlich indem man drahtlose Übertragungstechniken einsetzt, bei denen man einfach in den Raum hinein sprechen darf. Das mitgelieferte Headset ist von guter Qualität, doch wird es auf Dauer unbequem.

Ergonomen empfehlen durchweg, beim Arbeiten abwechselnd verschiedene Haltungen einzunehmen und sich möglichst viel zu bewegen. Sie zielen mit ihren Empfehlungen dabei zumeist auf das körperliche Wohlbefinden und auf ein Vorbeugen gegen körperlichen Verschleiss. Dabei ist das Sich-bewegen-können, wie das Beispiel Dostojevskij zeigt, auch für die geistige Produktivität unmittelbar nützlich. Hajo Eickhoff hat dargelegt, wie die Kultur des Sitzens nicht nur Haltungsschäden, verspannte Muskeln, krumme Rücken und malträtierte Bandscheiben hinterlässt, sondern auch unsere Sprache und unser Denken tief prägt (vgl. Eickhoff 1997). Simply Speaking ist, wie auch die Renaissance des Stehpults seit Anfang der 90er Jahre, die mehr als nur ein modischer Impuls ist, ein erster Ansatz zur Befreiung vom Sitzen und eine erneute Hinwendung zum kontemplativen Gehen.

Der Nutzen eines solchen Spracherkennungssystems ließe sich noch erheblich vergrößern, wenn es zuließe, Gespräche und Diskussionen mit mehreren Teilnehmern aufzuzeichnen. Eine solche Option wäre schon auf dem heutigen technischen Entwicklungsstand zu realisieren, wenn jeder Teilnehmer an sein eigenes Simply-Speaking angeschlossen wäre, und jedes erkannte Wort mit einem Absender- und Zeitstempel ausgestattet würde. Dann ließen sich jedenfalls im Anschluss einer Debatte die einzelnen Aufzeichnungen auf einem Rechner zusammenbringen und den Zeitstempeln entsprechend ineinander sortieren, so dass ein Gesamttext entstünde.

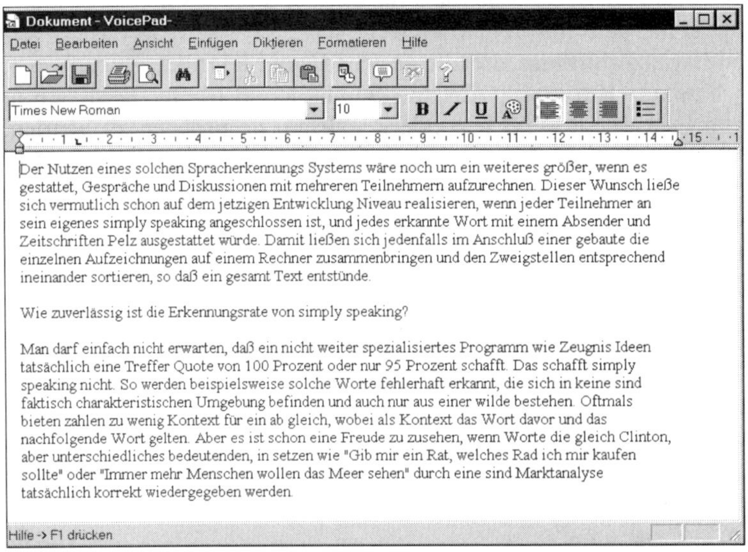


***Abbildung 2-1:***
*Mit Simply Speaking diktierter Text*

## 2.2 Wie zuverlässig ist die Erkennungsrate von Simply Speaking?

Man darf keinesfalls erwarten, dass ein nicht weiter spezialisiertes Diktier-Programm wie Simply-Speaking beim Aufzeichnen eine Trefferquote von 100% oder nur 95% schafft. Dies gelingt Simply Speaking (noch) nicht. So werden beispielsweise solche Wörter systematisch fehlerhaft erkannt, die sich in keiner syntaktisch charakteristischen Umgebung befinden und auch nur aus einer Silbe bestehen. Oftmals bieten Zahlen zu wenig Kontext für einen Abgleich, wobei als Kontext das Wort davor und das nachfolgende Wort gelten. Aber es ist schon eine Freude zuzusehen, wenn Wörter, die gleich klingen, aber Unterschiedliches bedeuten, in Sätzen wie „Gib mir einen Rat, welches Rad ich mir kaufen sollte.“ oder „Immer mehr Menschen wollen das Meer sehen.“ durch eine Syntaxanalyse tatsächlich korrekt wiedergegeben werden.

Die Korrektur eines Textes sollte noch in der VoicePad-Textverarbeitung von Simply Speaking geschehen. Denn wenn die Worterkennung gelegentlich ‘Kauderwelsch’ produziert, da das erkannte Wort im (Kon-)Text keinerlei rekonstruierbaren Sinn macht, (einige Beispiele dafür finden sich in Abbildung 2-1), muss man nur mit dem Cursor auf das entsprechende Wort gehen und F2 drücken. Daraufhin wird einem die Originalaufnahme des Wortes eingespielt. So ist es stets möglich, den beim Diktieren noch klar geäußerten Sinn auch in verstümmelten Textpassagen schnell und sicher zu rekonstruieren.

Die erste Version dieses Textes diktierte ich anhand einer schriftlich fixierten Grobgliederung mit Hilfe von Simply Speaking. Anschließend habe ich den Text konventionell mittels Tastatur überarbeitet. In Bezug auf die Gesamtzeit, die für die Erstellung des Textes erforderlich war, habe ich durch die Verwendung von Simply Speaking gegenüber dem Eintippen mittels Tastatur keine wesentlichen Zeitvorteile erzielt. Mit mehr Übung mag sich die Bilanz in dieser Hinsicht zwar verbessern lassen, doch sehe ich den Vorteil eines solchen Programms ohnehin weniger in einer etwaig zu erzielenden Zeitersparnis oder dem Ersetzen der Tastatur, als vielmehr im Überwinden von Denkblockaden, Schreibschwellen und Schreibhemmungen.

Dieses gelingt Simply Speaking vor allem dadurch, dass es dem Anfangen die Schwere nimmt und dass es ein entspanntes Sich-Bewegen erlaubt.

Das Hineinarbeiten in ein Thema geschieht durch das Sprechen leicht-sinniger als beim Schreiben. Denn beim lauten Sprechen wird das Nachdenken über das bereits Gesprochene weitgehend ausgeschaltet, man folgt zunächst nur einer ungefähren Vorstellung über das noch zu Sagende, was für den Fortgang ausreicht. Bei einem solchen kreativen Sprechen, sofern es keine Strategie zu beachten gilt, muss man Fehler in Kauf nehmen. Beim Schreiben dagegen hegt man zumeist den Anspruch, auf Anhieb korrekte Sätze zu formulieren. (Das mag etwas damit zu tun haben, dass Papier einst teuer war, Tafel und Textverarbeitung mögen diesen Effekt abgeschwächt haben). Denn die Form der Verschriftlichung führt stets schon im Vollzug des Schreibens zu einer starken Reflexion auf das bereits Geschriebene oder das noch zu Schreibende. Beide Modi der Texterarbeitungen sind jedoch unabdingbar, die Leichtigkeit des Anfangens (durch das Sprechen) und die Bedächtigkeit des Überarbeitens (durch das Schreiben). Deshalb kann es gar nicht darum gehen, dass in

Zukunft das Mikrofon die Tastatur ersetzen wird. Es sind zwei verschiedene Werkzeuge, jeweils unterschiedlich gut an die verschiedenen Phasen der Textherstellung angepasst.

Auch ist seit langem bekannt, dass sich durch Bewegung die Stärken der linke Gehirnhälfte, die im Bereich des logischen Denkens, Rechnens und im Umgang mit Wörtern, sowie die der rechten Gehirnhälfte, deren Stärken mehr im Reich der Bilder, Phantasie und Farben, Musik und Intuition liegen, optimal zusammenbringen lassen (vgl. Calvin 1994; Brüggebors 1996). Die nicht überschätzbaren Folgen der Industrialisierung der Symbolverarbeitungen durch Computer und Computernetze, die derzeit ins Haus stehen, zwingen uns unnachgiebig dazu, die Bedingungen für ein kreatives Arbeiten zu optimieren. Autoren, die bewegungslos in ihren Stühlen kleben, nutzen den erzielbaren Wirkungsgrad moderner Computer Hard- und Software, wie z.B. von Spracherkennungssystemen, nicht aus.

## Literatur

Brüggebors, Gela, 1996: So lernen Kinder besser. Mentale Fähigkeiten fördern, Lernhemmungen beheben, Reinbek bei Hamburg: Rowohlt

Calvin, William H., 1994: Die Entstehung von Intelligenz, in: Spektrum der Wissenschaft, SPEZIAL: Leben und Kosmos, Heidelberg: S.70-79

Eickhoff, Hajo, 1997: Himmelsthron und Schaukelstuhl. Die Geschichte des Sitzens, München, Wien: Carl Hanser

Lavrin, Janko, 1986: Dostojevskij, in der Reihe: rowohlts bildmonographien, Reinbek bei Hamburg: Rowohlt

# 3 Electronic Teamwork – Wenn Autoren zusammenarbeiten...

Martin Rost

Sobald ein PC vernetzt ist, muss sich der ernsthafte Anwender auf die PC-eigenen Technikformen einlassen. Die Orientierung an der Schreibmaschine leitet fehl. So sieht sich der Anwender zwangsläufig Fragen zu Zeichensätzen und Dateiformaten ausgesetzt, er muss sich mit dem Komprimieren, Kodieren und Verschlüsseln von Daten ebenso beschäftigen wie mit Adressierungen von E-Mails, FTP-Archiven oder World-Wide-Web-Servern. Auf einem vernetzten PC werden Texte nicht nur hergestellt, sondern auch Texte anderer Autoren gelesen und vor allem weiterverarbeitet. Steht E-Mail zur Verfügung, zwingt sich die Zusammenarbeit bei der Textbearbeitung von ganz allein auf.

In diesem Kapitel werden die Probleme angesprochen, die ein Team lösen muss, wenn es unter Nutzung von E-Mail an einer gemeinsamen Dokumentation schreiben möchte.

In traditionell organisierten Betrieben und Instituten standardisiert die Projektleitung in der Regel erst einmal die zu verwendende Hard- und Software der Teilnehmer, um anschließend die *Kommunikationskosten* innerhalb des Teams möglichst gering zu halten. Abgesehen davon, dass die Festlegung auf nur ein bestimmtes Betriebssystem und nachfolgend auf eine bestimmte Textverarbeitung allenfalls innerhalb einer Organisation durchgesetzt werden kann (und unter Umständen gerade attraktive externe Experten, die speziell für ein bestimmtes Projekt gewonnen werden konnten, dadurch außenvorbleiben), so entstehen zusätzliche Kosten zur Anschaffung der Programme und zur Umgewöhnung der Anwender. Außerdem werden mit diesem Vorgehen die konzeptionellen Unzulänglichkeiten der üblichen Textverarbeitungen in Teamworkumgebungen nicht behoben. Die beabsichtigte Steigerung der Produktivität durch verordnete Standardisierungen bleibt in Umgebungen, in denen sich bereits defacto-Standards gebildet haben, erfahrungsgemäß aus. Wenn schon neue Standards gesetzt werden, dann muss mit ihnen eine außerordentliche Wirkungsgradsteigerung einhergehen.

Die Teamarbeit auf Basis von PC und Computernetz wird in der Kommunikationsforschung, darauf sei zwecks tiefergehender Literatursuche kurz verwiesen, als *CMC* (Computer-Mediated-Communication; vgl. Quellenübersicht bei: `http://www.uni-koeln.de/themen/cmc`) oder unter dem spezifischeren Aspekt der Zusammenarbeit als *CSCW* (Computer Supported Cooperative Working; vgl. Johansen 1988) bezeichnet.

## 3.1 Das Kreuz mit den Textverarbeitungen

Bevor ich auf drei typische Probleme der computernetzgestützten Teamarbeit eingehe, möchte ich einige gravierende Nachteile der herkömmlichen Form der Textverarbeitung anführen:

- Für Autoren ist es wichtig, dass sie – wie im übrigen für Tagebuchschreiber oder Programmierer auch – ihren Text am Text selber kommentieren können. Kommentare stellen den Nutztext in einen Kontext, der aus dem Text selbst nicht hervorgeht. Kommentare anzufügen ist wichtig insbesondere während des Brainstormings zu Beginn und der kritisch-kommentierenden Bearbeitung weitgehend fertiggestellter Texte gegen Ende eines Projekts. Man denke nur daran, wie wichtig die Notizen sind, die man selbst oder ein Kritiker an den Rand einer Rohfassung auf Papier schreibt. Die Kennzeichnung verschiedener Kommentarbezüge und -ebenen sowie der Kommentatoren, die auch über den Zeitpunkt der Publikation hinaus im Text verbleiben können, aber nicht im publizierten Text erscheinen, werden von Textverarbeitungen bislang unzureichend unterstützt.
- Mit den herkömmlichen Textverarbeitungen ist es technisch aufwendig, einzelne von verschiedenen Autoren erstellte Textmodule zu einem Gesamttext zu integrieren. Dem stehen noch gar nicht einmal allein die vielen verschiedenen Textverarbeitungsformate entgegen, die selbst innerhalb der Programmfamilie des gleichen Herstellers Probleme beim Laden bereiten. Es ist bislang noch immer ein Problem, Bezüge zwischen Textteilen technisch zu formulieren, die von verschiedenen Autoren auf einem fein austarierten Niveau der Arbeitsteilung geschrieben wurden. Nahezu unmöglich scheint es, die unterschiedlichen Ansprüche an die Publikationsform automatisch berücksichtigen zu lassen. Eine Publikation auf Papier muss anders umgesetzt werden als eine Publikation im World Wide Web – und hier gilt es unter Umständen obendrein auch noch zu unterscheiden, was man intern (Intranet) oder extern (Internet) veröffentlichen möchte. Selbstverständlich lässt sich immer alles irgendwie realisieren, doch bislang in der Regel nur mit viel unnötigem Arbeitsaufwand.
- Speziell unter dem Aspekt der E-Mail- bzw. Diskussionsfähigkeit beurteilt, müssen Dateien von Textverarbeitungen, im Unterschied zu ASCII-Texten, vor dem Verschicken speziell codiert werden, damit beim Transfer über das Netz keine Fehler auftreten. Für dieses Problem gibt es im Prinzip gute Ansätze (wie etwa *MIME* [Multipurpose Internet Mail Extension]), doch keinen sozial breit durchgesetzten, übergreifenden Standard. Das Verschicken von Textverarbeitungsdateien beansprucht zudem eine erhebliche Bandbreite, wenn diese Bilder enthalten (anstatt nur die Befehle zur Integration von Bildern), die für eine Diskussion des Textes unnötig sind. Die Textdateien gängiger Textverarbeitungen beanspruchen beispielsweise 60kB Plattenplatz und mehr, selbst wenn sie kein einziges Wort an Text enthalten.

## 3.2 Der Textformat-Standard

Was ist nun zu tun, wenn in einem Team weder nur ein bestimmtes Betriebssystem noch ein für alle Beteiligten verbindliches Textverarbeitungsformat benutzt werden kann? Und wenn ferner daran gedacht ist, möglichst sowohl auf Papier als auch in elektronischer Form (World Wide Web, CD-ROM, Datenbank) zu publizieren (man spricht in diesem Zusammenhang von *Cross-Media Publishing*)?

Eine einfache Lösung bestünde darin, alle Beteiligten Texte im ASCII-Format erstellen zu lassen.

ASCII-Texte können mit jeder Hardwarebasis und mit jeder Textverarbeitung und jedem Editor problemlos abgespeichert werden. Allerdings wäre der Preis aus der Sicht eines Autoren zu hoch, nur aufgrund von im Grunde trivialen technischen Widrigkeiten auf die Kennzeichnung der Textstruktur (Überschriften, Fußnoten, Schriftwechsel, Stichwortverzeichnis usw.) zu verzichten. Die bessere Lösung besteht darin, ASCII-Texte mit einer *Markup-Language* auszustatten.

Die bekannteste Markup-Language ist *HTML* (Hypertext Markup Language), mit der die Texte des World Wide Web layoutet und per *Links* zu einem Gesamttextkorpus verwoben sind. Die Markups von HTML bilden einen Praxisstandard, den Arbeitsgruppen nutzen können, um die Beiträge verschiedener Autoren miteinander zu verkleben.

Zum Schreiben von HTML-Texten sind *Editoren*, wie sie auch Programmierer verwenden, gut geeignet. Unter DOS und OS/2 wird gern mit dem Editor `qedit`, unter Windows mit `bedit` oder `textpad`, unter Mac mit dem `bbedit` und im Unix-Bereich mit dem `emacs` gearbeitet. Es stehen mittlerweile zudem Unmengen an speziellen *HTML-Editoren* zur Verfügung, in guten WWW-Browsern sind solche Editoren bereits integriert. Zudem bieten neuere Textverarbeitungen die Option, Textdateien mit HTML-Tags zu laden und zu speichern (vgl. den Beitrag von Martin Recke „Beschränkt benutzbar – Vom Umgang mit Standard-Programmen“ ab S. 103). Ich musste jedoch feststellen, dass einige HTML-Editoren und gängige Textverarbeitungen, deren HTML-Fähigkeit angepriesen werden, die als Kommentar (und beim Export nach HTML sogar die als Fußnoten) gekennzeichneten Textpassagen schlicht ignorierten.

Weitere, für die Teamarbeit-geeignete Markup-Languages seien kurz erwähnt: *SGML* (Standard Generalized Markup Language), bereits 1969 entwickelt und eine Art Obermenge zu HTML bildend, wird seit langem von Organisationen mit hohem Textaufkommen – Lexika-Hersteller, Fluggesellschaften, Großindustrie – bis hin zu Autoren von Drehbüchern genutzt, die mit speziell zugeschnittenen *DTDs* (Document-Type-Declarations) arbeiten (vgl. Goldfarb 1994; Rieger 1995; `http://www.w3.org/pub/www/markup/sgml`). Es ist damit zu rechnen, dass das vereinfachte SGML in Form von *XML* sich breit durchsetzen wird. LaTeX ist ein vor allem im wissenschaftlichen Bereich häufig eingesetztes Textsatz-Programmpaket, das auch auf kleinen Rechnern insbesondere das Setzen von Formeln in einwandfreier Layout-Qualität gestattet (vgl. Lamport 1985; Goossens et al. 1994; `http://www.dante.de`). Noch recht neu ist *UDO* (Universal DOcument). UDO steht für alle gängigen Betriebssysteme zur Verfügung, um die Umwandlung u.a. in Formate wie SGML, HTML, LaTeX, RTF (Rich Text Format – ein universelles Austauschformat für Textverarbeitungen) zu ermöglichen (vgl. Dirk Hagedorns Beitrag

„LaTeX, SGML und UDO: Die Konzepte von Markup-Languages“ ab S. 151).* Die Verwendung einer Markup-Language allein behebt allerdings noch nicht vollständig alle technischen Sorgen beim Datenaustausch, insbesondere, wenn eine Publikation auf Papier vorgesehen ist. Es gilt dann, außerdem die folgenden Formate zu regeln:

- Das Format der *Dateinamen*: Will man sichergehen, hierbei auf keinerlei Probleme zu stoßen, beschränkt man diese auf die 8.3-Länge, wie sie unter DOS besteht. Man weiss ja nie, mit welcher Technik Verlag, Setzerei und Druckerei arbeiten.
- *Grafikformate*: Hier bereiten tiff (uncompressed) und eps betriebssystemübergreifend die geringsten Probleme und entsprechen in der Regel den Qualitätsanforderungen der Setzer. Als Mindestauflösung von Scans wird meist 400 dpi angefordert.
- Die Formate von anspruchsvollen Grafiken oder Kalkulationsblättern können aus technischen Gründen von Markup-Languages allerdings nicht festgelegt werden. Zum Anfertigen von Vektorgrafiken ist z.B. *CorelDraw* im PC-Bereich weit verbreitet; zur Bearbeitung von *Bitmap-Bildern* wird gern *PaintshopPro* verwendet; im Bereich der Tabellenkalkulationen gilt *Excel* als Quasistandard und zum Anfertigen von Präsentationsgrafiken wird gern *PowerPoint* genommen. Möglich ist immerhin ein rudimentärer HTML-Export. Denkbar ist, dass auf Grundlage von *Java*, einem Betriebssysteme übergreifenden Betriebssystem, Standardapplikationen entstehen werden (vgl. van der Linden 1996; `http://www.sun.de`). So können zukünftig nicht nur Daten, sondern auch Programme voraussetzungsarm hergestellt, ausgetauscht und modular zusammengesetzt werden.
- Die Markups sollten einheitlich entweder groß oder klein geschrieben werden, um automatische Bearbeitungen zu erleichtern. Ebenso macht es Sinn, sich auf eine Umlaut-Familie (DOS, Latin1, HTML, LaTeX oder am besten, wenn vorhanden, auf *Unicode*) zu einigen. Anführungszeichen am Anfang und am Ende des Wortes sollten unterschieden werden. Absätze sollten durch Leerzeilen gekennzeichnet sein. Worttrennungen sollten nicht vorgenommen werden.
- Man muss festlegen, nach welchen Richtlinien Literatur (unterschieden nach: Buch, Aufsatz im Sammelband, Artikel in Zeitschrift, Netzpublikation) notiert wird.
- Der Einigung bedarf es ferner, welche Kompressions- (z.B. *zip*, *arj*), Verschlüsselungsprogramme (z.B. *pgp*, *des*) und 8-Bit-auf-7-Bit-Kodiererer (z.B. *mime*, *binhex*, *btoa*, *uuencode*) benutzt werden sollten.

* Die Zusammenarbeit an diesem Buch geschah mittels HTML. Für Texte, an denen ich allein schrieb, habe ich UDO benutzt, und daraus verschiedene Formate hergestellt: ASCII für externe Kritiker, denen ich Texte per Mail zuschicken konnte; LaTeX für Papierausdrucke nicht-E-Mailfähiger Kritiker, HTML für den Austausch unter den Autoren und im Zusammenspiel mit dem Setzer des Verlags.

# 3.3 Versionskontrolle und Kollisionsschutz

Mit der Festlegung auf eine Markup-Language und einige weitere Details lassen sich die Beiträge mehrerer Autoren flexibel und trotzdem transformationsverlustfrei ineinander verhaken. Damit ist die Voraussetzung dafür geschaffen, dass verschiedene Autoren z.B. an einem gemeinsamen Kapitel in einem Buch schreiben können. Steht dem Autorenteam zum Austausch von Beiträgen untereinander bzw. zum Tausch mit dem gemeinsamen Textarchiv ein Computernetz zur Verfügung, ist es zwar gleichgültig, an welchem Ort sie ihre Beiträge für den gemeinsamen Text schreiben, nicht aber die Reihenfolge, in der sie den gemeinsamen Text verändern. So muss vor allem ausgeschlossen sein, dass mehrere Autoren gleichzeitig den gleichen Text bearbeiten, ohne dabei voneinander zu wissen.

Zur Lösung dieses Koordinationsproblems wurden *Groupware-Applikationen* entwickelt. Groupware ermöglicht auf der Basis von Computernetzen ganz neue, zuvor organisatorisch nicht lösbare Formen der Zusammenarbeit. Für Textverarbeiter besonders interessant sind die *Shared-Editing*-Applikationen, bei denen mehrere Autoren mit ihren vernetzten PCs simultan am gleichen Text arbeiten können und dabei die Cursors ihrer Kollegen durch den Editor huschen sehen. Wenn hierbei Konflikte auftreten, etwa weil mehrere Autoren simultan an der selben Textpassage schreiben oder sie sich im logisch notwendigen Aufbau eines Textes ins Gehege kommen, können sie in der Regel sofort Rücksprache halten und sich auf ein Verfahren einigen. Auch simple E-Mail lässt sich als eine Groupware-Applikation begreifen; und zwar dann, wenn Autoren ihre Beiträge zunächst wie gewohnt allein schreiben und sie anschließend aufeinander abgleichen (vgl. die *Time-Place-Matrix* in Johansen 1988; vgl. die Übersicht zu Groupware-Applikationen unter `http://www.tft.tele.no/cscw`; vgl. Abbildung 3-1).

***Abbildung 3-1:***
*Time-Place-Matrix für Groupware-Applikationen (vgl. Rost 1997)*

*Shared-Editing* einzusetzen macht erfahrungsgemäß dann Sinn, wenn die Rohfassung eines Textes steht und die Arbeitsgruppe in einer Endredaktion gemeinsam stilistische oder strategische Veränderungen vornehmen möchte. Beim gemeinsamen Schreiben umfangreicher Texte ist Shared-Editing dagegen weniger hilfreich. Zudem verursacht es relativ hohe Kosten bei der Hardware und dem Übertragungsmedium und es setzt hohes technisches Know-How zur Wartung voraus. Neben dem Schreibmedium muss außerdem zumindest ein weiterer Audiokanal zur Verfügung stehen, über den ein Hauptteil des Konfliktmanagements abgewickelt werden kann. Shared-Editing wird bislang leidlich ernsthaft in wenigen Forschungsinstituten und Großbetrieben eingesetzt, die sich Wartungstechniker leisten können.

Für die Übermittlung von Textbeiträgen E-Mail zu benutzen, ist zwar nicht so sensationell wie Shared-Editing, hat dafür aber einige praktische Vorteile: Es werden nur geringe Ansprüche an die PC- und Netz-Technik und die *Technikkompetenz* des Anwenders gestellt. Es fallen nur geringe Kosten für die Netzanbindung an, die Beteiligten müssen lediglich über einen E-Mailanschluss verfügen. E-Mail ist zudem textergonomisch im Vorteil, weil sie der Eigenzeit des Autoren zur Entwicklung seines Beitrags entgegenkommt. Es tickt kein Gebührenzähler im Hintergrund – und es schaut auch niemand über die Schulter in einer Entwicklungsphase, in der man gern noch eine Weile mit sich und seinem Text allein ist.

Wie auch immer die Bearbeitung von Texten realisiert wird – ob parallel mit Shared-Editing oder seriell per E-Mail – es verbleibt in beiden Fällen das Problem, die einzelnen Beiträge der Autoren sowie den Gesamttext zu verwalten.

Zur Lösung dieses Problems lässt sich das Programmpaket *RCS* (Revision Control System) einsetzen. RCS bietet zwei Hauptfunktionen: Erstens speichert es die zuletzt aktualisierte Version eines Textes vollständig ab (sowie zusätzlich die Unterschiede zu den vorausgehenden Versionen, wodurch sämtliche Vorversionen eines Textes rekonstruiert werden können). Zweitens sperrt RCS ein *Textarchiv*, nachdem ein Text von einem Arbeitsgruppenmitglied herauskopiert wurde, solange, bis der Text vom gleichen Mitglied wieder eingelesen wurde. Genauer gesagt: Andere Mitglieder können einen Text, der gerade in Arbeit ist, zwar aus dem Textarchiv herauskopieren, nicht aber in veränderter Form wieder in das Archiv einlesen.

Die Grundfunktionen von RCS zu nutzen, ist einfach (vgl. Herold/Meyer 1995). Mit dem Befehl `co -l Dateiname` (checkout) wird die zuletzt eingelesene Version eines Textes zur Bearbeitung aus dem Archiv herauskopiert und für die Bearbeitung durch andere Mitglieder gesperrt. Der Befehl `co Dateiname` liest die aktuelle Version aus, jedoch ohne dass der Text anschließend wieder eingelesen werden kann. Das Einlesen eines Textes ins Archiv geschieht mit `ci Dateiname` (checkin); mit diesem Befehl wird auch das Archiv eingerichtet. Das Programm fordert den Einleser auf, einen Kommentar zu den Änderungen gegenüber der Vorversion abzugeben. Anschließend wird der aktuelle Text ins Archiv eingelesen und die Versionsnummer des Textes um .1 hochgezählt. Man kann verschiedene Bäume der Evolution eines Textes erzeugen oder Versionsnummern explizit zuteilen. In der Praxis hat es sich hierbei bewährt, einen vorläufigen Bearbeitungsgrad von Texten mit der führenden Versionsnummer 1 zu signalisieren, einen weitgehend intern fertiggestellten Grad der Bearbeitung mit 2 sowie Publikationsreife mit 3.

RCS gab es zunächst als frei verfügbares Programm unter Unix. Mittlerweile ist es auch auf die anderen gängigen Betriebssysteme portiert worden. Neben RCS werden das alte *SCCS* (Source Code Control System) und neuerdings *PRCS* (Project Revision Control System, vgl. `http://www.XCF.Berkeley.EDU/~jmacd/prcs.html`) oder *CVS* (Concurrent Version System, vgl. `http://home.hkstar.com/cvs-1.8.1/cvs_toc.html`) eingesetzt.

# 3.4 Projektverwaltung

Eine Markup-Language wie z.B. HTML dient als ein Datenformat, mit dem Texte ansprechend gestaltet und Einzelbeiträge zu einem Gesamttext zusammengesetzt werden können. Ein solcher Formatstandard kann durchaus über die Autorengruppe hinausreichen, etwa wenn auch Verlage, Setzereien und Druckereien – sowie am Ende der Kette auch die Konsumenten als potentielle Produzenten – mit einem solchen Format arbeiten. Eine Archivierungssoftware wie z.B. RCS unterstützt dabei den Abgleich der verschiedenen Verarbeitungsphasen von Teiltexten. Das letzte in diesem Szenarium nun noch zu lösende Problem besteht nun darin, die Texte in ein zentrales, RCS-verwaltetes Archiv ein- bzw. auszulesen, ungeachtet ob der PC eines Teammitglieds über das lokale Netzwerk oder an einer Fido-Hobbymailbox irgendwo in der Welt angeschlossen ist. Dafür optimal geeignet ist E-Mail als Transportmedium.

Eine einfache Lösung könnte darin bestehen, ein Mitglied der Gruppe dafür zu gewinnen, die per E-Mail eintreffenden Texte der Teammitglieder von Hand in ein Zentralarchiv, das sich auf seiner Festplatte befindet, ein- und auszulesen. Der Vorteil ist, dass das Team sofort mit der Arbeit beginnen kann. Allerdings verblasst der Charme solch primitiver Lösungen schnell, wenn die Produktivität einer Gruppe hoch ist und das Mitglied deshalb nachlässig wird oder sich zu beschweren anfängt.

Zur Lösung dieses Problems habe ich mit zwei Programmierern ein Software-Paket entwickelt, dessen Kernfunktion genau darin besteht, per E-Mail zugestellte Texte automatisch in ein RCS-Archiv einzulesen bzw. per E-Mail aus dem Archiv abgeforderte Texte zuzuschicken. Der Interessent eines Textes schickt dafür an die E-Mailadresse des Archivs typischerweise den Befehl `checkout Name_der_Textdatei voraussichtlicher_Rückgabetermin` und bekommt den entsprechenden Text entsprechend verschlüsselt zugestellt. Die Antwortzeit beträgt in einem lokalen Netz einige Sekunden und ist ansonsten von der Qualität der Netzanbindung der Teammitglieder abhängig.

Mittlerweile haben wir dieses Programmpaket durch die Integration eines *Workflow*-Moduls zu einer vollständigen*Projektmanagement-Software* weiterentwickelt. Es sorgt für das technische und organisatorische Management des Texteaustauschs: So erinnert es beispielsweise an Termine und fordert zur Abgabe von Texten auf, weil inzwischen jemand anderes mit höheren Zugriffsrechten den Text bearbeiten möchte; informiert regelmäßig über den Zustand des Archivs und die Diskussionen; und es wickelt Entscheidungsverfahren ab. Das Programmpaket erlaubt die Abbildung sowohl hierarchischer Gruppenstrukturen, in denen genau geregelt ist, wer welchen Text einsehen und bearbeiten darf, wie auch egalitärer Gruppenstrukturen, in denen jeder das darf, was auch dem anderen zugestanden wird. Die Entwicklung des Programms geschieht mit*netrexx* und *Java* und ist damit unter den gängigen Java- und netzwerkfähigen Betriebssystemen, also vor allem Unix, OS/2 und WindowsNT einsetzbar.

Für Diskussionen in Arbeitsgruppen und deren Koordination kann man dagegen altbekannte Software einsetzen. Seit den Gründungstagen des Internet in den frühen 70er Jahren werden für Diskussionen *Mailinglists* genutzt. Die beiden am häufigsten eingesetzten Softwarepakete zur Verwaltung von Mailinglists sind *Majordomo* (`http://www.greatcircle.com/majordomo`) und *Listserv*. Langsam gewinnt der *petidomo* (siehe:`http://www.petidomo.com/`) an Bedeutung, weniger bekannt ist der *RNALib* (vgl. den Beitrag von Dagmar Jäger und Patrick Goltzsch „Das Schweigen der Listen" ab S. 56). In einigen Fällen mag es am sinnvollsten sein, statt Mailinglists *Newsgroups* einzurichten. Mit geringstem Aufwand lässt sich eine einfache Mailinglist unter dem Betriebssystem Linux anlegen: Man richtet einen neuen Benutzer ein, legt in dessen Home-Verzeichnis eine Datei mit dem Namen `.forward` an und trägt dort die E-Mailadressen der Arbeitsgruppenmitglieder ein. Eine E-Mail an diesen User wird dann an alle in `.forward` eingetragenen E-Mailadressen weitergeleitet.

Zum Schluß sei noch darauf hingewiesen, dass der Umgang mit elektronischen Diskussionsforen ernsthaft gelernt werden muss. Kommunikationsforscher berichten von Fällen, in denen in Betrieben die Konflikte durch die Nutzung von Mailboxen und Diskussionsforen uneinholbar eskalierten (vgl. Zuboff 1988; Sproull/ Kiesler 1991; 1992). Ferner wäre es eine Fehleinschätzung anzunehmen, dass elektronisch verwaltete Projektgruppen keiner Arbeitstreffen mit körperlich anwesenden Teilnehmern bedürfen. Zwar sind elektronische Foren bestens geeignet, um sich gegenseitig zu helfen, Fakten und Ergebnisse mitzuteilen und Vorschläge zu kommentieren, doch insbesondere zu Beginn eines großen Projekts mit noch ungewissen Gewinnchancen für den Einzelnen müssen sich Projektmitglieder gegenseitig unterschwellig signalisieren können, dass sie wahrhaftig agieren und in die Wahrhaftigkeit und Kompetenz des anderen vertrauen und insgesamt vom Gelingen des Projekts überzeugt sind. Konfliktmanagement per E-Mail gelingt in ernsten Fällen erfahrungsgemäß nur unter erfahrenen Netznutzern und bedarf ansonsten noch immer des Telefonats oder des persönlichen Gesprächs (vgl. Rost 1996b).

## Literatur

Goldfarb, Charles F., 1994: The SGML handbook: Oxford Clarendon Press

Goossens, Michel/ Mittelbach, Frank/ Samarin, Alexander, 1994: Der LaTeX Begleiter; Bonn, Paris, Reading, Mass.: Addison-Wesley

Herold, Helmut / Meyer, Manfred, 1995: SCSS und RCS – Versionsverwaltung unter Unix; Bonn, Paris, Reading, Mass.: Addison Wesley

Johansen R., 1988: Groupware: Computer Support for Business Teams, New York: The Free Press

Lamport, Leslie, 1985: LaTeX – A Document Preparation System; Reading, Mass.: Addison-Wesley

van der Linden, Peter, 1996: JAVA pur – Hintergründe und Entwicklung, 1. Auflage, Hannover: Heise-Verlag

Rieger, Wolfgang, 1995: SGML für die Praxis, Berlin, Heidelberg: Springer-Verlag

Rost, Martin (Hrsg.), 1996: Die Netzrevolution – Auf dem Weg in die Weltgesellschaft, Frankfurt am Main: Eichborn-Verlag (`http://www.netuse.de/~maro/mr_nr.html`)

Rost, Martin, 1996b: Koautoren per E-Mail koordinieren; in: Rost, Martin (Hrsg.), 1996: Die Netzrevolution – Auf dem Weg in die Weltgesellschaft, Frankfurt am Main: Eichborn-Verlag

Rost, Martin, 1997: Anmerkungen zu einer Soziologie des Internet; in: Gräf, Lorenz/ Krajewski, Markus (Hrsg.), 1997: Soziologie des Internet. Handeln im elektronischen Web-Werk, Frankfurt am Main: Campus

Sproull, Lee/ Kiesler, Sara, 1991: Vernetzung und Arbeitsorganisation; in: Spektrum der Wissenschaft 1991, Ausgabe 11: 112-120

Sproull, Lee/ Kiesler, Sara, 1992: Connections: New ways of working in the networked organization, Cambridge Massachussets: MIT Press

Zuboff, Shoshana, 1988: In the Age of the Smart Machine: The Future of Work and Power, Oxford: Oxford University Press

# Literatursuche im Internet

4

Dr. Manfred Boni

Bei der Literatursuche gibt es keine Technik des „one best way", dem mechanisch zu folgen wäre und der unabhängig vom Vorwissen, dem Informationsbedarf und der verfügbaren Zeit zu optimalen Ergebnissen führte. Suchergebnisse werden subjektiv als relevant oder misslungen bewertet, und es sind ganz persönliche Informationsstile, die eingeübt werden müssen, um immer verbesserte Suchstrategien aufgreifen zu können. Beispiele zeigen im folgenden die Ergebnisse von Recherchen. An ihnen erläutere ich, welche Werkzeuge zur Verfügung stehen. Sie treten nicht mit dem Anspruch auf, sich steigernde Stufen einer „best practice" darzustellen.

## 4.1 Die Vorbereitung der Literatursuche in Enzyklopädien

Die beste Vorbereitung einer Literaturrecherche ist die Lektüre. *Enzyklopädien* liefern den optimalen Einstieg in neue Themen. Fachlexika, Handbücher und Handwörterbücher fassen den Stand von Wissenschaft und Forschung zusammen und führen die „klassische" Literatur auf. Damit geben sie Beurteilungskriterien für die Ergebnisse der weiteren Literatursuche: „Sind die ‚klassischen' Veröffentlichungen erfasst?" „Ist der Autor des Handbuchartikels mit Veröffentlichungen vertreten?" „Stimmt die Terminologie aus Enzyklopädie und Literaturnachweisen überein?"

Eine Suche nach Literatur zur Veränderung des Marketings durch Multimedia begänne beispielsweise beim:

Handwörterbuch des Marketing [Abk.: HWM] / hrsg. von Bruno Tietz ... – 2., völlig neu gestaltete Auflage – Stuttgart: Poeschel, 1995, wo der Artikel „Mediaanalyse und Mediaselektion“ das Umfeld des Themas erläutert, oder in:

Vahlens großes Marketinglexikon / hrsg. von Hermann Diller. – München: Beck; Vahlen, 1992,

in dem von „Mediaagentur“ bis „Medienstil, Informationsstil“ mehrere Artikel das Thema auffächern, Literatur- und Adressenhinweise geben und auf verwandte Fragestellungen verweisen.

## 4.2 Elektronische Kataloge: Büchernachweise für alle Wissensgebiete

*Kataloge* der Universitäts- oder Stadtbibliotheken erschließen örtliche Literaturbestände. In den elektronischen Benutzer-Katalogen (*OPAC* = Online Public Access Catalogue) wird die Literaturrecherche über Menüs geführt. Wiederkehrende Befehle werden entweder über die Funktionstasten der PC-Tastatur ausgelöst oder durch Masken bei WWW-OPACs gesteuert.

*M. Neteler* bietet mit „Bibliotheken, Buecher und Berichte“ (`http://www.laum.uni-hannover.de/iln/bibliotheken/bibliotheken.html`) eine Übersicht der öffentlichen und kostenfreien Bibliothekskataloge im Internet, eine weitere (Abbildung 4-1) findet sich beim Hochschulbibliothekszentrum (*HBZ*) in Köln: „HBZ Deutsche Bibliotheken online“ (`http://www.hbz-nrw.de/hbz/germlst.html`).

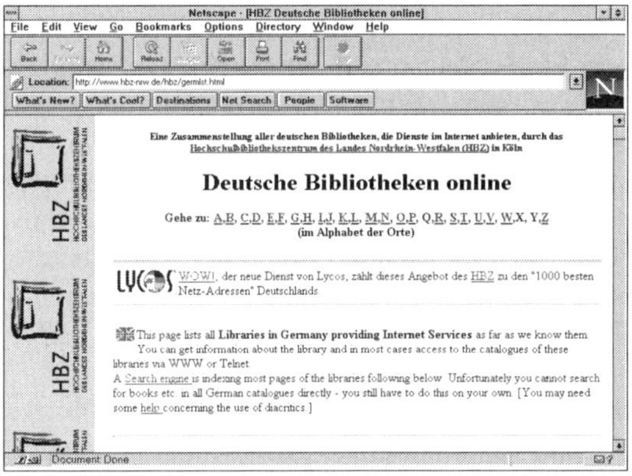


***Abbildung 4-1:***
*Kataloge von Universitäts-, Landes- und Stadtbibliotheken im WWW*

Ohne bibliothekarische Erfassungs- und Ordnungsregeln kennen zu müssen, erlauben die OPACs einen mehrdimensionalen Zugriff auf den Bücherbestand. Vollständige Werktitel oder Autorennamen müssen nicht bekannt sein, um ein gesuchtes Buch zu ermitteln. Suchkriterien können nämlich kombiniert (z.B. Nachname des Verfassers und ein, zwei Titelstichwörter) und zusätzlich *wildcards* als Stellvertreter für Buchstaben eingesetzt werden.

„Statt zwischen Katalogbänden, Zettelkästen und Mikrofiche-Lesegeräten herumirren zu müssen, will man am Computer sitzen, will dem Computer (fast) alle Sucharbeit übertragen, und das möglichst nicht nur an den Terminals in der Bibliothek, sondern genauso vom häuslichen Schreibtisch aus, am eigenen PC. Der Zugang zu den Büchern und Zeitschriften soll also so gestaltet sein, daß der konkrete Gang in die Bibliothek von der ersten an die letzte Stelle rückt, wenn es darum geht, gezielt Literatur zu beschaffen. ... Selbst im einfachsten Fall allerdings, daß Autor und Titel bekannt sind, wäre die gewünschte Online-Recherche nicht bloß eine Verlagerung dessen, was herkömmliche Bibliothekskataloge auch leisten, an den Computer. Zwar beginnt auch am Computer alles wie gewohnt; die Eingabe von >>Goethe<< und >>Wahlverwandtschaften<< etwa liefert alle verfügbaren Ausgaben samt Standorten und Signaturen. Darüber hinaus kann oder könnte man aber die so ermittelten Bücher ebenso direkt am Computer gleich bestellen. Desgleichen müßte man nicht erst am Ausleihschalter erfahren, daß die gewünschten Bände nicht zu haben, weil schon entliehen sind. Der Computer vermag auch dies wie dazu die Leihfrist, die dem Vorgänger noch bleibt bei der Recherche schon anzuzeigen und, je nach Wunsch, eine Vorbestellung zu registrieren oder auch nicht.“ (Dotzler, 1996)

Auf die Stichwortsuche nach „MARKETING“ und „MULTIMEDIA“ zeigt z.B. der Wuppertaler OPAC sechs Bücher an, in denen in Haupt- und Untertiteln die beiden Begriffe auftauchen. Als erster einschlägiger Hinweis wird aufgeführt:

Marketing mit Multimedia: Grundlagen, Anwendungen und Management einer neuen Technologie im Marketing / Günter Silberer (Hrsg.) Stuttgart : Schäffer-Poeschel, 1995. – 343 S. : Ill., graph. Darst. (Wirtschaftswoche) ISBN 3-7910-0854-4 Gb. : ca. DM 78.00, sfr 78.00, S 609.00

Eine elektronische Literaturrecherche stellt nichts anderes dar als einen elektronischen Abgleich zwischen den Suchbegriffen, die über die PC-Tastatur abgeschickt werden, und den „Wörtern“ in den Datenbanken. Die Antwort auf dieses *Matching* ist die Zahl der Treffer-Dokumente. Fehler im Matching treten auf, wenn Schreibweisen voneinander abweichen, „Wörter“ in den Datenbanken und die Tastatureingabe der Suchanfrage sich unterscheiden. Offensichtliche Rechtschreibfehler oder veränderte Rechtschreibregeln sind eine einfache Ursache, die falsche oder fehlende Treffer hervorruft. Im Englischen müssen Schreibvarianten beachtet werden, etwa zwischen „organisation“ und „organization“.

Wortfelder müssen möglichst breit ausgebreitet werden, solange über Titelstichwörter gesucht wird. Sprachphantasie ist gefordert, um denkbare begriffliche Umschreibungen und fremdsprachliche Bearbeitungen des Themas einzuschließen. Das erste Suchergebnis mit seinen sechs, eher zufälligen Treffern schöpft die technischen Potentiale nicht aus, die seitens der Retrieval-Software wie der Datenaufbereitung zur Verfügung stehen. So wächst die Trefferzahl, wenn das Wortfeld „MULTIMEDIA“ durch „ONLINE“ oder „CYBER“ kombiniert wird:

Rohner, Kurt: Cyber-Marketing : Paradigmen – Perspektiven – Praxis / [Kurt Rohner] Zürich : Orell Füssli, 1996. – 253 S. ISBN 3-280-02383-1 Gb. : DM 68.00, sfr 58.00, S 531.00

Geht die erste Suchstrategie vom dominierenden Konzept „Marketing“ aus, führt eine alternative Suche über „Multimedia“ zu 152 Treffern. Eine solche Menge muss durch ergänzende Suchkriterien eingeschränkt werden. *Schlagworte*, kontrollierte Begriffe, oder-

*Klassifikationen* – das sind eigene „Kunstsprachen" aus Zahlen, Buchstaben oder beidem zur sachlichen Erschließung von Dokumenten – filtern die Treffermenge. Als Hilfsmittel der Suche entdecken sie unter den 152 „Multimedia"-Treffern das folgende einschlägige Buch:

Würgler, Andreas: Unternehmen im multimedialen Umfeld : die erfolgreiche Nutzung der digitalen Technologien in der Praxis / Andreas Würgler. – 1. Aufl. Frankfurt am Main: Frankfurter Allg. Zeitung, Verl.-Bereich Wirtschaftsbücher, 1997. – 287 S. : graph. Darst. (Edition Blickbuch Wirtschaft) ISBN 3-929368-70-6 Pp. : DM 42.00

Titelstichwörter spiegeln den Wortgebrauch der Autoren. Sobald ein Autor einen Begriff benutzt, wandert er in den Index, *Trendwenden* schlagen sich unmittelbar nieder. Schlagwörter und Klassifikationen stellen einen redaktionell begrenzten Wortschatz zur sachlichen Erschließung bereit. Sie führen thematisch zusammengehörige Literatur an einer Stelle zusammen, gleichgültig wie ein Autor sie betitelt hat, ungeachtet auch der Fremdsprache, in der sie verfasst wurde.

Ältere Literatur wird dank der *Konversion*, der Überführung der Katalogdaten in elektronische Formate, zunehmend erschlossen. Ob die aktuelle Literatur nachgewiesen ist, läßt sich mit Buchhandelsdatenbanken überprüfen. Das Verzeichnis Lieferbarer Bücher (VLB) bietet 750.000 Titel aus 14.000 Verlagen (`http://www.buchhandel.de`).

# 4.3 Datenbanken: Elektronische Hinweise auf Aufsätze und Berichte

Anders als Kataloge erschließen *Bibliographien* wie das VLB Literatur ortsunabhängig. In einem zweiten Suchschritt muss der Platz ermittelt werden, wo sie gelesen oder ausgeliehen werden kann. Kataloge dienen als Bibliographien, wenn sie sich durch fachliche Spezialbestände oder ihre Größe auszeichnen: Der Katalog der *Deutschen Zentralbibliothek für Wirtschaftswissenschaften* am Institut für Weltwirtschaft der Universität Kiel (`http://www.uni-kiel.de:8080/IfW/zbw/econis.htm#Econis`) erschließt beispielsweise den jüngeren Bestand einer der größten wirtschaftswissenschaftlichen Spezialbibliotheken der Welt. Die *Library of Congress* weist in ihrem Katalog (fast) die gesamte literarische Produktion der Welt nach (`http://marvel.loc.gov/`).

Bibliographien sind die Hauptform der *Datenbanken*, auf die entweder – kostenpflichtig – online über die Informationsvermittlungsstellen der Bibliotheken zugegriffen werden kann oder die in „Selbstbedienung" in den lokalen Bibliotheks- und Universitätsnetzen als CD-ROM-Versionen – kostenfrei – angeboten werden. Datenbanken erschließen neben Büchern Aufsätze in Zeitschriften, Beiträge in Sammelwerken, Konferenzvorträge u.ä.

In Deutschland entstand ein Markt für Online-Datenbanken erst Mitte der 80er Jahre, seit 1990 erlebt er seine „Kannibalisierung" durch die CD-ROM-Parallelversionen. So versteht sich, dass grundsätzlich ältere Literatur nur ausnahmsweise und bisweilen zufällig berücksichtigt ist. Teilweise reduziert der Speicherplatz der CD-ROM den Datenbestand noch einmal. Weltweit gibt es für alle Bereiche von Wissenschaft, Technik und Wirtschaft mehr als 5000 Online- und mehr als 2000 CD-ROM-Datenbanken. Das Gesamtangebot verzeichnen das gedruckt und als Datenbank erscheinende *Gale Directory of Databases* und für den CD-ROM-Markt speziell *Bischiniotis* und *Schulte-Hillen*, im Internet die Übersicht: „Laufend gehaltene CD-ROM-Ausgaben in NRW" (`http://www.hbz-nrw.de/services/cdromnrw.html`). „Marktbeobachtung" ist bereits auf der Ebene der einzelnen Bibliothek geboten: „Werden neue Datenbanken angeboten?" „Haben sich die Suchbefehle verändert, gibt es neue Auswertungsmöglichkeiten?"

Dokumente in Datenbanken werden aufwendig aufbereitet. Jeder Datensatz wird in Felder zergliedert, für die jeweils ein eigenes Register erstellt wird.

```
WISO II Version Mai 1997                                    Datum: 8.7.1997

                                Datenbank HWWA
ÄÄÄÄÄÄÄÄÄÄÄÄÄÄÄÄÄÄÄÄÄÄÄÄÄÄÄÄÄÄÄÄÄÄÄÄÄÄÄÄÄÄÄÄÄÄÄÄÄÄÄÄÄÄÄÄÄÄÄÄÄÄÄÄÄÄÄÄÄÄÄÄÄÄÄÄ
Dokumentnr.        118121
Autor              Fink, Dietmar H.
Titel              Interview zur Zukunft von Multimedia im Marketing
Quelle             In : Marktforschung & Management. - Berlin (u.a.). - 41.
                   1997, H. 1. - S. 5-8 : zahlr. graph. Darst.; 1997
Signatur           Z 359b: 41.1997,1 ( Auslage: Fach 58)
Abstract           Gegenwaertiger und kuenftiger Einsatz multimedialer
                   Techniken (On- und Offline) bei Marketing-Aktivitaeten.
                   Defizite multimedialer Werbemassnahmen (mangelhafte
                   Erfolgskontrolle).Internet ; Online-Marketing
Schlagworte        Deutschland : Marketing: Multimedia
Publikation        Interview ; Aufsatz
Sprache            Deutsch
Jahr               1997
Erfassungsnr.      273106
ÄÄÄÄÄÄÄÄÄÄÄÄÄÄÄÄÄÄÄÄÄÄÄÄÄÄÄÄÄÄÄÄÄÄÄ (c) HWWA ÄÄÄÄÄÄÄÄÄÄÄÄÄÄÄÄÄÄÄÄÄÄÄÄÄÄÄÄÄÄÄÄ
```

***Abbildung 4-2:***
*Feldgliederung eines Datenbank-Dokuments*

Die Felder (Abbildung 4-2) mit den Quellenangaben (Autor, Titel, Zeitschrift, Jahrgang, Seitenzahlen) ermöglichen das Auffinden des Originaltextes.

Im „Abstract" wird der Inhalt zusammengefasst, entweder von professionellen Indexierern oder den Autoren. Ihre Aussagekraft entlastet von der Lektüre weniger relevanter Literatur.

Zur sachlichen Erschließung dienen Felder mit Schlagwörtern und Klassifikationen. Sie werden für verschiedene Datenbanken nur ausnahmsweise einheitlich angewandt (z.B. *PSYNDEX* und die *PSYCHOLOGICAL ABSTRACTS*). Standards zur sachlichen und formalen Beschreibung von Dokumenten im Internet fehlen gänzlich. Sie werden seit 1995 mit dem *Dublin Core* (`http://www.oclc.org:5047/oclc/research/conferences/metadata/metadata.html`) angestrebt (vgl. Rusch-Feja, 1997).

Alle Textinformationen werden noch einmal in einem zusätzlichen gemeinsamen Index, dem „Basic Index" oder „Freitext"-Feld, zusammengeführt.

Schließlich erlauben Felder mit der Sprachkennzeichnung oder dem Erscheinungsjahr, eine Suche formal einzuschränken.

Das „update" teilt mit, wann eine Datenbank aktualisiert wurde. SDI-Dienste (*SDI* = Selected Dissemination of Information) knüpfen hieran den „Dauerauftrag" einer gespeicherten Recherche: Mit jeder Aktualisierung der Datenbank wird die Anfrage erneut abgearbeitet, anschließend werden die Trefferdokumente automatisch übermittelt.

„Vollständig“ ist eine Disziplin oder ein Sachgebiet kaum zu dokumentieren. Wo aber liegen die unscharfen Grenzen der Literaturerschließung? Welche Zeitschriften werden ausgewertet? Werden sie vollständig ausgewertet oder nur die Hauptartikel? Im Zweifel bedeutet die Antwort auf solche Fragen, dass kein Weg am mühsamen Durchblättern ganzer Zeitschriftenjahrgänge vorbeiführt.

Niemand will dieselbe Informationen mehrfach erhalten, und schon gar nicht bei „Dubletten“ in einer Datenbank doppelt bezahlen. Bei der Suche in verschiedenen Datenbanken und Katalogen tritt unvermeidlich derselbe Hinweis mehrfach als Suchergebnis auf, nur für Online-Datenbanken gibt es automatische Dublettenidentifizierungen.

„Null Treffer“ in den Datenbanken bedeuten nicht immer tatsächlich fehlende Dokumente, sondern können – außer auf falsch gewählte sprachliche Begriffe – auch auf Fehler im Suchprozess zurückzuführen sein. Die Befehlssyntax unterscheidet sich zwischen Datenbanken und CD-ROM-Versionen. Feldkennungen und ihre Kürzel sind uneinheitlich, sie werden bei der Suche mal vor-, mal nachgestellt. Jahreszahlen müssen hier 2-, dort 4-stellig eingegeben werden, um ein Suchergebnis zeitlich zu begrenzen. Die *wildcard* für Trunkierungen reicht vom * über ? zum $. Deutsche Umlaute werden bisweilen aufgelöst, bisweilen ignoriert, so dass aus „Jürgen“ mal „Juergen“, mal „Jurgen“ wird.

Gedruckte Dokumentationen oder ein Blick in den Index der Datenbanken helfen gegen solche Fehler. Sollen Veröffentlichungen eines Autors verifiziert werden, ist der Aufruf des Autorenindex unabdingbar, um am Bildschirm Namensvarianten oder Rechtschreibfehler aufzuspüren. Während eine Suche nach dem Autor „Jürgen Habermas“ 0 Treffer ergibt, läßt ein Blick in das Autorenregister erkennen, dass z.B. in den *Sociological Abstracts* Jürgen Habermas in zwei verschiedenen Namensvarianten auftaucht, die zusätzlich die Herausgeberschriften unterscheidet:

Habermas-Juergen
Habermas-Juergen-ed
Habermas-Jurgen
Habermas-Jurgen-ed

Über die Retrieval-Software der elektronische Medien, insbesondere der Online-Datenbanken, lässt sich der Datenbestand statistisch auswerten, und bibliometrische Untersuchungen können aufgenommen werden (vgl. Best u.a., 1994: bes. S. 499 ff). Z.B. zeigen Adress-Datenbanken die regionale Häufigkeitsverteilung von Unternehmen nach Postleitzahlbezirken, Patentdatenbanken die Anmeldungen von Staaten oder Regionen im Trend der Jahre, bibliographische Datenbanken die Konjunkturen bei der Behandlung eines Themas.

# 4.4 Wege der Literaturbeschaffung: Von der elektronischen Fernleihe zum digitalen Volltext-Archiv

Am Ende jeder Literaturrecherche in Datenbanken steht wieder der örtliche Bibliothekskatalog: Ist das gefundene Buch, die Zeitschrift mit dem gesuchten Aufsatz vorhanden? Nie kann der Informationsbedarf allein durch die Ausleihe oder die Präsenznutzung vor Ort gedeckt werden. Deshalb ist der mit der *Literaturbeschaffung* verbundene Zeitaufwand einzuplanen. Die gewünschte Literatur kann in den Katalogen benachbarter Bibliotheken oder in Regionalkatalogen ermittelt und selbst besorgt werden. Die Zeitschriftendatenbank (*ZDB*) beantwortet die Frage, an welchen Standorten Zeitschriften gehalten werden. Die Bibliotheken werden durch „Sigel" abgekürzt. Deren Auflösung ist im Internet beim Deutschen Bibliotheksinstitut (*DBI*) in Berlin zu erfahren (`http://dbix01.dbi-berlin.de:8163/wais-db/query-dba.html`). Hilfreich sind Adressenverzeichnisse wie z.B. das jährlich aktualisierte „Taschenbuch des öffentlichen Lebens", der *Oeckl*.

Andernorts vorhandene Literatur vermitteln die Bibliotheken über die Fernleihe. Je selbstverständlicher heute der sekundenschnelle weltweite Nachweis von Informationen wird, desto nachhaltiger tritt der Anspruch auf, die Fernleihe zu elektronischen Lieferdiensten (`http://www.bib.uni-wuppertal.de/inetdienste/liefer.html`) fortzuentwickeln, die die gewünschten Dokumente unter Einsatz der neuen Kommunikationstechniken rasch bereitstellen.

In Nordrhein-Westfalen erlaubt *JASON-NRW* (**J**ournal **A**rticles **S**ent **O**n Dema**N**d) die Direktbestellung von Aufsätzen aus über 40.000 Zeitschriften. Die Lieferung erfolgt wahlweise elektronisch oder konventionell.

1997 startet die Pilotphase von *SUBITO*, einer Bund-Länder-Initiative für ein bundesweites Schnellbestellsystem.

Weltweit bietet *UnCover* über 7 Millionen ab Herbst 1988 erschienene Artikel aus 17.000 wissenschaftlichen Zeitschriften zur Direktlieferung per Fax an (`http://uncweb.carl.org/`).

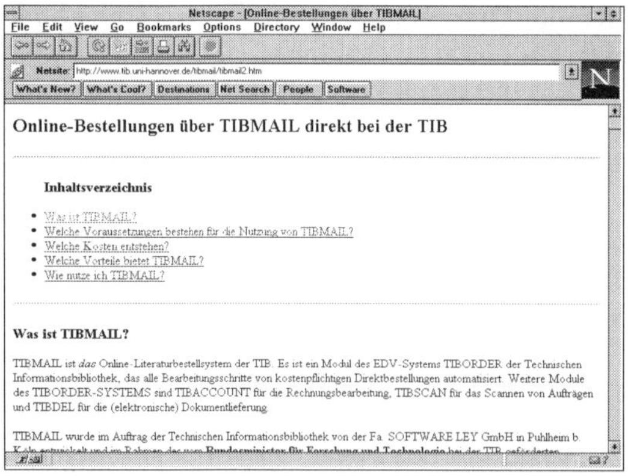


***Abbildung 4-3:***
*TIBMAIL: Elektronische Dokumentlieferung aus Hannover*

*Volltext-Datenbanken* liefern den Zugriff auf die Quellen selbst und machen damit die nachträgliche Beschaffung überflüssig. Der Zugang ist kontrolliert und kostenpflichtig, ersetzt er doch den Kauf der Druckausgabe. Die Suchmöglichkeiten gehen über die einfache Kombination von Schnitt-, Vereinigungs- und Ausschlußmengen hinaus. Treffermengen werden eingegrenzt, indem syntaktische Beziehungen zwischen den Suchbegriffen definiert werden: Eine unmittelbare Wortfolge kann verlangt werden, die Begriffe sollen in demselben Satz oder demselben Feld eines Dokuments vorkommen, oder sie dürfen nur in einem maximalen Abstand voneinander entfernt stehen. Volltext-Datenbanken erlauben selektives Lesen in mehreren Jahrgängen einer Zeitung oder Fachzeitschrift, ohne etwas zu „überlesen“.

Viele in- und ausländische Zeitungen werden neben der Druckausgabe elektronisch verbreitet. In Deutschland betrifft dies Fachzeitschriften wie *absatzwirtschaft*, *VDI-Nachrichten* oder *Computerwoche* und Tageszeitungen wie *Handelsblatt*, *Frankfurter Allgemeine Zeitung* oder *Süddeutsche Zeitung*. Die Verlage *Elsevier* oder *Springer* bieten ihre wissenschaftlichen Zeitschriften im Internet an.

Welche Datenbanken welche Texte anbieten, Angaben zur Aktualität sowie zur Frage nach der Vollständigkeit des Angebots beantwortet in Druck- und Datenbankausgabe *BiblioData*. Die dort fehlenden Angaben zum stetig wachsenden Angebot von elektronischen Zeitschriften im Internet werden z.B. von der Association of Research Libraries (*ARL*) in Washington, DC zusammengetragen (`gopher://arl.cni.org/`) und in der von ihr seit 1993 betreuten Liste „*Newjour*“, „the New Journal and Newsletter Announcement List for new serials on the Internet“ (`http://gort.ucsd.edu/newjour/`) verbreitet.

Wenn Bibliotheken Zugriffsrechte auf elektronische Dokumente erwerben und damit traditionelle Sammlungs- und Archivfunktionen übersteigen, öffnet sich ein virtueller Bibliotheksbestand auf entfernten Rechnern: Entweder – wie z.B. bestimmte Zeitschriften – gleich in digitaler Form angebotene Texte oder nachträglich in elektronische Form überführte. In einem abgestuften Konzept verteilter Datenhaltung, die mit Veröffentlichungen der jeweiligen Hochschule beginnt, verbinden sich landes- und bundesweite Initiativen zu vernetzten Archiven elektronischer Dokumente und Quellen. In Nordrhein-Westfalen wird mit *IBIS* ein „**I**nternetbasiertes**B**ibliotheks**I**nformations**S**ystem“ in Bielefeld (`http://www.ub.uni-bielefeld.de/ibis.html`) und Köln (`http://sokrates.hbz-nrw.de/ibis/`) aufgebaut. Darin werden die elektronischen Bestände der Bibliotheken nachgewiesen und langfristig gesichert. Gleichzeitig wird aus der *Informationsflut* des Internet ein qualifiziertes Profil der verfügbaren Fachinformationen zusammengestellt.

# Literatur

Best, Heinrich u.a. (Hrsg.), 1994: Informations- und Wissensverarbeitung in den Sozialwissenschaften: Beiträge zur Umsetzung neuer Informationstechnologien, Opladen: Westdeutscher Verlag

BiblioData: Fulltext Sources Online: for periodicals, newspapers, newsletters and newswires ; covers topics in science, technology, medicine, law, finance, business, industry, the popular press and more / BiblioData; Needham Heights, MA: BiblioData. – Erscheint halbjährlich. (auch als Online-Datenbank)

Bischiniotis: The CD-ROM directory with multimedia CDs: international / Ed.: George Bischiniotis, London: TFPL Publ. – Erscheint halbjährlich. (Parallel auf CD-ROM)

Boni, Manfred, 1994: Datenbanken in Wirtschafts- und Sozialwissenschaften: elektronische Fachinformation für Studium und Berufspraxis, München: Vahlen.

Boni, Manfred, 1996: Internet für Wirtschafts- und Sozialwissenschaftler, München: Vahlen.

David, Matthew / Zeitlyn, David, 1996: What are they doing? Dilemmas in Analyzing Bibliographic Searching: Cultural and Technical Networks in Academic Life; in: Sociological Research Online, Jahrgang 1, n. 4. (http://www.socresonline.org.uk/socresonline/1/4/2.html)

Dotzler, Bernhard, 1996: Keine Bibliothek, nirgends. in: Verstärker: Von Strömungen, Spannungen und überschreibenden Bewegungen, Jahrgang 1, Nr. 1. (http://www.uni-koeln.de/~amd47/vs001/dotzler_bib.html)

Gale Directory of Databases/ Kathleen Young Marcaccio (Ed.) – Detroit, MI u.a.: Gale Research. – Vol. 1: Online Databases; Vol. 2: CD-ROM, Diskette, Magnetic Tape, Handheld, and Batch Access Database Products. – Erscheint halbjährlich. (auch als Online-Datenbank)

Oeckl, Albert: Taschenbuch des öffentlichen Lebens: Deutschland / hrsg. von Albert Oeckl. – Bonn: Festland-Verlag, [1.] 1950 -

Oeckl, Albert: Taschenbuch des öffentlichen Lebens: Europa und internationale Zusammenschlüsse / hrsg. von Albert Oeckl. – Bonn: Festland-Verlag, 1.1996

Rusch-Feja, Diann, 1997: Dublin Core Metadata: Auf dem Weg zur Entwicklung eines Internet-Standards – 4. Dublin Core Metadata Workshop in Canberra; in: bibliotheksdienst, 31, Heft 4: 622-639

Schulte-Hillen: CD-ROM-Führer / Hrsg.: SCIENTIFIC CONSULTING Dr. Schulte-Hillen, Köln, München: Rossipaul Verl. ges.- erscheint jährlich.

# 5 Recherche im World Wide Web

Kristian Köhntopp

Das World Wide Web (WWW) ist ein ergiebiger Quell von Informationen für Arbeiten aller Art. Ob Haus-, Diplom- oder Doktorarbeit und ganz gleich zu welchem Thema: Sobald der Computer in ein Fachgebiet Einzug gehalten hat, wird man auch im Web eine ausgiebige Fundstelle an Material zu diesen Themen ermitteln können. Naturgemäß sind es eher die neueren Texte zu einem Thema, die man zuerst im Web finden wird. Ältere Dokumente, die noch ohne Hilfe eines Textesystems erstellt worden sind oder die noch nicht direkt in der Lingua Franca des World Wide Web, *HTML*, geschrieben worden sind, finden sich zur Zeit nur in den besser erschlossenen Themengebieten.

Trotzdem ist es meist nicht so sehr die Schwierigkeit, Informationen zu einem bestimmten Problem zu finden, sondern Informationen zu beinahe passenden, verwandten Themen nicht zu finden. Die besten Sammlungen von Verweisen und Veröffentlichungen zu einem Thema findet man in der Regel auf den Homepages derjenigen Personen, die auf dem Gebiet arbeiten, mit dem man sich beschäftigen möchte oder muss. Diese Information und die Kenntnis der Adresse mindestens einer leistungsfähigen *Suchmaschine* (search engine) reicht meist aus, um binnen weniger Minuten den größten Teil der schon digital verfügbaren Informationen zu einem Thema abzuschöpfen.

Suchmaschinen sind Programme, die aus drei Teilen und einer Datenbank bestehen und die – einem gigantischen Wurm gleich – durch das Web kriechen, um es zu indizieren und zu organisieren. Der erste Teil einer Suchmaschine, gewissermaßen ihr Vorderende, liest Webseite um Webseite und stellt aus den auf jeder Seite vorkommenden Worten eine Liste von relevanten Suchbegriffen und eine Liste von Folgeseiten zusammen, die von dort aus erreichbar sind. Die Liste der Folgeseiten wird vom Vorderende selbst weiterbearbeitet: Die Suchmaschine wird auch diese Seiten abgrasen und indizieren. Auf diese Weise erreicht die Suchmaschine ausgehend von einer Ausgangsseite alle mit dieser Seite zusammenhängenden Folgeseiten. Irgendwann hat der Indexer auf diese Weise einmal das ganze Web umkreist und beginnt seine Arbeit wieder von vorn – falls das Web nicht schneller wächst als es indiziert werden kann. Das kann in der jetzigen Phase exponentiellen Wachstums gelegentlich der Fall sein.

Die auf diese Weise gewonnene Liste der Worte und ihrer Fundstellen wird an den Mittelteil weitergegeben, dem Bauch der Suchmaschine, wo sie in einer riesigen *Volltextdatenbank* gespeichert werden. Die Datenbank einer wirklich großen Suchmaschine wie AltaVista kann leicht bis in den Terabyte-Bereich wachsen (1 TB = 1024 GB = 1024 × 1024 MB).

Der hintere Teil der Suchmaschine ist das Abfrageende, der einzige Bereich, den der Anwender normalerweise zu sehen bekommt. Es handelt sich um eine oder mehrere Webseiten, auf denen man seine Anfrage formulieren kann und die einem dann eine Liste von Fundstellen zu dieser Anfrage liefern. Um eine Anfrage erfolgreich formulieren zu können, muss man wissen, dass man es hier nicht mit einer systematischen Verschlagwortung, sondern mit einem automatisch generierten *Wortverzeichnis* zu tun hat. Anfragen finden also nicht Seiten zu einem Thema oder Schlagwort, sondern Seiten, auf denen das angegebene Suchwort wörtlich vorkommt. Der Unterschied ist meistens nicht groß, kann aber bei ungeschickt oder zu unscharf formulierten Anfragen zu seltsamen Suchergebnissen führen.

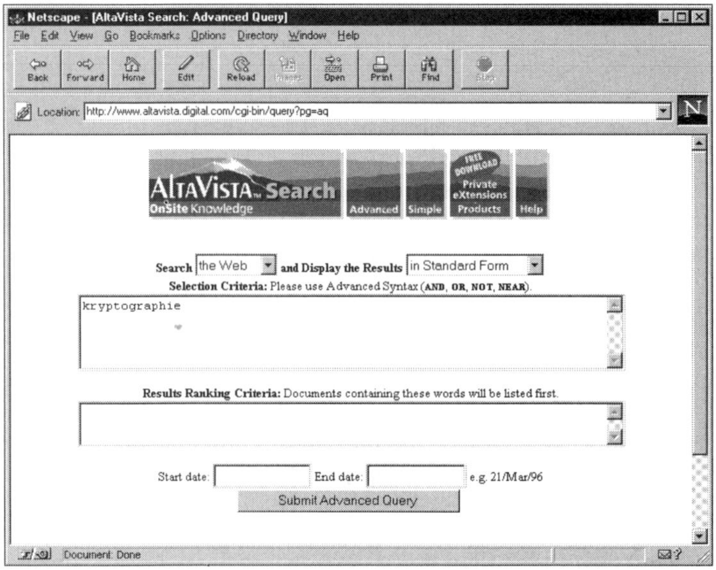


***Abbildung 5-1:***
*AltaVista ist der größte und meistens auch der schnellste Volltextindex des World Wide Web. Es hat keinen Zweck, sich mit dem einfachen Abfrageinterface von AltaVista herumzuschlagen, stattdessen sollte man sich gleich auf die Option* `Advanced Search` *stürzen.*

Abbildung 5-1 zeigt die Startseite der Advanced Search von *AltaVista*. Im Unterschied zur einfachen Suche erlaubt die Advanced Search die Verwendung von zusätzlichen *Einschränkungskriterien* und die Angabe eines *Zeitintervalls*, aus dem die gefundenen Dokumente stammen müssen. Sie zeigt die einfachste mögliche Formulierung von Anfragen an die Suchmaschine: Es genügt einfach, einen Suchbegriff anzugeben und die Anfrage abzuschicken. Die Suchmaschine wird alle Seiten finden, die diesen Suchbegriff in irgendeiner Form enthalten. Wird der Suchbegriff dabei wie im Beispiel in Kleinbuchstaben angegeben, ignoriert AltaVista die Schreibweise des Suchbegriffes. Gibt man stattdessen einen Suchbegriff mit Groß- und Kleinschreibung an, wird nach Vorkommen des Begriffes in genau dieser Schreibweise gesucht. Schlüsselworte für kompliziertere Anfragen (siehe unten) schreibt man vollständig in Großbuchstaben.

Normalerweise ist es keine gute Idee, einen Suchbegriff anzugeben und nicht weiter einzuschränken. So eine Suche wird meistens eine Vielzahl von Treffern zurückgeben, die unmöglich alle durchgesehen werden können. Das Resultat kann bestenfalls dazu dienen, den Umfang der Repräsentation eines Themengebietes im Netz abzuschätzen. Die Suche nach dem Stichwort „kryptographie" findet so zum Beispiel runde 800 *Treffer* und es sind nur deshalb so wenig, weil nicht nach dem englischsprachigen Begriff „cryptography" gesucht wurde.

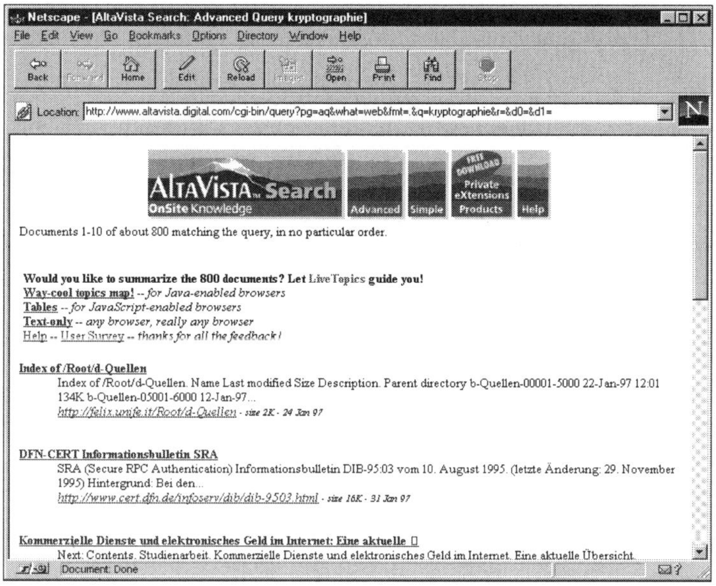


***Abbildung 5-2:***
*800 Treffer für den Suchbegriff 'kryptographie'. Eine Suche nach 'cryptography' hätte weitaus mehr Quellen in englischer Sprache gefunden. Wegen der Vielzahl der Treffer bietet AltaVista von sich aus Hilfe bei der Einschränkung der Anfrage an:* `Live Topics.`

Um eine Suche einzuschränken, kann man in AltaVista mehrere Suchbegriffe mittels *AND* (oder *NEAR*), *OR* und *NOT* miteinander verknüpfen. Die Anfrage „kryptographie AND pgp" findet zum Beispiel Seiten, auf denen sowohl das Wort Kryptographie als auch das Verschlüsselungsprogramm *PGP* erwähnt sind. Das sagt allerdings nichts über den Zusammenhang dieser beiden Worte auf der Seite aus: Es kann zum Beispiel sein, dass Kryptographie am Anfang eines 200 KB langen Dokumentes einmal und PGP ganz am Ende erwähnt wird. Formuliert man stattdessen die Anfrage „kryptographie NEAR pgp", werden nur Seiten gefunden, auf denen beide Worte in beliebiger Reihenfolge im Abstand von höchstens 10 Worten vorkommen. Noch striktere Anfragen lassen sich formulieren, indem man einen Suchbegriff mit Leerzeichen verwendet: Die Anfrage „kryptographie mit pgp" findet Seiten, auf denen genau diese drei Worte in dieser Reihenfolge vorkommen. Es ist wichtig, Suchbegriffe mit Leerzeichen mit Anführungszeichen einzugeben, damit AltaVista erkennt, dass man genau diesen Ausdruck so sucht, wie er da steht.

Während „AND" eine Suche einschränkt, kann man mit „OR" eine Suche weiten: „kryptographie OR cryptography" findet Seiten, auf denen mindestens einer der beiden Begriffe einmal gebraucht wird. Wie man sich leicht denken kann, ist „OR" einer der Operatoren, den man eher selten braucht – in der Regel ist die Trefferzahl auch so schon hoch genug.

Mit Hilfe der Negation „NOT" kann man Bedingungen negieren oder Seiten finden, die ein bestimmtes Wort nicht enthalten. Auf diese Weise lassen sich unerwünschte Treffer ausblenden. Möchte man zum Beispiel Informationen über Kryptographie finden, aber gerade nicht die tausendfach ins Netz gestellte Benutzerdokumentation des Verschlüsselungsprogramms PGP, sucht man nach „kryptographie AND NOT pgp". Man braucht den NOT-Operator sehr häufig, wenn man nach „richtigen" Veröffentlichungen zu einem Thema und nicht bloß nach Querverweisen sucht: Durch Anhängen von „AND NOT homepage" schließt man Hunderte von Homepages mit in diesem Fall nutzlosen Querverweisen aus.

Die verschiedenen Verknüpfungen von Suchbegriffen binden unterschiedlich stark: AND bindet stärker als OR, und NOT bindet stärker als AND. Im Zweifelsfall kann man durch Klammerung von Ausdrücken eine bestimmte Auswertungsreihenfolge erzwingen. Alternativ kann man sich seinen Suchausdruck auch automatisch durch Altavista erzeugen lassen.

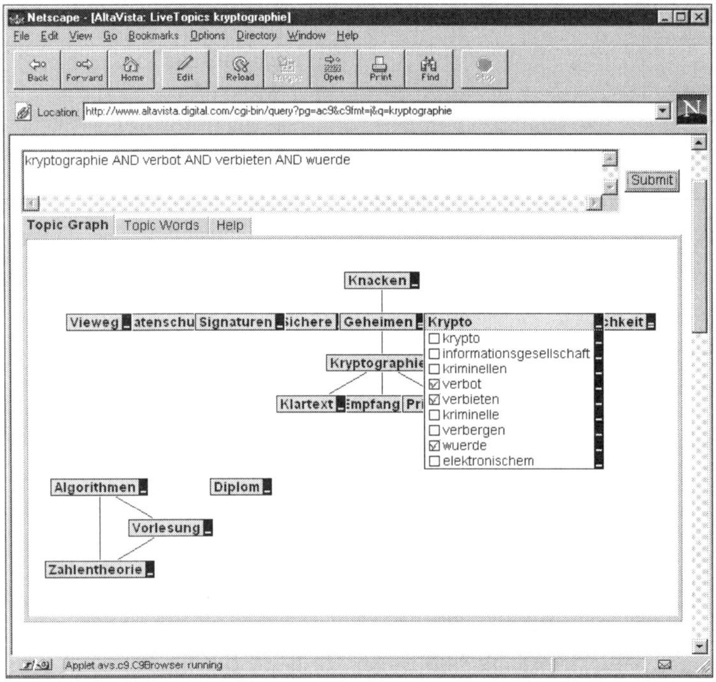


***Abbildung 5-3:***
*AltaVista 'Live Topics' setzen einen Browser mit Java voraus. Live Topics stellen die gefundenen Treffer einer Anfrage als Wortfelder dar und erlauben es, eine engere Anfrage durch Anklicken zu generieren.*

Dies geschieht am einfachsten, wenn man einen Browser besitzt, der Java-Programme ausführen kann. Wann immer eine Suche ausreichend viele Treffer generiert, bietet AltaVista an, diese Treffer durch Live Topics zusammenfassen zu lassen (Abbildung 5-2). Dabei handelt es sich um ein Javaprogramm, das automatisch geladen wird und die Treffer in der Anfrage in Wortfeldern zusammenfasst. Suchbegriffe, die hier durch Striche verbunden sind, treten dabei häufig zusammen in Dokumenten auf. Fährt man mit der Maus auf einen der Suchbegriffe, klappt ein Menü mit weiteren, kontextuell sehr eng verwandten Worten auf.

Durch einmaliges Klicken auf das Wort (grüner OK-Haken) kann man diesen Begriff mit einbeziehen, d.h. AltaVista fügt den Term „AND suchbegriff" an die existierende Suche an. Zweimaliges Klicken (rotes Abbruch-Kreuz) schließt den Begriff aus der Suche aus, d.h. AltaVista fügt den Term „AND NOT suchbegriff" an die Suche an. Nach einem dritten Klick erreicht man wieder den Ausgangszustand. Meist genügt es, die Wortfelder der Suche kurz durchzusehen und je nach Anzahl der Treffer drei bis sechs weitere, wahrscheinlich aussehende Suchbegriffe mit in die Suche einzubeziehen. Die nach Abbildung 5-3 eingeschränkte Suche findet so statt 800 noch fünf Treffer, darunter das Archiv der Kryptographie-Mailingliste von Niels Provos, eine Homepage in Österreich und eine Stellungnahme des SPD-Kryptographiespezialisten Jörg Tauss zum Multimedia- und Signaturgesetz – für einen Ansatz 'Nicht denken, nur Klicken' schon eine recht gute Ausbeute. *Live Topics* funktionieren jedoch nur, wenn eine ausreichende Anzahl von Treffern (200 oder mehr) zur Verfügung steht, um Wortfelder bilden zu können. Außerdem bilden Live Topics nur Einschränkungen nach Schlüsselworten, nicht jedoch nach Namensbestandteilen von Rechnern, Datentypen oder anderen Suchkritieren.

# 5.1 Fortgeschrittene Suche für Fortgeschrittene

Statt einfach nach Worten zu suchen, die irgendwo im Text vorkommen, kann es unter Umständen nützlich sein, nach Worten in einer bestimmten Funktion zu suchen. AltaVista stellt für diesen Zweck die *Doppelpunkt-Notation* bereit: Der Suchbegriff „title:kryptographie" findet zum Beispiel nur Dokumente, in denen das Suchwort im Titel des Dokumentes vorkommt. Im Einzelnen gibt es:

`title:kryptographie`
: Findet alle Seiten, in denen das Wort „kryptographie" in beliebiger Groß- und Kleinschreibweise im Titel vorkommt.

`anchor:top`
: Findet alle Seiten, in denen ein HTML-Anker () „top" vorkommt.

`text:Kristian`
: Findet alle Seiten, die den Namen „Kristian" in genau dieser Schreibweise an irgendeiner Stelle im sichtbaren Text enthalten.

`applet:pacman`
: Findet alle Seiten, die das Java-Applet „pacman" enthält.

`object:shutdown`
: Findet alle Seiten, die das ActiveX-Objekt „shutdown" enthalten.

`link:inkomploehntopp`
: Findet alle Seiten, die auf eine Seite verweisen, in der das Wort „inkomploehntopp" in der URL enthalten ist.

`image:pamela.gif`
: Findet alle Seiten, die einen IMG-Tag mit dem Namen „pamela.gif" enthalten.

`url:cgi-bin`
: Findet alle Seiten, die die Worte „cgi" und „bin" in der URL enthalten.

`host:www.netuse.de`
: Findet alle Seiten, die den Hostnamen www.netuse.de in der URl enthalten.

`domain:de`
: Findet alle Seiten, die den Domainnamen „de" in der URL enthalten.

Besonders mit den Einschränkungen `domain:`, `host:` oder `url:` sowie mit der Einschränkung `title:` kann man große Mengen von Fundstellen auf eine kleine, vielversprechendere Menge herunterdrücken. Zum Beispiel lässt sich die Suche aus Abbildung 5-3 durch Anhängen des Suchausdruckes „AND ( domain:de OR domain:at OR domain:ch )“ auf Rechner aus deutschsprachigen Domains einschränken. Live Topics lassen sich ausgezeichnet mit diesen Einschränkungen kombinieren. Zum Beispiel kann man einen ausgezeichneten Überblick über die Inhalte gewinnen, die auf einem Server angeboten werden, indem man nach `host:name.des.rechners` sucht und dann auf die Vogelperspektive der Live Topics umschaltet.

Schließlich lässt AltaVista es zu, die Menge der Treffer durch die Verwendung des Sterns in Suchworten zu erweitern. Um sich selbst und den Abfrager allerdings vor Überlastung durch Treffer zu schützen, ist der Stern in seiner Funktionalität gegenüber der normalen Anwendung wie in Dateisystemen eingeschränkt: Ein Stern steht nicht wie gewohnt für beliebig viele beliebige Zeichen, sondern für null bis fünf Kleinbuchstaben. Außerdem kann ein Stern nur dann angewendet werden, wenn der Suchausdruck mit mindestens drei Zeichen beginnt. Der Stern ist also nicht ein universeller Joker, aber hinreichend ausdrucksstark, um unterschiedliche Schreibweisen oder Pluralformen von Worten zu finden. So findet der Suchausdruck `dateisystem*` das Wort `Dateisystem`, den Plural `Dateisysteme` und auch den `Dateisystemcrash` (fünf Zeichen), aber nicht `Dateisystemprüfung` (mehr als fünf Zeichen).

## 5.2 Hierarchische Suchmaschinen

AltaVista ist eine Volltextdatenbank, in der alle Webseiten indiziert werden, die der Indexer erreichen kann. Die Indizierung geschieht nicht nach Schlagworten, sondern auf der Basis der in der Seite enthaltenen Worte und ihrer statistischen Beziehungen untereinander. Andere Suchmaschinen (*Yahoo*, `http://www.yahoo.com`, oder die deutschsprachige *Eule*, `http://www.eule.de`) arbeiten nach einem anderen Konzept. Hier können Gestalter von Webseiten ihre Startseite anmelden und bei der Anmeldung eine Reihe von Rubriken und Schlagworten angeben. Die Betreiber der Suchmaschine sortieren diese Seite dann unter diesen Schlagworten ein. Beim Abruf sind die Schlagworte vom Allgemeinen zum Besonderen baumartig geordnet, so dass man sich immer weiter an eine Spezialisierung des gewünschten Themas heranarbeitet und auf jeder Ebene einen Überblick über die gemeldeten Angebote zu diesem Thema bekommt.

Generell produzieren derart organisierte Suchmaschinen weniger und besser sortierte Fundstellen als AltaVista. Allerdings beschränkt sich die Suche auf die gemeldeten Fundstellen, während der Datenbestand von selbstlaufenden Indexern wie AltaVista sehr viel größer ist. Für den Recherche-Anfänger sind hierarchisch organisierte Suchmaschinen allerdings sehr viel einfacher zu bedienen.

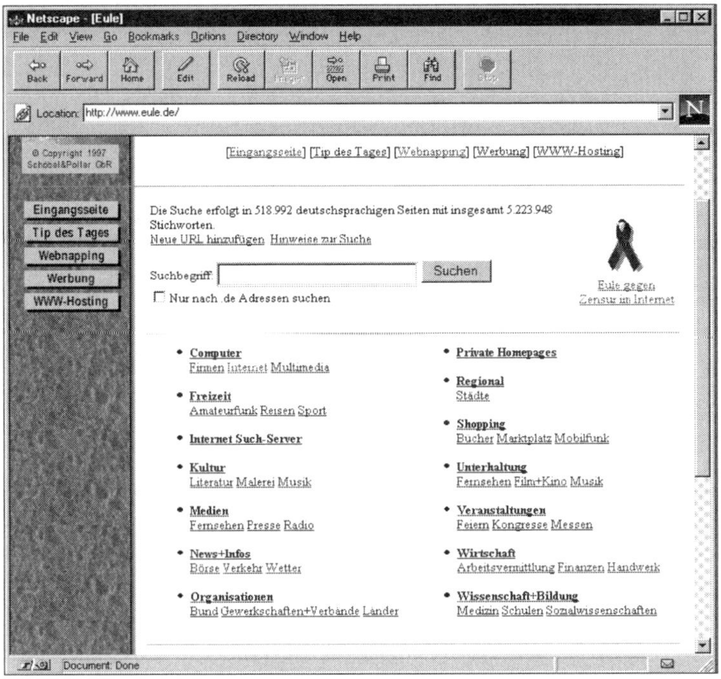


***Abbildung 5-4:*** *Startseite der deutschsprachigen Suchmaschine Eule. Eule indiziert bevorzugt Seiten in deutscher Sprache und spricht selber ebenfalls Deutsch.*

# Literatur

Babiak, Ulrich, 1997: Effektive Suche im Internet – Suchstrategien, Methoden, Quellen; Köln: O'Reilly.

# 6 Das Schweigen der Listen

Dagmar Jäger/ Patrick Goltzsch

Eigentlich könnten Mailing-Listen ein ideales Werkzeug des Gedankenaustausches sein. Sie sind in der Regel so schnell und so unkompliziert wie E-Mail zu handhaben. An Themen mangelt es nicht und an entsprechenden Foren ebensowenig. Stephanie da Silva führt ein umfangreiches Verzeichnis mit mehr als 1500 Hinweisen zu Mailing-Listen. Es wird regelmäßig in der Nachrichtengruppe news.lists veröffentlicht und ist auch unter `ftp://ftp.fu-berlin.de/pub/doc/faq/mail/mailing-lists/` erhältlich. Eine Sammlung deutschsprachiger Mailing-Listen erscheint regelmäßig in der Nachrichtengruppe de.etc.lists und ist auch unter `ftp://ftp.fu-berlin.de/pub/doc/faq/de-mailinglisten/de-mailinglisten.gz` erreichbar. Trotz des großen Kommunikationsbedarfs, der sich schon in der Anzahl der verschiedenen Foren niederschlägt, breitet sich allzu oft möglicherweise einvernehmliches oder betretenes, vielleicht auch abweisendes Schweigen aus. Woran liegt das? Wie lässt sich das goldene Schweigen doch in das anregendere Silber einer Diskussion wandeln?

Den Stein der Weisen können wir hier auch nicht präsentieren, aber wir können klären, wie Mailing-Listen technisch funktionieren, welcher Ingredienzien es bedarf, einen Stein des Anstoßes zu formen, und schließlich, wie eine Liste eingerichtet werden kann.

## 6.1 Funktionsweise von Mailing-Listen

Die Idee, die hinter *Mailinglisten* steht, ist ganz einfach: anstatt dass jeder Interessent zu einem speziellen Thema privat eine ganze Liste von ebenfalls Interessierten pflegt, wird auf einem Rechner zentral eine Liste von Interessenten mit deren E-Mail-Adressen angelegt. Diese Liste bekommt einen eigenen Namen und kann auch durch eine E-Mail-Adresse angeschrieben werden. Ein spezielles Programm sorgt dafür, dass die E-Mails für diese Liste an alle in der Liste aufgeführten Adressen verschickt werden. Das Ein- und Austragen in eine Mailingliste wird ebenfalls von diesem Programm übernommen, kann aber auch manuell durchgeführt werden.

Auf dem Markt gibt es eine Reihe von Programmen, die diese Aufgabe wahrnehmen. Sie reichen von kommerziellen Angeboten wie LISTSERV bis zu Freeware Angeboten, die sich aber stark in ihrer Funktionalität unterscheiden. *LISTSERV* z.B. hat eine intelligente Strategie entwickelt, um unbeliebte und lästige Werbemails, die zeitgleich an Unmengen anderer Listen verschickt werden, abzufangen und die Listenteilnehmer vor nervenden nichtssagenden Mails zu schützen. Dieses Feature ist bis heute ein Alleinstellungsmerkmal von *LISTSERV*.

## 6.2 Formale Rücksichten

Das Schweigen in den Listen kann vielfältig gedeutet werden. Naturgemäß enthält es keinen Hinweis auf seine eigene Bedeutung und lädt daher zu Projektionen ein. Die möglicherweise abschreckende Wirkung des Schweigens entspringt so der eigenen Vorstellung und sollte keine Beachtung finden. Ein erster Versuch, die Stille zu durchbrechen, äußert sich oft in der irritierten Anfrage: „Ist hier keiner außer mir?" Abgesehen davon, dass die Listenprogramme selbst hierauf die besten Antworten geben können, bedarf es weder derart solipsistischer Fragen noch alchimistischer Kunstgriffe, um Gold in Silber zu verwandeln.

In erster Linie ist Rücksicht auf die Eigenarten des Mediums geboten: E-Mail funktioniert, im Gegensatz etwa zum Telefon, asynchron; das heißt, die Kommunikation über eine Mailing-Liste erfolgt zeitversetzt. Damit geht der Vorteil einher, dass Beiträge sorgfältig überdacht und ausformuliert werden können. Zugleich wirkt sich der Umstand, dass E-Mail nur ein Medium unter vielen auf dem Internet darstellt, nachteilig aus. Informationen bestürmen die Netznutzer aus zahlreichen Quellen, und vielen Mitteilungen wird deshalb nicht die Aufmerksamkeit zuteil, die ihnen zu wünschen wäre. Die Korrespondenz gerät unter den Druck, wenn nicht gerade Interesse wecken zu müssen, so doch potentielle Leser nicht abschrecken zu dürfen.

Erste Hinweise, wie dieses Ziel formal zu erreichen ist, enthält die Netiquette für das Usenet: Sich kurz fassen, einen aussagekräftigen Betreff wählen und das Layout der Mitteilung berücksichtigen. Von hinten aufgezäumt, sieht das Pferd dann so aus: Das Layout sorgt für Übersichtlichkeit. Es unterstützt die Schreibenden bei der Gliederung der Gedanken und die Empfänger im Bemühen diese nachzuvollziehen. Dazu gehören die Rücksicht auf eine Zeilenlänge von 70 Zeichen und die Einteilung des Textes in Absätze. Der Betreff sollte den Kontext berücksichtigen, in dem eine Mitteilung erscheint. Es macht wenig Sinn, auf einer Mailing-Liste, die sich Niklas Luhmann widmet, den Betreff Luhmann zu wählen. Auf einer Liste zur Sozialgeschichte von Ideen kann er jedoch Signalwirkung entfalten. Sich kurz zu fassen, mag als eine Zumutung erscheinen. Gerade der asynchrone Charakter von E-Mail mit der Möglichkeit, Mitteilungen zu überdenken und an Formulierungen zu feilen, verführt leicht dazu, den Lesern mehr zuzumuten, als sie ertragen wollen. Zu dieser Verlockung gesellt sich im wissenschaftlichen Rahmen oft genug auch eine gewisse Umständlichkeit: Unklarheiten sollen ausgeschlossen werden. Die eigene Erfahrung im Umgang mit längeren Texten, diese nämlich unter „noch zu lesen“ abzulegen, sollte jedoch Warnung genug sein, nicht dem Drang nachzugeben, eine ausführliche, alle Umstände berücksichtigende Darstellung eines Sachverhalts abzuschicken. Mailing-Listen sind in erster Linie Diskussionsforen. Sie leben von Rede und Erwiderung, und den Anschein einer Tirade zu erwecken, kann eine Auseinandersetzung im Keim ersticken.

Das Lob der Kürze sollte nicht verleiten, das Heil im gegenteiligen Verhalten zu suchen und einen Themenkomplex in zwei Sätzen zu skizzieren. Ein solches Vorgehen brächte es mit sich, auf globalisierende Formulierungen ausweichen zu müssen. Die sich damit einstellende Unschärfe verhinderte eher eine Diskussion, anstatt sie zu fördern. Besser ist es, einen Komplex in seine Einzelteile zu zerlegen und sich auf ein oder zwei Punkte zu beschränken. Mit einer konzisen und prägnanten Formulierung lässt sich dann die erste Hürde überspringen.

Die Angst, bei einer solchen Strategie Entscheidendes unter den Tisch fallen zu lassen, ist unangebracht. Textbasierte Kommunikation neigt zur Zerfaserung: Was mit einer einfachen Beobachtung beginnt, kann am Ende ein ganzes Spektrum von Standpunkten umfassen. Zweierlei lässt sich aus dieser Eigentümlichkeit schließen. Zum einen kann die eigene Beschränkung im Vertrauen darauf erfolgen, dass fehlende Punkte in der weiteren Diskussion nachgeliefert werden. Zum anderen taugen Mailing-Listen scheinbar nicht dazu, ein Problem zu ergründen. Vielmehr setzen sie eine Assoziationsmaschinerie in Gang, deren Vorteil darin besteht, den eigenen Blickwinkel aufzubrechen und möglicherweise bislang nicht berücksichtigte Facetten aufschimmern zu lassen.

## 6.3 Streitkultur

Folgten die ersten drei Ratschläge noch der Netiquette, sprechen sich die weiteren Empfehlungen für ihre Missachtung aus. Die Geschichte der Netiquette beginnt um das Jahr 1983. Damals spielte die Bandbreite auch für das Usenet eine gewichtige Rolle, und das spiegelt sich in ihren Mahnungen vielfach wider. Dazu gehört unter anderem, den Benutzern nahezulegen, die Vieldeutigkeit ihrer Texte einzuschränken und der privaten Reaktion per E-Mail den Vorzug vor einer öffentlichen Antwort zu geben. Beides soll unnötige Diskussionen vermeiden helfen. Aus der Perspektive, dass Debatten den eigentlichen Zweck darstellen, erscheinen diese Mittel obsolet. Zum einen berauben private Mitteilungen das Forum einer Nuance, die wiederum den Anstoß zu einer weiteren Kette von Briefen geben könnten. Zum anderen mögen Smileys im Meinungsaustausch angebracht sein; sobald jedoch ein Standpunkt vertreten werden soll, verbieten sie sich von selbst. In Acht und Bann gehören in diesem Zusammenhang auch die beliebten Floskeln wie „IMHO“ (in my humble opinion) oder „AFAIK“ (as far as I know). Ähnlich den Emoticons schwächen sie nur die eigene Position ab und schleifen jene Ecken und Kanten rund, an denen sich Leser stoßen sollen.

Aus diesem Vorgehen ergeben sich verschiedene Konsequenzen. Zuerst müssen Missverständnisse in Kauf genommen werden. Dabei kann ihre Ächtung in der Netiquette als unproduktiv nur als krasse Fehleinschätzung gewertet werden. Missverständnisse können sich ganz im Gegenteil als überaus hilfreich erweisen, wenn es darum geht, die Konnotationen von Begriffen auszuleuchten. Für den Fall, dass Reaktionen harsch ausfallen, ist es geraten, auch die andere Wange hinzuhalten und nicht, erschreckt ob einer wüsten Schimpfkanonade, den Schutz des Schmollwinkels aufzusuchen; denn, wer eine Debatte anstachelt, muss auch solche Reaktionen als auf dem „Mist der eigenen Mitteilung" gewachsen ansehen. In derartigen Fällen helfen höfliche Klarstellungen, die, abhängig vom Inhalt, auch hinter den Kulissen, also mittels privater Post, erledigt werden können. Zuletzt sei daran erinnert, dass mit dem Anstacheln einer Debatte auch eine Form der Verantwortung übernommen wird. Sie ins Rollen zu bringen, um sich anschließend abzukehren, gehört nicht zum guten Ton. Daraus sollte nicht geschlossen werden, dass eine Moderatorenrolle für die Diskussion anzustreben oder unter allen Umständen das letzte Wort zu behalten wäre. Hier ist nur die Einsicht gemeint, den ephemeren Sozialkontakt in elektronischen Foren nicht als vollständig unverbindlich anzusehen.

An zwei Stellen mögen sich Zweifel einstellen, ob dieses Verhalten gerechtfertigt werden kann. Erstens kann es moralisch fragwürdig erscheinen, eine Auseinandersetzung aus primär egoistischen Motiven vom Zaun zu brechen. Stellten solche Mitteilungen nicht eine Form des Missbrauchs dar? Oder handelt es sich gar um ein wissenschaftlich unkoscheres Verhalten, mit dem die eigene Einfallslosigkeit überspielt werden soll? Die Beurteilung muss dem Empfängerkreis überlassen werden. Außerdem wird ein Forum durch jede überlegte und sorgfältig abgefasste Mitteilung in erster Linie bereichert, ungeachtet aus welchen Motiven sie den Weg dorthin findet. Zweitens sind Ideen Mangelware. Werden sie mit einer vorzeitigen Veröffentlichung in elektronischen Foren nicht der Gefahr ausgesetzt, im Wissenschaftsbetrieb ohne Verweis auf den Autor verwertet zu werden? Wenn Genie und Originalität als Antrieb der Wissenschaft gelten und entsprechend honoriert werden sollen, sei darauf verwiesen, dass viele Listen ein Archiv unterhalten, in dem auch nach Jahren noch nachvollziehbar ist, wer was wann geschrieben hat. Gleichzeitig muss davor gewarnt werden, elektronische Foren als eine Art Selbstbedienungsladen für Ideen anzusehen, die keinen Herkunftsnachweis benötigen, denn mit der Veröffentlichung werden sie einem Publikum übergeben, das anschließend zwischen Original und Plagiat unterscheiden könnte. Letztlich sollten jedoch diese Mythen für das eigene Verhalten keinen Maßstab abgeben. Die Wissenschaft lebt vom Diskurs, und auch der Entwicklung eigener Ideen ist eine Debatte förderlicher als die Hege im stillen Kämmerlein.

# 6.4 Wie und wo können Listen eingerichtet werden?

Provider, die Listen einrichten, im Internet-Jargon als *Mailing List Provider* bekannt, gibt es eine ganze Menge. Sie unterscheiden sich vor allen Dingen in der verwendeten Software und den Konditionen, unter denen sie eine Liste einrichten.

Die am weitesten verbreitetete und leistungsfähigste Software zum Verwalten von *Mailinglisten* ist *LISTSERV*, entwickelt Mitte der 80er Jahre von der Firma L-Soft, namentlich durch Eric Thomas. Das Produkt verfügt neben der intelligenten Verwaltung von Mailinglisten auch über Datenbankfunktionalität, so dass die archivierten Mails nach komplexen Ausdrücken durchsucht werden können. Daneben zeichnet sich dieses Produkt auch durch die schnelle Zustellung der Mails aus, da z.B. nicht jede Mail einzeln übertragen wird, sondern Mails mit gleicher Domain-Adresse einmal an das zuständige Mailsystem weitergeleitet werden.

Vielfach wird von den Institutionen, die einen LISTSERV betreiben, die Möglichkeit angeboten, Listen bei ihnen einzurichten. Doch wird diese häufig an bestimmte Konditionen gebunden und immer seltener kostenfrei angeboten. Als Beispiel für den deutschsprachigen Raum sei die *GMD – Forschungszentrum für Informationstechnologie GmbH* genannt, die Listen für Mitglieder des *DFN-Vereins* (Verein zur Förderung eines Deutschen Forschungsnetzes e.V.) einrichtet, wenn diese einem wissenschaftlichen Zweck dient. Die meisten Hochschulen und Forschungseinrichtungen in Deutschland sind Mitglied beim DFN, so dass ein Überprüfen dieser Konditionen sehr lohnend sein könnte. Die Administration kann wahlweise von dem Initiator übernommen oder ganz an die GMD übertragen werden. Die Kosten sind über die Mitgliedsbeiträge des DFN abgegolten.

Desweiteren bietet auch die Firma L-Soft die Möglichkeit, dass beliebige Listen bei ihnen eingerichtet und verwaltet werden – natürlich gegen Entgeld. Dabei richtet sich der zu bezahlende Preis nach Art und Umfang des Supports bei der Administration der Liste durch L-Soft, der Größe der Liste und dem zu erwartenden Mailaufkommen. Gestaffelt nach diesen Anforderungen gibt es Preise der Klasse 500$ bis zu 3000$ pro Jahr für eine Liste. Inhaltlich gibt es keine Einschränkungen: Es können sowohl private Listen als auch kommerzielle Listen beantragt und eingerichtet werden.

Eine dritte Möglichkeit, preisgünstig eine LISTSERV-Liste einrichten zu lassen, wäre, auf die Liste der LISTSERV-Administratoren eine einmalige Anfrage zu schicken, in der kurz und prägnant Ziel und Zweck der neuen Liste erklärt und Name und E-Mail des Ansprechpartners genannt wird. Man sollte aber die Empfehlung beachten, seinen Listenwunsch nur einmal an die Liste zu schicken und eine Reply-Adresse anzugeben, damit die Angebote nicht über die Liste diskutiert werden. Allerdings kommen solche Anfragen sehr häufig über diese Liste, Antworten sind aber eher selten. Von daher ist ein Erfolg auf diesem Wege nicht sehr wahrscheinlich. Die E-Mail-Adresse der Administratoren-Liste lautet `LSTSRV-L@SEARN.SUNET.SE`.

Es gibt natürlich auch Mailinglisten-Anbieter, die unentgeldlich Listen einrichten. Allerdings ist die zugrunde liegende Software in den meisten Fällen ein weniger leistungsfähiges Produkt als LISTSERV und der Umfang der Unterstützung durch diesen Anbieter dürfte auch eher gering sein. Das mag für jene Leute interessant sein, die eine kleine Liste für private Zwecke einrichten wollen und die administrativen Aufgaben problemlos sowohl zeitlich als auch Know-How-mäßig lösen können.

Als interessante Informationsquelle sei auch auf die Newsgruppen `comp.mail.misc`, `comp.mail.list-admin.software`, `comp.answers` und `news.answers` verwiesen, in der jeweils am Monatsanfang eine Liste aller Mailinglisten-Provider aufgeführt wird, unterteilt in LISTSERV Listenprovider, Provider, die unentgeldlich Listen einrichten, und Provider, die gegen Entgeld Listen einrichten und verwalten.

# Messdaten mit dem PC erfassen und für das Processing vorbereiten

7

Renee Rober

Sie schreiben eine wissenschaftliche Arbeit, in der Sie unter anderem die Ergebnisse einiger Messungen verwenden. Wenn Sie die Messungen selbst vornehmen, müssen Sie eine Reihe von Messwerten aufnehmen und in den Rechner bekommen. Und weil Sie eine gute Arbeit schreiben wollen und Ihre Messungen aussagekräftig und genau sein sollen, werden Sie möglicherweise eine ganze Menge von Messungen machen müssen.

Nun suchen Sie nach einer Möglichkeit, die Messungen zu automatisieren. Anstatt für Stunden, Tage oder Wochen mit Papier und Bleistift neben dem Messaufbau zu sitzen und in bestimmten zeitlichen Intervallen Messwerte festzuhalten, wollen Sie den PC mit der Aufzeichnung der Messwerte beauftragen.

Die meisten Größen werden heute mit Hilfe der Elektronik gemessen. Daher werden die Ergebnisse auch auf elektrischem Wege auf Zeigerinstrumenten oder Digitalanzeigen dargestellt. Solche Geräte haben in der Regel einen Anschluss, der eine Spannung oder einen Strom ausgibt. Das an diesem Anschluss anliegende Signal dient zur Registrierung oder zur weiteren Darstellung des Messwertes. Die Amplitude dieses Signals folgt meist proportional dem Messwert. Bei Messgrößen mit extrem hoher Dynamik wird gelegentlich der Logarithmus des Messwertes ausgegeben, um eine übersichtlichere Darstellung zu erhalten. Beispiele für Messwerte mit hoher Dynamik sind Messungen des Schalldrucks oder der Beleuchtungsintensität. Der Registrierungsausgang der Messgeräte arbeitet meist mit normierten Signalen wie 0...1V, 0...10V oder 0...20mA. Im einfachsten Fall sollen elektrische Signale direkt gemessen werden, so dass der Umweg über eine Zwischengröße entfällt. Aber wie kommen diese Signale nun in den PC? Dafür gibt es mehrere Möglichkeiten.

## 7.1 Labormessgeräte mit IEEE-Bus

Wenn Sie Ihre Messungen in einem gut ausgestatteten Labor durchführen, dann haben Sie wahrscheinlich einige Messgeräte mit *IEEE488-Schnittstelle* oder *IEC625-Schnittstelle* zur Verfügung. Dies ist eine genormte Schnittstelle, die häufig eingesetzt wird, um Messapparaturen zu automatisieren. Mit einem oder mehreren dieser Geräte und einem Steuerrechner kann ein automatischer Messplatz aufgebaut werden. Der Steuerrechner kann ein PC mit entsprechender Einsteckkarte und passender Software sein. Wenn Sie eine derartige Ausstattung vorfinden, sollten Sie diese für Ihre Zwecke einsetzen. Für den Einsatz im privaten Bereich lohnt sich eine solche Ausrüstung nicht, weil sie recht kostspielig ist.

## 7.2 PC-Messkarten

Die nächste Lösung des Messproblems ist eine spezielle Messkarte, die in den PC gesteckt wird. Es gibt eine Vielzahl solcher Steckkarten in unterschiedlichsten Ausstattungen auf dem Markt. Allen gemein ist die Fähigkeit, Spannungen messen zu können. Meistens haben diese Karten zusätzlich noch ein paar Ausgänge, mit denen sich Messvorgänge steuern oder stimulieren lassen. Zu vielen dieser Karten wird ein Programm mitgeliefert, das die Wahl des Messbereiches und die Ablesung über den Bildschirm erlaubt. Wer sich zu dieser Lösung entschließt, muss meist selbst für die Ankopplung an das Messobjekt sorgen; die Karten haben nur einen Sammelstecker an der Rückseite, an dem alle Ein- und Ausgänge versammelt sind. So muss man sich die Messleitungen und eventuelle Messbereichsanpassungen selbst herstellen. Die einfachsten brauchbaren Karten liegen etwa in der Preisklasse ab DM 300,-. Dann hat man aber noch keine *Potentialtrennung* zwischen Messkreis und Rechner, so dass man nur an Objekten messen kann, die mit kleinen Spannungen arbeiten und die selbst an kein anderes Potential gebunden sind. *PC-Messkarten*, die eine eigene Potentialtrennung zum Messkreis haben, liegen jenseits der 1000 DM-Grenze.

# 7.3 Multimeter mit PC-Schnittstelle

Die folgende Lösung verwendet ein Multimeter mit *PC-Schnittstelle*. Dieses *Multimeter* ist ein Messinstrument im Tisch- oder Taschenformat. Es verfügt über eine Vielzahl an Messbereichen wie: *Gleichspannung*, *Wechselspannung*, *Gleichstrom*, *Widerstand*, *Temperatur*, *Kapazität*. Manche der angebotenen Multimeter verfügen über eine *Seriellschnittstelle* zur Übertragung der Messergebnisse. Dazu gibt es ein Kabel, welches direkt an eine freie Seriellschnittstelle eines PC angeschlossen werden kann. Diese Schnittstelle im Multimeter ist potentialgetrennt, denn die Signale werden im Multimeter durch *Optokoppler* weitergeleitet. Die Optokoppler bewirken, dass der Messkreis elektrisch isoliert von dem PC arbeitet. Das ist sehr wichtig, denn die Schaltkreise des PC sind aus Sicherheitsgründen über den Schutzleiter des Stromnetzes geerdet.

Zu diesen Multimetern sind Programme erhältlich, die die Registrierung auf dem PC sehr vereinfachen. Diese Programme stehen in Versionen für DOS und Windows zur Verfügung.

Ich stelle Ihnen ein Multimeter samt Software und Zubehör vor, welches sich durch einen günstigen Preis und gute Genauigkeit auszeichnet. Es handelt sich um das Voltcraft M-3850D, welches von der Firma Conrad electronic vertrieben wird (Näheres: siehe Quellenangaben).

Das Voltcraft M-3850D ist ein Messgerät für elektrische Größen. Es ist ein kleines Tischgerät mit einem großen beleuchtbaren LC-Display. Das Display hat zwei 3-3/4stellige Ziffernanzeigen und eine Bargraph-Skala. 3-3/4stellig bedeutet, dass Zahlenwerte von -3999 bis +3999 angezeigt werden können. Die eine Ziffernanzeige nimmt die größte Fläche des LCD ein. Sie dient der ständigen Anzeige des Momentanwertes der Messung. Die zweite Anzeige ist kleiner und in der oberen rechten Ecke des LCD plaziert. Diese Anzeige ist für Sonderfunktionen vorgesehen. Sie zeigt die Höhe einer Wechselspannung bei Frequenzmessungen oder den Mittelwert usw. Am unteren Rand des LCD ist eine Bargraph- oder Balkenskala angeordnet. An diesem Messwertbalken lassen sich Veränderungen oder Tendenzen des Messwerts schnell erkennen.

Unter dem LCD sind sieben Druckschalter und ein Drehschalter zu finden. Die Druckschalter dienen dem Ein- und Ausschalten des Gerätes und Abrufen der vielen Sonderfunktionen. Der Drehschalter erlaubt die Wahl des Messbereiches. Darunter sind vier 4mm-Buchsen zum Anschluss der Messleitungen angeordnet. Darüberhinaus gibt es noch einen Spezialsockel zum Durchmessen von Transistoren und einen kombinierten Stecker zum Anschluss von Thermoelementen und zum Messen von Kondensatoren. Das Messgerät ist batteriebetrieben. An der Seite befindet sich ein Anschluss für die Datenschnittstelle.

Der Anschluss des Multimeters an den PC ist schnell erledigt: Das eine Ende des Datenübertragungskabels hat einen Spezialstecker mit fünf Stiften. Diesen Stecker, der wie ein kleiner Kamm aussieht, stecken Sie in die Löcher an der rechten Seite des Multimeters. Am anderen Ende des Kabels ist ein 25poliger SubD-Stecker montiert. Diesen stecken Sie an eine freie Seriellschnittstelle Ihres PC. Falls an Ihrem PC nur noch ein 9poliger Seriellanschluss frei ist, besorgen Sie sich einen entsprechenden Adapter aus dem Fachhandel.

Die Software wird mit einer HD-Diskette geliefert. Es ist ein Programm für Microsoft Windows-Betriebssysteme. Sie starten die Installation des Programmes wie gewohnt, indem Sie das ProgrammSETUP.EXE von der Diskette ausführen. Während der Installation dürfen keine Visual Basic Applikationen laufen. Es erscheint ein Fenster, welches Ihnen vorschlägt, die Software im Verzeichnis `C:\DIGISCOP` zu installieren. Sie können dies akzeptieren oder ein anderes Laufwerk und/oder Verzeichnis angeben und dann mit der Installation fortfahren. Dann sehen Sie ein Fenster, das Sie über den Fortgang der Installation informiert. Zum Abschluss sehen Sie eine Meldung mit der Meldung `Digiscop Installation is complete`. Damit ist die Installation der Software abgeschlossen.

## 7.3.1 Die erste Messung

In meinem Beispiel messe ich den Kurzschlussstrom eines kleinen Solarpanels. Das Solarpanel steht auf der Fensterbank und wird vom Tageslicht beleuchtet. Der abgegebene Strom ist ein Maß für die Intensität der Beleuchtung. Dafür wähle ich den Gleichstrom-Messbereich 4mA. Wählen Sie den Messbereich so, dass auch der höchste vorkommende Messwert noch erfasst wird. Das Multimeter ist allerdings in der Lage, den Messbereich innerhalb weiter Grenzen automatisch zu wählen. Die automatische Wahl des Messbereichs ist die Voreinstellung nach dem Einschalten des Geräts. Der Messbereich sollte auch nicht aus Vorsicht zu groß gewählt werden, weil dann kleine Änderungen des Messwertes nicht mehr aufgelöst werden können.

Die Anschlussleitungen des Solarpanels werden mit dem Stromeingang des Multimeters verbunden: Die Plusleitung des Solarpanels wird mit der „mA"-Buchse verbunden, die Minusleitung mit der „COM"-Buchse (COM steht für Common – das ist der gemeinsame Bezugspunkt für alle Messungen). Für Spannungsmessungen verwenden Sie den mit „V" gekennzeichneten Anschluss. Das Handbuch zum Messgerät erklärt alle möglichen Anschlusskonfigurationen für die verschiedenen Messbereiche und gibt Sicherheitshinweise für Messungen an gefährlichen Spannungen.

Starten Sie das Digiscop-Programm. Zunächst erscheint ein Begrüßungsfenster, welches nach ein paar Sekunden verschwindet. Dann sehen Sie das Hauptfenster des Programms (Abbildung 7-1).

***Abbildung 7-1:*** *Das Hauptfenster des Digiscop-Programms*

Aus diesem Fenster heraus steuern Sie alle weiteren Aktionen. Nach dem ersten Start des Programms sollten Sie einstellen, welches Messgerät Sie verwenden (Abbildung 7-2 zum Beispiel: M-3850D). Sie teilen dem Programm weiter mit, über welche Schnittstelle es mit dem Messgerät kommunizieren soll. Dazu klicken Sie auf das Messgeräte-Symbol. In dem nun erscheinenden Fenster wählen Sie den Messgeräte-Typ und die verwendete Schnittstelle.

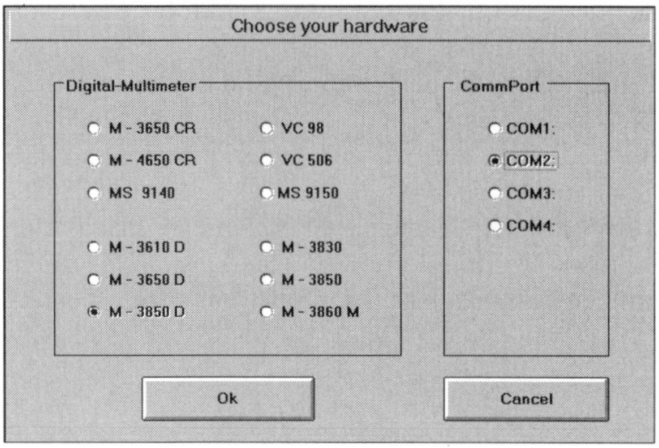


***Abbildung 7-2:***
*Das Setup-Fenster zur Einstellung der Optionen*

**Wählen Sie nun eine Messrate.** Damit ist das zeitliche Intervall gemeint, in dem die einzelnen Messungen stattfinden. Dazu klicken Sie auf das Uhr-Symbol. Für mein Beispiel wähle ich die langsamste Messrate mit einer Messung pro fünf Minuten. Zum Ausprobieren Ihres Messaufbaus wählen Sie eine der schnelleren Messraten. So können Sie die Resultate Ihrer Messungen schneller am Bildschirm verfolgen.

**Wählen Sie eine oder mehrere Darstellungen.** Das Programm bietet vier Darstellungen der Messwerte: Eine Digitalanzeige, eine Balkengraphik, eine Liste und eine Oszilloskop-Darstellung. Die Digitalanzeige und der Messwertbalken stellen den Momentanwert der Messung dar. Die Liste und das Oszillogramm zeigen den zeitlichen Verlauf des Messwertes. Die Liste ist eine Textbox mit folgendem Aussehen:

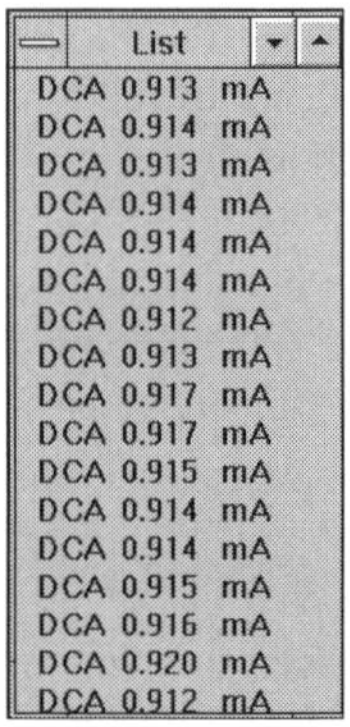


***Abbildung 7-3:***
*Die Listendarstellung der Messwerte*

Das Oszillogramm (Abbildung 7-4) bietet einen schnellen Überblick über den zeitlichen Verlauf des Messwertes. Es ist „zoombar", d.h. mit den kleinen Pfeilbuttons links vom Oszillogramm können Sie die Auflösung der Darstellung so einstellen, dass der Wertebereich Ihrer Messung möglichst gut dargestellt wird.

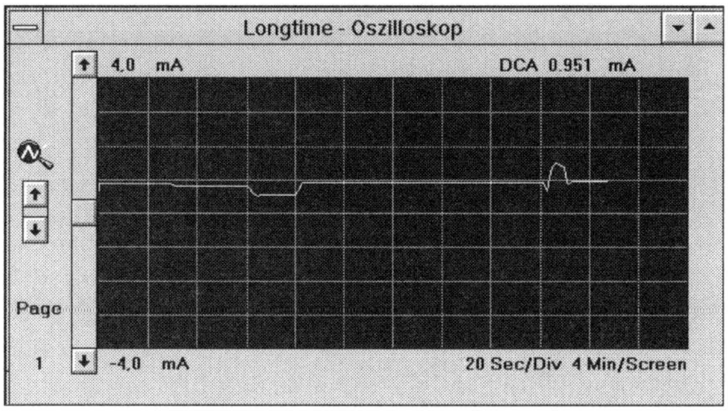


***Abbildung 7-4:***
*Das Oszillogramm*

Jetzt werden die Messwerte fortlaufend angezeigt.

## 7.3.2 Speichern der Messwerte in einer Datei

Zunächst müssen Sie einen Dateinamen angeben. Dazu müssen alle Anzeigen abgeschaltet sein. Dann ist das Diskettensymbol im Hauptfenster sichtbar. Klicken Sie nun auf das Diskettensymbol. Es erscheint ein Fenster, in dem Sie wählen können, ob Sie Messwerte speichern wollen (SAVE) oder bereits gespeicherte Daten laden wollen (LOAD), um sie erneut darzustellen.

Wählen Sie also „SAVE", geben Sie einen Dateinamen ein und klicken Sie auf „Ok". Wenn Sie nun die Oszilloskop-Darstellung einschalten, werden Messwerte aufgezeichnet. Wenn Ihre Messung beendet ist, schalten Sie einfach die Oszilloskop-Darstellung aus. Dann wird die Messwerte-Datei geschlossen.

## 7.3.3 Weiterverarbeitung der gewonnenen Daten

Die Daten, die Sie bei Ihrer Messung gewinnen, werden in einer Datei abgelegt. Diese Datei enthält die nackten Zahlenwerte, die auf dem Display erscheinen, und eine Überschrift. Jeder Messwert steht in einer eigenen Zeile, so dass die Daten leicht durch andere Programme übernommen werden können. Hier sehen Sie einen kleinen Auszug aus einer solchen Messwerte-Datei:

```
Page: 0001  Begin: 12:26:39  15-04-97  Range: DCA  mA   Values: 240  DMM:    3851
.58
.57
.57
.56
.57
.57
.57
```

```
.58
.46
.44
.43
.39
.37
.36
.52
.55
```

Für die Weiterverarbeitung müssen Sie eventuell die Zeilen, die mit „Page“ beginnen, aus der Datei entfernen. Dies können Sie mit einem Texteditor erledigen. Mit Programmen wie Microsoft Excel können Sie die Messwert-Datei direkt einlesen, indem Sie sie über den Dialog „Datei / Öffnen“ in eine Tabelle legen. Die meisten Textverarbeitungsprogramme, Datenbanken, Tabellenkalkulationen, Chartprogramme und Analysetools werden mit dem Format der Messwert-Datei keine Probleme haben.

### 7.3.4 Eine Alternative zum Digiscop-Programm

Nun, da Sie das Multimeter an der seriellen Schnittstelle Ihres PC zur Verfügung haben, können Sie auch selbst Kontakt zu den Messwerten aufnehmen. Dazu brauchen Sie nur ein kleines Programm, welches die Schnittstelle auf die richtigen Übertragungsparameter einstellt. Wenn Sie dem Multimeter ein großes „D“ zusenden, antwortet es mit dem aktuellen Messwert. Wie so etwas genau funktioniert, ist in den Handbüchern zum Messgerät und der Digiscop-Software beschrieben.

### 7.3.5 Sicherheit und Potentialtrennung

Sie wissen schon, dass das Multimeter potentialfrei arbeitet, weil die eingebauten Optokoppler es von dem Erdpotential des PC trennen. Die internen Schaltungen des Multimeters befinden sich aber immer auf dem elektrischen Potential des Messkreises. Wenn Sie ein Objekt messen, welches beispielweise am Stromnetz arbeitet, können Sie das gefahrlos tun. Denken Sie aber unbedingt daran, das Multimeter von dem Messkreis zu trennen, wenn Sie die Batterie des Multimeters auswechseln, denn auch die Batterieanschlüsse sind mit dem Messkreis verbunden. Sonst besteht Lebensgefahr, wenn Sie die Batterie oder die Batterieanschlüsse berühren!

### 7.3.6 Stromversorgung des Multimeters über einen längeren Zeitraum

Wenn Sie eine Messung über einen längeren Zeitraum durchführen müssen und Zweifel haben, ob die Batterie des Multimeters so lange durchhält, versorgen Sie das Multimeter nicht mit einem Netzgerät. Neben den weiter oben beschriebenen Gefahren könnte dies auch Störungen der Messung zur Folge haben. Verwenden Sie stattdessen einen 9V-Block in Lithium-Technik. Diese Batterien haben eine sehr hohe Kapazität und können das Multimeter über einen sehr langen Zeitraum mit Energie versorgen.

Wenn Sie viele Messungen durchführen müssen, die aber jeweils nicht über viele Stunden andauern, so können Sie einen NiCd-Akku und ein Ladegerät verwenden. Schon nach einigen Aufladungen fahren Sie mit dieser Lösung günstiger, als wenn Sie immer neue Batterien anschaffen. Darüberhinaus ist es weniger schädlich für unsere Umwelt.

## Quelle

Multimeter und Software sind erhältlich bei:
CONRAD electronic
Klaus-Conrad-Straße 1
92240 Hirschau

## Literatur

Link, Wolfgang, 1989: Messen, Steuern und Regeln mit PCs, 1. Auflage München: Franzis

# Das Internet als Medium für sozialwissenschaftliche Fragebogenuntersuchungen

8

Bernad Batinic

In vielen Bereichen und Disziplinen werden wissenschaftliche oder gesellschaftspolitische Befragungen zu den unterschiedlichsten Themengebieten durchgeführt. Zumeist erweist es sich als schwierig und kostenintensiv, eine ausreichende Anzahl von Personen zu finden, die bereit sind, an der Untersuchung teilzunehmen. Führt man Umfragen in verschiedenen Ländern durch, so steigt der Aufwand um ein Vielfaches. Durch die zunehmende Verbreitung des Internets und die schnelle und günstige Erreichbarkeit seiner Teilnehmer bieten sich hier neue Möglichkeiten an, Befragungen durchzuführen. Erste Erfahrungsberichte hierzu sind vielversprechend.

Derartige Meldungen stimmen optimistisch, werfen aber auch die Frage auf, wie man bei Umfragen im Internet vorgehen muss, welche Techniken und Programme bei der Durchführung nötig sind und worauf im besonderen zu achten ist. Der vorliegende Beitrag will hier etwas Licht hineinbringen und eine Einführung in das internetbasierte Befragen geben.

## 8.1 Wie viele Menschen nutzen das Internet?

Mark Lottor führt alle sechs Monate die *Internet Domain Survey* durch und bestimmt hierbei die Anzahl der am Internet angeschlossenen Rechner (Hosts). Für Januar 1997 zählt er 16.146.000 Internetrechner, wobei 721.847 Rechner auf Deutschland entfallen (Lottor 1997, DE-Nic 1997). Betrachtet man die Entwicklung der weltweit angeschlossenen Rechner über einen längeren Zeitraum hinweg, so ist alle 10 bis 12 Monate eine Verdoppelung festzustellen (Abbildung 8-1). Es wird vielfach versucht, die Anzahl der Personen zu bestimmen, die über eine Zugangsmöglichkeit zum Internet und seinen Diensten verfügen.

Da an einem Internetrechner mehrere Personen angeschlossen sein können, multipliziert man die Rechnerzahl in der Regel mit einem Faktor von 3,5 bis zu 5. Durch die Verwendung der unterschiedlichen Faktoren liegen die Schätzungen der Teilnehmerzahl im Jahr 1997 zwischen 56 bis 80 Millionen Personen, die über einen Online-Zugang verfügen sollen. Die Wahl des Faktors ist aber weitgehend willkürlich.

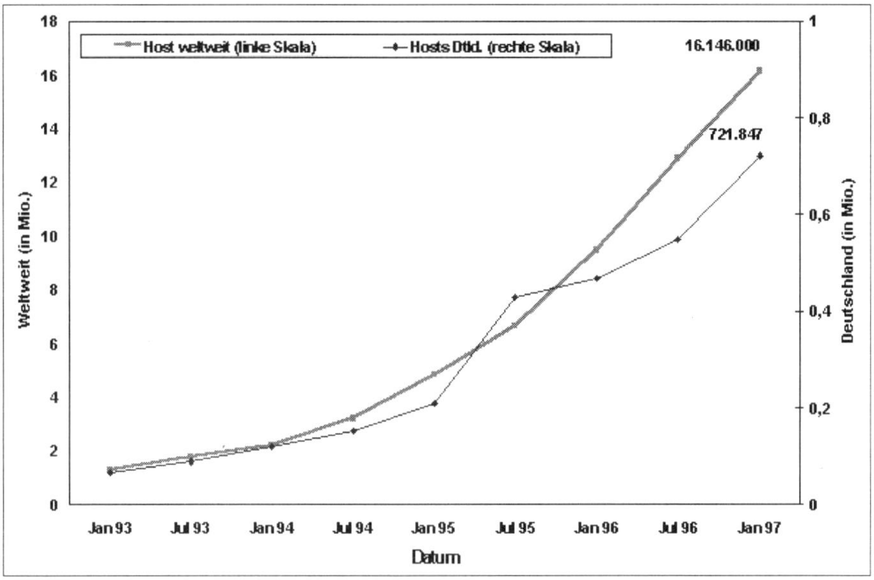


***Abbildung 8-1:*** *Anzahl der Internet-Hosts in Deutschland und weltweit (Quelle: Breiter/ Batinic, 1997)*

Auf der Basis repräsentativer Telefonbefragungen in Deutschland kommt man zu dem Schluss, dass ca. 4% der Bundensbürger eine Zugangsmöglichkeit zum Netz haben. Ob diese auch genutzt bzw. welche Dienste vorwiegend in Anspruch genommen werden, ist weitgehend unbekannt. Für die Durchführung von Umfragen im Internet bedeutet dies, dass nur ein geringer Prozentsatz der Bevölkerung über das Internet erreicht werden kann.

## 8.2 Soziodemographische Zusammensetzung der Internetler

Um einen ersten Überblick über die soziodemographische Zusammensetzung der erreichbaren Internetteilnehmer zu erlangen, sind im folgenden größere deutschsprachige (WWW-basierte) Internetumfragen in Tabelle 8-1 einander gegenübergestellt.

| | **IST-Online** | **IBM-Studie** | **W3B – 2. Welle** |
|---|---|---|---|
| Zeitraum | 11/95 bis 01/96 | 09/95 bis 11/95 | 04/96 bis 05/96 |
| Anzahl | 3064 | 2781 | 3012 |
| Geschlecht | 93% Männer<br>7% Frauen | 97% Männer<br>3% Frauen | 91% Männer<br>9% Frauen |
| Alter | 28 Jahre | 29 Jahre | 29 Jahre |
| Bildungsniveau | Abitur: 82% | keine Angabe | keine Angabe |
| Hochschulausbildung | abgeschlossen: 33% | abgeschlossen: 40% | keine Angabe |
| Berufstätigkeit | | | |
| Voll-/Teilzeit: | 50% | 55% | 41% |
| Studierende: | 45% | 39% | 43% |

***Tabelle 8-1:*** *Drei deutschsprachige Internet-Umfragen (IST-Online, 1996, Prez Mundoz, 1996, W3B 1996); Quelle: Batinic/ Bosnjak/ Breiter, 1997*

Wie zu sehen ist, sind die deutschsprachigen Internetler zum größten Teil männlich, jung (28 bis 29 Jahre) und hoch gebildet. Zu betonen ist, dass in den USA die Zusammensetzung der Teilnehmer weit ausgeglichener ist.

## 8.3 Generelles zu Umfragen im Internet

Bevor wir konkret auf das Erheben von Daten im Netz eingehen, sollte man sich vergegenwärtigen, dass das Internet meist eine Reihe von zum Teil sehr unterschiedlichen Diensten (E-Mail, World Wide Web, NetNews usw.) bezeichnet. Je nach Internetdienst sind bei Untersuchungen unterschiedliche Aspekte mehr oder weniger zu berücksichtigen. Zudem unterscheiden sich Fragebögen im möglichen Design, in der Aussendung, der einzuleitenden

Werbemaßnahmen sowie in den Netzregeln, die für jeden Internetdienst gelten. Unabhängig davon sollte ein Fragebogen im Internet folgende Elemente enthalten:

- Name des Untersuchungsleiters und Kontaktadresse
- Klarer und aussagekräftiger Untersuchungstitel
- Aussagen zu Sinn und Zweck der Untersuchung
- Voraussichtliche Bearbeitungsdauer
- Hinweis, ob den Teilnehmern ein Ergebnisbericht zugestellt wird

## 8.3.1 Umfragen per E-Mail

Da praktisch jeder Internetler über eine eigene E-Mailadresse verfügt, könnte man anhand von Suchsystemen eine beliebige Zahl von Adressen heraussuchen und den entsprechenden Fragebogen an die willkürlich ausgewählten Personen senden. Ist der Fragebogen nicht zu lang (höchstens 15 bis 20 Fragen), kann man mit einer *Rücklaufquote* von ca. 5 Prozent rechnen. Vor einem derartigen Vorgehen kann jedoch nur gewarnt werden. Postwurfsendungen sind im Internet äußerst unüblich und bei vielen Nutzern verpönt. Im schlimmsten Fall riskiert man den Erhalt von sogenannten *Mailbomben* – das sind vom Umfang mehrerer Megabyte große Dateien mit sinnlosem Inhalt, die, wenn sie gehäuft auftauchen, das komplette System des Empfängers zum Abstürzen bringen können. Dennoch existieren spezielle Fälle, in denen man Fragebögen per E-Mail versenden kann. Beispiele hierfür sind:

a) Umfragen in Ländern die über keine ausreichende WWW-Struktur verfügen,
b) Befragungen von Personen(gruppen) die man mehr oder weniger kennt,
c) Expertenbefragungen, wobei nur sehr wenige Experten existieren, so dass man sie einzeln anschreibt und
d) Befragungen mit besonders hohem Erkenntnisgewinn.

Bei derartigen Fällen sollte man folgende Punkte berücksichtigen:

a) E-Mail-Fragebögen sind auf der Basis des ASCII-Zeichensatzes zu erstellen, was u.a. zur Folge hat, dass z.B. Umlaute aufgeschlüsselt werden (ä in ae etc.);
b) eine Zeile im Textfeld sollte nicht mehr als 65 Zeichen enthalten;
c) der E-Mail Text darf keine Formatierungsanweisungen (Tabstops, Fettdruck usw.) enthalten und
d. die Quelle der E-Mail-Adresse ist dem Angeschriebenen deutlich kenntlich zu machen.

Bei E-Mail Umfragen sind auch keine Dokumente (z.B. ein Text in WinWord Format) an die E-Mail anzuhängen, da diese Dateien zu langen Ladezeiten bei den Empfängern führen können und deren Lesbarkeit nicht sichergestellt ist.

### 8.3.2 Umfragen in Newsgroups

Die *NetNews* sind die Foren, in die Teilnehmer selbst Beiträge schreiben (posten), lesen und öffentlich oder privat kommentieren können. Im September 1996 erschienen 4,4 Millionen Artikel in 16.000 Newsgruppen.

In den NetNews-Gruppen können auch Fragebögen veröffentlicht werden, und die Rücksendung erfolgt per E-Mail. Entsprechend gelten die gleichen Voraussetzungen bei der Gestaltung des Fragebogentextes, wie sie bereits zuvor bei E-Mail Umfragen beschrieben wurden. Vor allem die NetNews Gruppen *de.alt.umfragen* (deutschsprachig) und *alt.usenet.surveys* (englischsprachig) sind für die Publikation von Fragebögen geeignet. Darüber hinaus kann die Umfrage in bis zu maximal acht fachspezifischen NetNews-Gruppen gepostet werden. Man nennt dies auch einen Artikel *crossposten*. Bei der Auswahl der Gruppen muss jedoch sorgfältig vorgegangen werden, da Massensendungen im allgemeinen gegen die Netzregeln (*Netiquette*) verstoßen. Fragebögen sind daher stark selektiv, d.h. nur auf die Gruppen, bei denen ein eindeutiger inhaltlicher Zusammenhang zum Umfragethema besteht, crosszuposten. Das *Followup-To* (eine Zeile im Nachrichtenkopf, die bewirkt, dass alle Antworten auf eine Veröffentlichung in eine spezifische Gruppe umgeleitet werden) sollte auf eine der genannten Umfragegruppen gesetzt werden. Weiter ist auf die folgenden Empfehlungen und Hinweise, die dem Umfrage-Richtlinien-Katalog (Batinic, 1997) entnommen sind und somit eine gewissen allgemeinen Standart darstellen, zu achten:

a) Die Bearbeitungsdauer für den Fragebogen sollte nicht zu lang sein (nicht mehr als 10 Minuten, ca. 40 Items).
b) Möchte man eine kreuzkulturelle Untersuchung zwischen verschiedenen Ländern durchführen (z.B. Deutschland – Japan), sollte man den Fragebogen nur in regionalen NetNews-Gruppen (in diesem Fall nur in Gruppen, die mit de. bzw. fj. beginnen) veröffentlichen.
c) Fragebögen, die in regionalen Gruppen veröffentlicht werden, sind in der entsprechenden Landessprache abzufassen.
d) Fragebögen sind daher vom Layout her platzsparend abzufassen.
e) Wer mehrmalig zur Teilnahme in den NetNews aufrufen möchte, sollte einen Abstand von ca. drei bis vier Wochen zwischen den Veröffentlichungen einhalten.
f) Wünschenswert wäre, dass jeder Teilnehmer am Ende der Untersuchung einen Ergebnisbericht zugestellt bekommt.

Wenn man die oben beschriebenen Anweisungen bei einer Umfrage in den NetNews befolgt und das Thema der Befragung von allgemeinem Interesse ist, sollten innerhalb von einer Woche ca. 100 bis 150 ausgefüllte Fragebögen zurückgekommen sein. Nach einer Woche sind nach unseren Erfahrungen ca. 90 Prozent aller Fragebögen eingetroffen. Es gibt zwei große Probleme, mit der Umfragen in den NetNews zu kämpfen haben:

a) Die *Verweigerungsquote* (d.h. die Anzahl der Personen, die den Fragebogen gelesen, ihn aber dann nicht ausgefüllt haben) ist bei NetNews-Umfragen nicht zu bestimmen.

b) Bei Fragebögen, die eine allgemein interessierende Thematik ansprechen, kann es dazu kommen, dass noch in der Erhebungsphase der Fragebogeninhalt von Lesern der Gruppen thematisiert wird. Hier kann es durch die öffentliche Diskussion zu unkontrollierten Beeinflussungen der nachfolgenden Teilnehmer kommen.

## 8.3.3 Umfragen im WWW

War das Schreiben eines Fragebogens, der per E-Mail versendet wird, oder die Veröffentlichung desselben in den NetNews noch relativ einfach und schnell zu bewerkstelligen, ist hingegen bei Befragungen per WWW eine Reihe von (technischen) Gegebenheiten zu berücksichtigen. So muss der Fragebogen als*WWW-Formular* mit Hilfe der Seitenbeschreibungssprache HTML programmiert werden. HTML bietet dem Anwender eine Reihe von Möglichkeiten an. Beispielsweise können mit dieser Sprache ausfüll- und anklickbare Felder erstellt werden. Dies sind Textfelder, Buttons, Listenfelder bzw. Drop-Down-Menüs und Sensitive-Maps (anklickbare Bilder).

In Abbildung 8-2 ist ein WWW-Fragebogen dargestellt, der auf HTML basiert und exemplarisch die oben genannten ersten vier Eingabemöglichkeiten enthält.

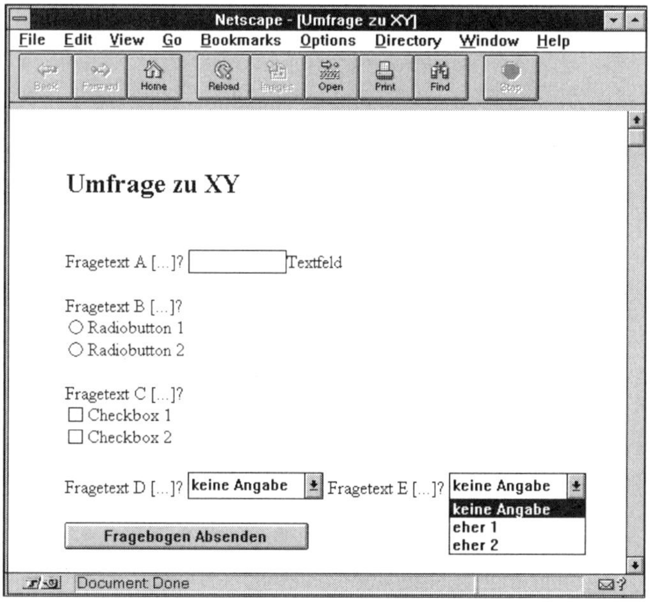


***Abbildung 8-2:***
*Fragebogen unter Einsatz verschiedener Eingabemöglichkeiten (Quelle: Batinic/ Bosnjak 1997)*

Die Programmierung, mit deren Hilfe der in Abbildung 8-2 dargestellte WWW-Fragebogen konstruiert wurde, ist in Abbildung 8-3 wiedergegeben.

```
<html>
<head>
<title> Umfrage zu XY </title>
</head>
<body bgcolor="#ffffff">
<br><br>
<ul>
<h2>Umfrage zu XY</h2><br>
< form method="POST" action="http://.../cgi-bin/" >
Fragetext A [...]?
<input type="text"  name="a1" size=10,2>Textfeld

<P>
Fragetext B [...]?<br>
<input type="radio" name="a2" value="1">Radiobutton 1<br>
<input type="radio" name="a2" value="2">Radiobutton 2

<P>
Fragetext C [...]?<br>
<input type="CHECKBOX" name="a3" value="1">Checkbox 1<br>
<input type="CHECKBOX" name="a3" value="1">Checkbox 2

<P>
Fragetext D [...]?
<select name="a4">
<option value="0"> keine Angabe
<option value="1"> eher 1
<option value="2"> eher 2
</select>
Fragetext E [...]?
<select name="a5">
<option value="0"> keine Angabe
<option value="1"> eher 1
<option value="2"> eher 2
</select>
<P>

<input type="submit" value="Fragebogen Absenden"><br>
< /form >
</ul>
</body>
</html>
</PRE>
```

***Abbildung 8-3:*** *Fragebogen als HTML-Formular (Quelle: Batinic/ Bosnjak 1997)*

Um eingegebene Daten empfangen und verarbeiten zu können, muss auf dem WWW-Server ein *Common-Gateway-Interface*-Skript (*CGI*) installiert sein. Ein CGI-Skript kann Daten per E-Mail an eine bestimmte Adresse weiterleiten und/oder in eine Datei schreiben, die am Ende der Untersuchung ausgewertet wird. Darüberhinaus sind CGI-Skripte in der Lage, den Teilnehmern auf Folgeseiten ein Feedback zu geben, erste Berechnungen durchzuführen, die Seiten mit einem Passwortschutz zu sichern und vieles andere mehr.

CGI-Programme werden meist in der Sprache *Perl* geschrieben. Verfügt man in dieser Hinsicht über keine Kenntnisse, kann man sich an seinen Provider wenden. Bei der Firma Webcom (`http://www.webcom.com/`) wird darüber hinaus eine sehr einfache und auch für den Laien schnell zu lernende META-CGI-Sprache angeboten. Es ist zu betonen, dass das HTML-Formular und das zugehörige CGI-Skript nicht unbedingt auf einem WWW-Server gespeichert werden müssen.

Eine mehr oder weniger genaue Bestimmung des Verhältnisses von Personen, die den Fragebogen aufgerufen haben, und denen, die ihn tatsächlich ausgefüllt und abgesendet haben, ist mit Hilfe der*Logfile-Datei* des WWW-Servers, auf dem der Fragebogen liegt, möglich. Basierend auf unseren Erfahrungen kann man davon ausgehen, dass ungefähr jeder dritte Besucher eines WWW-Fragebogens letztendlich auch an der Untersuchung teilnimmt.

Um möglichst viele Personen zur Teilnahme zu bewegen, ist es daher ratsam, an häufig besuchten Stellen im Internet für die Umfrage zu werben. Folgendes Vorgehen bietet sich an:

a) Die Adresse des WWW-Fragebogens bei WWW-Suchsystemen anmelden,
b) Teilnahmeaufrufe in den NetNews veröffentlichen,
c) Betreiber von sogenannten Metaseiten, die in einem inhaltlichen Zusammenhang zum Umfragethema stehen, anschreiben und um das Setzen eines Verweises auf die Umfrage bitten.

Darüberhinaus kann man mit dem Anbringen von kostenpflichtigen Bannern auf häufig besuchten WWW-Seiten (z.B. Suchsytemen, Online-Zeitschriften) für die Teilnahme werben.

Wie wir sehen konnten, gibt es nicht per se *die* Methodik zur Durchführung einer Internet-Umfrage. Vielmehr haben wir es mit unterschiedlichen Internetdiensten und somit mit unterschiedlichen Vor- und Nachteilen zu tun. Welcher Dienst für den Einzelnen am geeignetsten ist, kann nur in Abhängigkeit von Untersuchungsfrage und technischen Vorkenntnissen des Untersuchungsleiters beantwortet werden.

# Literatur

Batinic, Bernad/ Bosnjak, Michael, 1997: Fragebogenuntersuchungen im Internet; In: Batinic, Bernad (Hrsg.), 1997: Internet für Psychologen. Göttingen: Hogrefe-Verlag

Batinic, Bernad, 1996: FAQ: Die Durchführung von Fragebogenuntersuchungen im INTERNET – ein erster Überblick. Elektronische Publikation, URL am 17.4.97: `http://www.psychol.uni-giessen.de/~Batinic/survey/faq3.htm`

Breiter, Andreas/ Batinic, Bernad, 1997: Das Internet als Basis für elektronische Befragungen. Jahrbuch der Gesellschaft für Konsum-, Markt- und Absatzforschung, Heft 2

DE-Nic, 1997: Das Wachstum der Rechner. Elektronische Publikation, URL am 1.2.97: `http://www.nic.de/Netcount/netStatHosts.html`

IST-Online, 1996: Umfrage über die Nutzung des Internet und kommerzieller Online-Dienste, November 1995 bis Januar 1996. Karlsruhe/ Baden-Baden

Lottor, Mark, 1997: Internet Domain Survey. Elektronische Publikation, URL am 19.2.97: `http://www.nw.com/zone/WWW/top.html`

Pérez Mundoz, I., 1996: Internet – ein neues Medium für die Marktforschung?. Unveröffentlichte Diplomarbeit, FH Nürtingen

W3B, 1996: Demographische Daten deutschsprachiger WWW-Nutzer im Überblick. Elektronische Publikation, URL am 12.12.96: `http://www.w3b.de/W3B-1996/Ergebnisse/Zusammenfassung`

# Eigene Texte in den PC schaufeln: Tastatur und Scanner/OCR

9

Dr. Karl Sarnow

## 9.1 Die Tastatur

Natürlich ist die Tastatur das zentrale Werkzeug für Texteingabe in den PC. Seine Nutzung erscheint trivial, ist es aber nur auf den ersten Blick. Beginnt man etwa mit der Eingabe mathematischer Gleichungen, stellt sich sofort die Frage, wo sich bestimmte Zeichen für den mathematischen *Formelsatz* befinden. Sprachwissenschaftler werden das griechische, das hebräische oder das kyrillische Alphabet vermissen.

Zur Lösung des Problems bieten sich zwei Wege an:

- Die Hardwarelösung
- Die Softwarelösung

### 9.1.1 Die Hardwarelösung

Die Hardwarelösung besteht darin, sich eine Tastatur mit der entsprechenden *Tastenbelegung* in der gewünschten Sprache zu besorgen. Im Internet wird man leicht fündig, wenn es um die entsprechende Neusprache (lebendige Sprache) geht. Bei toten Sprachen wird es mit Sicherheit zu Problemen kommen.

Damit aber die Tastatur überhaupt genutzt werden kann, muss zunächst ein *Tastaturtreiber* her, der die Tastatur für das verwendete Betriebsystem nutzbar macht. Hierzu sollte der Hersteller der Tastatur Auskunft geben können. Wenn es Tastaturtreiber für ein Betriebssystem gibt, dann gilt dies für Win95. Wer also professionell eine fremde Tastatur nutzen will, ist im Regelfall mit diesem Betriebssystem gut gerüstet.

Es nützt die beste Tastatur nichts, wenn die eingegebenen Zeichen nicht auch auf dem Bildschirm zu erkennen sind. Deshalb muss der entsprechende Zeichensatz auch als Font zur Verfügung stehen. Nur wenn beide Teile des Problems gelöst sind, steht einer erfolgreichen Texteingabe nichts im Wege.

Wer an einer Hardwarelösung interessiert ist, sollte die verschiedenen Hardwarehersteller kontaktieren. Hier eine Auswahl (die üblichen Suchmaschinen liefern bei den Stichworten Hardware, Keyboard und PC mehr):

```
http://www.remarketing.com/broker/celtech/
http://www.focustaipei.com/
http://www.sejin.com/
http://www.tipro.si/
http://www.cherry.de/
```

Es ist keine Frage, dass die Arbeit an der Tastatur eines Rechners oder einer Schreibmaschine den Körper belastet. Solange es Schreibmaschinentastaturen gibt, werden deshalb für Arbeitnehmer kleine Hilfsgeräte angeboten, die den menschlichen Körper, insbesondere also die Handgelenke und den Arm-Schulter-Mechanismus unterstützen. Die hierzu erarbeiteten Erkenntnisse werden unter dem Stichwort *Ergonomie* zusammengefasst. Die englischsprachige Entsprechung ist *HCI* (Human Computer Interaction: Mensch-Maschine-Zusammenwirken).

Für Standardtastaturen finden sich im wesentlichen mechanische Hilfsmittel wie Handballenauflagen, die entweder auf der Tastatur selbst oder einer angepassten Leiste installiert sind.

Einen neuen Weg ist Microsoft mit einer neuartigen Tastatur gegangen, bei der die Tastenblöcke für die beiden Hände der natürlichen Stellung bei der Tastaturbetätigung Rechnung tragen. Es ist auch eine Handballenauflage in die Tastatur integriert. Ein erhebliches Akzeptanzproblem stellt dabei die Umgewöhnung auf die neue Tastenanordnung dar, die um so heftiger empfunden wird, je länger man bereits mit der alten Tastenanordnung geschrieben hat. Insbesondere Personen, die das Zehnfinger-Blindsystem gelernt haben und blind schreiben, müssen sich auf die neue Tastenlage einstellen. Da eine ergonomische Tastatur erheblich über dem Preis einer normalen Tastatur liegt, wird diese Neuerung auf Vielschreiber beschränkt bleiben. Ob der Mehrpreis die erhoffte Erleichterung bringt, muss der persönliche Test erbringen. Vielfach führt bereits eine bewusste Veränderung der Körperhaltung zu besseren Effekten, als die Anschaffung einer ergonomisch geformten Tastatur. Die aktuellsten Informationen zum Thema Ergonomie finden Sie unter den folgenden Adressen:

```
http://www.iaw.rwth-aachen.de/diaw.htm
http://wwwifa.kf.tu-berlin.de/
http://www.iha.bepr.ethz.ch/pages/ergo/bild.htm
http://www.cs.princeton.edu/~dwallach/tifaq/
http://www.lib.utexas.edu/Pubs/etf/Caring_For_Your_Wrists.html
http://www.virginia.edu/~enhealth/ERGONOMICS/toc.html
```

### 9.1.2 Die Softwarelösung

Technisch weniger kompliziert, aber dafür in der Bedienung mit erheblichem kognitiven Mehraufwand verbunden, ist die Softwarelösung. Hierbei werden die Zeichen entweder über eine Tabelle mit der Maus gewählt, oder die Tastatur wird mit einem anderen Zeichensatz belegt. Während im ersten Fall lediglich taktile Probleme auftauchen (haben Sie schon einmal eine Textseite komplett mit der Maus geklickt?), stellt die zweite Variante erhebliche mnemonische Anforderungen. Man kann sich zwar provisorisch mit einer Schablone helfen, die man passend beschriftet und neben die Tastatur legt. Aber zu einem flüssigen Schreibstil findet man erst nach einigem Lernaufwand.

Zudem ist hier das Problem des *Bildschirmzeichensatzes* zu lösen. Wenn es Ihnen aber gelingt, eine Tabelle mit dem entsprechenden Zeichensatz zu laden, sodass Sie mit der Maus die Zeichen wählen können, ist zu vermuten, dass Ihnen dieses Kunststück bereits gelungen ist.

Für viele Sprachen gibt es in der Shareware Lösungen. Insbesondere die kyrillischen Zeichensätze bereiten mit ein wenig Aufwand kaum Schwierigkeiten. Hierzu ist ein Blick auf die URL `http://www.osc.edu/ukraine.html` sehr zu empfehlen.

Wer sich für die Weiterentwicklung auf diesem Gebiet interessiert, dem sei die folgende URL empfohlen: `http://tobbi.iti.is/TC304/welcome.html`. Auf dieser Seite werden die technischen Entwicklungen hin zu einem multikulturellen Europa auch auf dem Computerbildschirm vorgestellt.

Mitteleuropäische Zeichensätze werden von der Norm ISO-8859 geregelt und können ebenfalls im Internet eingesehen werden: `http://babel.alis.com:8080/codage/iso8859/jeuxiso.htm`.

## 9.2 Scanner/OCR

Dem Computer das Lesen beizubringen ist eine alte Idee, die erst jetzt in eine für jedermann erschwingliche, dennoch brauchbare Form zu gelangen scheint; brauchbar deshalb, weil in der Vergangenheit der Korrekturaufwand für eingescannte Texte sehr hoch gewesen ist. Da Korrekturen stets viel Zeit benötigen und den Nachteil besitzen, dass Fehler bei der Korrektur übersehen werden können, ist eine *OCR* (engl.: **O**ptical **C**haracter **R**ecognition) mit geringer Fehlerquote von erheblicher Bedeutung.

### 9.2.1 Die Arbeitsgänge

Um einen Eindruck davon zu bekommen, an welcher Stelle besondere Sorgfalt angebracht ist, wenn man auf eine möglichst fehlerfreie *Zeichenerkennung* bedacht ist, sei hier das Prinzip der optischen Zeichenerkennung dargestellt:

1. Ein Scanner tastet die Textseite ab und erstellt eine Datei in einem Grafikformat (Scannen).
2. Die Seite wird regional eingegrenzt (Komponentenzerlegung).
3. Die Bilddatei wird in Zeilen zerlegt (Segmentierung Teil 1).
4. Jede Zeile wird in einzelne Zeichen zerlegt (Segmentierung Teil 2).
5. Jedes Zeichen wird mit einem Vorrat an Mustern verglichen (Mustervergleich).
6. Das Zeichen mit der größten Übereinstimmung im Mustervorrat wird in einen vorläufigen Text eingesetzt (Bitmusterersatz).
7. Der vorläufige Text wird in Worte zerlegt. Jedes Wort wird mit dem Inhalt eines Lexikons verglichen. Unbekannte Worte werden markiert (Lexikalische Analyse).
8. Der vorläufige Text wird auf grammatische Korrektheit überprüft. Unbekannte Worte werden durch syntaktisch passende Worte ersetzt und als ersetzt markiert (Syntaktische Analyse).
9. Der vorläufige Text wird auf semantische Konsistenz überprüft (Semantische Analyse).

### 9.2.2 Scannen

Die Industrie bietet mittlerweile eine Vielzahl von Scannertypen an: *Scanner* für einzelne Textzeilen, Handscanner und Flachbettscanner, die letzten beiden Varianten zusätzlich meist noch als Schwarz-Weiß- oder Farb-Scanner.

Textzeilenscanner haben einen sehr begrenzten Einsatzbereich und eignen sich im wesentlichen nur zur Eingabe von Zahlen oder Worten in Tabellenkalkulationszellen oder Datenbankfelder.

Handscanner sind für die OCR nahezu untauglich, weil auf Grund mangelnder mechanischer Führung eine Bildverzeichnung auftritt, die sich in einer stark erhöhten Fehlerquote bei der Texterkennung bemerkbar macht.

Flachbettscanner sind die einzigen wirklich seriösen Partner bei der Erfassung größerer Textmengen. Wir wenden unsere Aufmerksamkeit daher ausschließlich diesem Scannertyp zu. Ein Flachbettscanner ist nichts anderes als ein Fotokopierer, bei dem das von der Vorlage reflektierte Licht allerdings nicht durch eine Optik auf eine Halbleitertrommel fokussiert, sondern von einem CCD-Array (wie in einer Videokamera) empfangen und in ein entsprechendes elektrisches Signal umgewandelt wird. Dieses wird über die Interfacekarte des Scanners (inzwischen meist eine SCSI-Schnittstelle) an die CPU des Computers weitergegeben, die die Daten in einem internen Bildformat ablegt.

Der Preisverfall bei Computerhardware macht inzwischen eine Diskussion um die Art des zu verwendenden Scanners überflüssig: Farb-Flachbettscanner im Preisbereich unter DM 300 sind keine Seltenheit mehr. Deshalb erlauben wir uns den Luxus, einen Farbscanner auch für die OCR einzusetzen. Dies hat den Vorteil, dass eingefärbte Vorlagen durch eine entsprechende Vorverarbeitung für die OCR erschlossen werden können, die bei einer Schwarz-Weiß-Abtastung nicht verarbeitbar wären.

Immer noch ein Preiskriterium stellen Scangeschwindigkeit, Farbtiefe und Auflösung des Scanners dar. Bei Farbscannern ist darauf zu achten, dass die drei Grundfarben in einem Arbeitsgang erfasst werden (Single Pass Scanner). Sonst verdreifacht sich die an sich schon unangenehme Scanzeit, d.h. die Zeit für die Abtastung eines einzelnen Bildabschnittes.

Mit Farbtiefe bezeichnet man die Anzahl darstellbarer Farben. Wie alles im Computer hat auch diese Eigenschaft mit dem Speicherbedarf zu tun. Es setzt sich jedes Bild aus einer Anzahl von Bildpunkten zusammen. Ein einzelner Bildpunkt in einem reinen Schwarz-Weiß-Bild ohne Grautöne kann nur die beiden Werte Schwarz oder Weiß annehmen. Folglich ist seine Speicherung in nur einem Bit möglich. Für ein Bild mit 1024 Bildpunkten benötigt man daher 1024 Bit oder 128 Byte (1 Byte = 8 Bit).

Soll das Bild Grautöne enthalten, so sind inzwischen 256 Grautöne pro Bildpunkt Standard. Das oben erwähnte Bild aus 1024 Bildpunkten (Pixel) benötigte demnach 1 Byte Speicherplatz pro Pixel, also insgesamt 1024 Byte = 1kB. Scannen wir das Bild in Farbe, so sind 256 Farben pro Bildpunkt aus einer vorgegebenen Palette eine minimale Farbtiefe für eine halbwegs realistische Farbdarstellung. Der Speicherbedarf ist derselbe wie bei dem Grautonbild.

Für eine Darstellung in Photoqualität (True Color) ist für jede Grundfarbe eine 256-Stufenskala vorgesehen, das heißt 3 Byte pro Pixel. Mithin verlangt dasselbe Bild in True Color Qualität einen Speicherbedarf von 3 × 1024 Byte = 3kB. Deshalb hat ein Bild in True Color den 24fachen Speicherbedarf eines reinen Schwarz-Weiß-Bildes.

Da die Bearbeitungszeit von der zu bearbeitenden Menge abhängt, wird man bemüht sein, die besonderen Scannerqualitäten für die Farbdarstellung nur in Sonderfällen oder zur Bildvorverarbeitung einzusetzen. In der OCR bemüht man sich, mit einem Bit/Pixel auszukommen. Nur wenige OCR-Programme erlauben die Verarbeitung von Grautonbildern. Keines der gängigen OCR-Programme nutzt Farbdarstellung. Diese ist ausschließlich der Bildverarbeitung oder Sonderfällen wie getönten Vorlagen vorbehalten, die durch externe Bildverarbeitungsprogramme geleistet werden. Wer aber etwas über den Tellerrand reiner OCR-Applikationen hinaussieht, wird beim Farbscanner auf einer Farbtiefe von 24 Bit bestehen.

Unter der *Auflösung* eines Scanners versteht man die Anzahl der Bildpunkte, in die eine Vorlage zerlegt wird. Je größer die Anzahl Bildpunkte bei gleicher Vorlage, desto schärfer erscheint das Bild. Es hat sich die Maßeinheit *Dots/inch* eingebürgert, die angibt, wieviele Bildpunkte pro Inch Kantenlänge in einer Richtung erzeugt werden. Nehmen wir an, wir hätten 300 Dot/Inch (Dot Per Inch: dpi) als Scannerauflösung und würden eine Vorlage im Format 1 × 2 Inch abtasten. Als Ergebnis hätten wir dann 300 × 600 = 180000 Bildpunkte vorliegen. Das bedeutet, dass ein solches Bild einen erheblichen Speicherbedarf hat. Auch aus diesem Grund ist die Verwendung eines reinen Schwarz-Weiß-Modus mit einem Bit pro Pixel (sogenannter Strichmodus) sinnvoll. Der Wert 300 dpi ist für die OCR eine Richtlinie, die man beibehalten sollte. Normale Schriftgrößen lassen sich in dieser Auflösung am besten scannen. Man beachte, dass in dieser Auflösung eine DINA4-Seite mit etwa 8 × 12 Inch eine Größe von 8 × 300 × 12 × 300 = 8640000 Bit = 1080000 Byte benötigt, also etwa ein Megabyte. Wir halten fest, dass mindestens 300dpi Scannerauflösung für die OCR erforderlich sind. Höhere Auflösungen haben wenig Sinn, deuten aber auf höhere optische und mechanische Qualitäten des Scanners hin. Aber Vorsicht: Nur die physikalische Auflösung ist von Interesse. Einige Hersteller geben unsinnige Werte an, die dadurch erreicht werden, dass eine geringe Auflösung durch mathematische Interpolation aufgebessert wird. Achten Sie deshalb beim Kauf unbedingt auf die Angabe der physikalischen Auflösung.

Besondere Beachtung für Personen, die einen hohen Seitendurchsatz, etwa bei der Erfassung ganzer Aufsätze, erzeugen, sollte die Möglichkeit verdienen, einen automatischen Seiteneinzug für den Scanner verwenden zu können. Hierbei werden die Vorlagen als Papierstapel in den Scanner eingelegt und mittels eines automatischen Papiereinzuges vor dem eigentlichen Scanvorgang in den Scanner eingezogen. Soll eine derartige Einrichtung professionell genutzt werden, ist auf besonders hohe mechanische Qualität zu achten, die sich naturgemäß im Preis niederschlägt. Geräte dieser Ausstattungsklasse unterliegen auch nicht dem branchenüblichen Preisverfall für Hardware, weil die Produktionszahlen niedrig sind. Außerdem ist zu beachten, dass beim Scannen nur Einzelblätter als Vorlage geeignet sind. Sollen Texte aus einem Buch, einer Zeitschrift oder anderen gebundenen Vorlagen erfaßt werden, sind vorher Fotokopien der einzelnen Seiten anzufertigen, die im Regelfall den Einsatz des automatischen Vorlageneinzuges unsinnig erscheinen lassen.

Für alle folgenden Schritte ist eine gute Qualität der Vorlage (keine Flecken, plane Auflage, richtige Bildlage) und eine sorgfältige Einstellung der Scannersoftware (Helligkeit, Kontrast) Voraussetzung für den Erfolg. Dieser Hinweis ist wörtlich zu nehmen. Vernachlässigung eines Parameters führt zu einer drastischen Verschlechterung der Erkennungsrate. Die WWW-Adressen der führenden Scanner-Hersteller lauten wie folgt:

```
http://www.avision-labs.com/
http://www.bellhowell.com/scanners/index.html
http://www.epson-deutschland.de/product/imaging/
http://hpcc920.external.hp.com/peripherals/scanners/main.html
http://www.howtek.com/product/how.htm
http://www.Mustek-Europe.com/
http://www.mteklab.com/
http://www.paktec.com/
http://www.panasonic.com/PCSC/PCPC/imaging/scanners_top.html
http://www.umax.com/scandir2.html
http://www.adara.com/
http://www.scanshop.com/
```

### 9.2.3 Eingrenzen

Im Regelfall enthält ein Dokument eine Struktur aus Textblöcken (Spalten, Absätze), Bildern und Tabellen. Die erste Aufgabe der OCR-Software ist es folglich, die einzelnen Textblöcke einzugrenzen und in der richtigen Reihenfolge wieder zu einem Text zusammenzufassen.

***Abbildung 9-1:*** *Eingrenzung des Textes in Textrahmen. Die Pfeile geben die Reihenfolge der Bearbeitung an.*

Gute OCR-Programme bieten die Möglichkeit an, den optischen Gesamteindruck des Dokuments wie in einer Faksimile-Darstellung zu reproduzieren. Es entsteht in solch einem Fall ein Dokument in dem Format der entsprechenden Textverarbeitung, welches Textattribute, Spaltenformate und Bilder aus der Vorlage übernommen hat.

Preiswertere Programme bieten diese Option meist nicht an. Diese Programme kümmern sich um die OCR im engeren Sinne, das heißt um die Umwandlung des Bildes in Textform, wenn auch in dem Format der gewünschten Textverarbeitung.

In beiden Fällen ist die Eingrenzung des Textteils erforderlich. Die Programme legen hierzu Textrahmen an. Diese enthalten einen als Text erkannten Seitenteil, der mit einer Nummer versehen wird, die die Reihenfolge der Einsortierung in den Ergebnistext darstellt. Bei komplexen Vorlagen wird man die Reihenfolge der Textrahmen umnummerieren müssen. Dies sollte möglichst einfach vorgenommen werden können. Sehr hilfreich ist auch eine Führung durch die vorgenommene Textrahmenaufteilung mittels Pfeilen, die von einem Textrahmen zum nächsten führen.

Enthalten die Texte viele fremdsprachliche Zitate, so ist die Möglichkeit, einem Textrahmen Erkennungsattribute zuordnen zu können, von besonderem Interesse. Auch die Eingrenzung des Zeichenvorrats, der mit einem Textrahmen verbunden wird, kann zu einer Erhöhung der Erkennungsleistung führen. Insbesondere in Tabellen, bei denen die Entfernung der Tabellenränder besondere Ansprüche stellt, kann die Begrenzung etwa auf numerische Zeichen sehr hilfreich sein.

Im übrigen stellen Tabellen an die OCR erhebliche Anforderungen, sodass für wissenschaftliche Anwendungen mit hohem Tabellenanteil dieser Programmteil besonders aufmerksamer Prüfung unterzogen werden sollte. Preiswerte OCR-Software fällt hier meist heraus.

### 9.2.4 Segmentierung Teil 1

Die Zerlegung des Bildes in Textzeilen ist der nächste wichtige Schritt auf dem Weg zu einem Text mit geringer Fehlerzahl. Bei korrekter Bildlage ist es relativ leicht, die Textzeilen zu segmentieren. Der mittlere Grauwert pro Bildzeile ist zwischen den Textzeilen minimal. Leider gelingt es fast nie, die Vorlage exakt waagerecht einzuziehen. Gute OCR-Programme bieten deshalb eine Schieflagenkorrektur an, bei der durch geometrische Transformation (Rotation um den Bildmittelpunkt) eine bessere Textlage erreicht wird. Da die Transformation aber in einem diskreten Punktraum stattfindet (die Bildpixel haben invariablen Durchmesser und ganzzahlige Adressen), treten bei der Transformation Artefakte auf, sodass bei zu starker Schieflage die Fehler durch Rotationsartefakte größer werden als die Fehler durch fehlende Schieflagenkorrektur. Es gilt der Grundsatz der Ursachenvermeidung: *Jede Schieflage der Textvorlage vermeiden!*

### 9.2.5 Segmentierung Teil 2

Zwischen den beiden Markierungen einer Textzeile wird nun in vertikaler Richtung gescannt. Im Regelfall erkannt man Buchstabengrenzen ebenfalls an einem Minimum, deren mittleren Grauwerts/Bildspalte zwischen den Textzeilengrenzen gemessen. Leider sind gut aussehende Texte problematisch, weil in ihnen einzelne Zeichen zu Ligaturen verschmelzen. Das bedeutet, dass ein in der zweiten Segmentierungsstufe isoliertes Bitmuster in Wirklichkeit zwei oder gar drei verklebte Einzelzeichen enthält. Eine häufige Ursache verklebter Zeichen ist in einer mangelhaften Helligkeitseinstellung zu finden. Wird die Helligkeit zu dunkel eingestellt, verbreitern sich die Buchstaben so sehr, dass sie in der Mitte zusammenstoßen und der Segmentierung ein breites Zeichen vorgaukeln. Eine Aufhellung des Bildes kann dann Abhilfe schaffen. Inzwischen bieten viele Programme eine automatische Helligkeitsanpassung an. Im Regelfall erleichtert dieses Feature die Arbeit mit der OCR enorm. Dennoch gilt: *Auf die richtige Helligkeits- und Kontrasteinstellung achten!*

Die ganze Kunst der OCR-Software liegt meistens in diesem Teil der Segmentierung. Ist das Zeichen erst einmal korrekt aus seiner Umgebung isoliert, ist die folgende *Mustererkennung* ein Kinderspiel. Große Schwierigkeiten bereiten deshalb Vorlagen, die von Matrixdruckern erstellt wurden. Die einzelnen, gut erkennbaren Punkte gaukeln eine Zeichengrenze vor. Hier muss ein separater Programmteil aktiviert werden, welcher derartige Artefakte berücksichtigt.

Zunehmend werden Modems für den Empfang und Versand von *Faxen* eingesetzt. Wird ein solches Computerfax als OCR-Vorlage eingesetzt, bieten einige OCR-Programme gesonderte Programmmodule an, die das Fax direkt als elektronische Vorlage verarbeiten. Der Vorteil besteht darin, dass die Segmentierung direkt aus dem Bitmuster erfolgen kann und nicht über den Umweg des Ausdrucks und nachfolgenden Scannens, bei dem zusätzliche Artefakte auftreten.

### 9.2.6 Mustervergleich

Der Vergleich des isolierten Bitmusters mit der Bibliothek vorhandener Bitmuster ist der Kernvorgang der OCR. Entgegen landläufigen Vorstellungen ist dieser Vorgang relativ einfach, wenn die Segmentierungen ein gutes Ergebnis geliefert haben. Verschiedene Verfahren werden in den OCR-Programmen angeboten. Gute OCR-Programme benutzen mehrere Verfahren und lassen die Ergebnisse vergleichen, sodass eine Abschätzung der Genauigkeit möglich ist.

Die Genauigkeit zu definieren ist bereits problematisch. Bekanntlich veröffentlichen manche Programme unaufgefordert Zahlen wie „99,9% Genauigkeit“, während die Qualität des erkannten Textes offensichtlich mangelhaft ist. In der Praxis ist für den Benutzer lediglich interessant, wieviele Zeichen er pro Seite im Mittel nachkorrigieren muss. Der Kehrwert dieser Zahl ist gemeint, wenn im folgenden der Begriff *Genauigkeit* benutzt wird.

Mit der Entwicklung *neuronaler Netze* hoffte man auf verbesserte Erkennungsraten. Aber ein primitiver Einsatz neuronaler Netze beim Mustervergleich hat bislang keineswegs zu einer verbesserten OCR-Rate geführt. Das menschliche Lesen ist erheblich komplexer als bisher angenommen. Wahrscheinlich müssen neuronale Methoden bereits bei der Segmentierung einsetzen, will man dem Menschen vergleichbare Erkennungsraten erreichen. Immerhin ist ein neuronales Netz aber eine Bereicherung klassischer Erkennungsmethoden. Der Benutzer ist daher gut beraten, eine OCR-Software einzusetzen, die nicht ausschließlich auf neuronaler Netztechnologie beruht, sondern diese als Ergänzung benutzt.

Der wichtigste Unterschied in den Verfahren der Mustererkennung ist durch die Stichworte *Omnifont* und *trainierbare Fonts* charakterisiert.

*Omnifonts* erlauben eine Unabhängigkeit der Zeichenerkennung von dem jeweils verwendeten Zeichensatz der Vorlage. Über einen weiten Bereich von Zeichensätzen werden Vorlagen mit ISO-8859 Zeichen (mitteleuropäische Sprachen) ohne Unterschied in der Erkennungsleistung erkannt. Wenn Standardtext in mitteleuropäischen Sprachen erfasst werden soll, ist eine Omnifont-Erkennung eine gute Wahl.

Natürlich versagt die Omnifont-Methode, wenn die zu erkennenden Zeichen von den ISO-Zeichen abweichen. Das ist selbstverständlich für kyrillische Zeichensätze ebenso der Fall, wie für andere europäische und außereuropäische (arabisch, hebräisch, griechisch, japanisch, chinesisch) Zeichensätze. Oftmals ist ein *trainierbarer Zeichensatz* die einzige Abhilfe. Den Anwender erwartet im Regelfall ein großer Zeitaufwand, bis der Zeichensatz hinreichend trainiert ist. Insbesondere bei einem Einsatz neuronaler Methoden ist vor einem Einsatz mit akzeptablem Erfolg ein enormer Aufwand an Geduld erforderlich.

Wer sicher ist, beide Verfahren benutzen zu müssen, sollte ein Programm mit Omnifont-Zeichensatz und trainierbarem Zeichensatz verwenden. Es sei denn, man weiß im voraus, dass die trainierbaren Zeichen den Schwerpunkt der eigenen Arbeit darstellen. In diesem Fall wird man nicht um eine Software herumkommen, die ausschließlich trainierbare Zeichensätze verwendet, denn in kombinierten Programmen ist der Programmteil zur Verwendung trainierbarer Zeichensätze meist verkümmert oder wird nur zur zusätzlichen Analyse mit dem Omnifont-Programmteil kombiniert. In solch einem Fall ist das trainierbare Verfahren für die Erkennung der außergewöhnlichen Zeichensätze ungeeignet.

### 9.2.7 Bitmusterersatz

Aus dem vorhandenen Zeichensatz wird nun dasjenige Zeichen in eine temporäre Textdatei geschrieben, welches mit der größten Wahrscheinlichkeit wiedererkannt wurde. Die temporäre Textdatei wird meist in einem proprietären Textformat vorgehalten und erst später, nach Abschluss aller Korrekturen, in das endgültige Textformat umgewandelt. Gute OCR-Programme werden auch an dieser Stelle etwa gleichwahrscheinliche Buchstaben nach einfachen Heuristiken auswählen. Z.B. sind zwei aufeinanderfolgende Vokale in der deutschen Sprache eher unwahrscheinlich. Ein entsprechender Bitmusterersatz wird deshalb von einem guten OCR-Programm vermieden.

Das Ergebnis des Bitmusterersatzes wird dem Benutzer meistens verschwiegen, weil noch zuviele Fehler im Text vorhanden sind.

### 9.2.8 Lexikalische Analyse

Die nächste Stufe der Erkennung ist die lexikalische Analyse. Hierbei werden alle Worte (d.h. durch Leerzeichen getrennte Buchstabenkombinationen) daraufhin überprüft, ob das Wort in einem Wörterbuch vorhanden ist. Wenn dies der Fall ist, kann man mit großer Wahrscheinlichkeit davon ausgehen, dass das Wort richtig erkannt wurde.

Wenn das Wort nicht im Wörterbuch auffindbar ist, wird der Benutzer an dieser Stelle zumeist gefragt werden, ob er mit dem Wort einverstanden ist oder nicht. Er erhält nunmehr im Regelfall die Möglichkeit, das korrigierte Wort in das Wörterbuch für die weitere Verwendung aufzunehmen. Gute OCR-Programme verwenden das neu aufgenommene Wort sofort für die weitere Erkennung, was man daran erkennt, dass die weiteren als fraglich markierten Worte gleichen Ursprungs nunmehr als richtig erkannt werden.

### 9.2.9 Syntaktische Analyse

In die syntaktische Analyse geht die Kenntnis vom Satzbau, also der Grammatik, ein. Dieser Programmteil ist keineswegs in allen OCR-Programmen enthalten und zudem stark von der verwendeten Sprache abhängig. Für die englische Sprache liegen mittlerweile brauchbare *Grammatikmodule* vor. Mit der deutschen Sprache tun sich die meisten Programme schwer. Exotische Sprachen bleiben vollends auf der Strecke.

An dieser Stelle sind die Programme meistens invariabel und nicht zu beeinflussen. Zudem ist die syntaktische Analyse von Texten immer noch intensives Forschungsziel der *KI* (Künstliche Intelligenz), sodass hier in den nächsten Jahren erhebliche Fortschritte zu erwarten sind. Schon jetzt zeigen Programme mit syntaktischer Analyse eine bemerkenswerte Steigerung der Erkennungsleistung. Folglich versagen die leistungssteigernden Programmteile aber auch, wenn in einem Text fremdsprachige Zitate eingestreut sind. Derartige Einschübe sollten besser als eigener Textrahmen markiert werden (siehe Abschnitt *9.2.3 Eingrenzen*) und mit dem entsprechenden Fremdsprachenattribut versehen werden.

### 9.2.10 Semantische Analyse

Die semantische Analyse ist der Wunschtraum der Benutzer. Ein Programm mit diesem Analyseteil könnte aus dem jeweiligen Kontext noch Fehler korrigieren. Von mehreren gleich wahrscheinlichen Worten würde dann das Wort gewählt, welches besser in den jeweiligen Textkontext hineinpasst. Ein Text über Wohnungseinrichtungen würde etwa „das Bauer" dem „der Bauer" vorziehen, wenn „das" und „der" bei der Textanalyse nicht so gut zu unterscheiden gewesen sein sollten. Dies ist derzeit nur in einem OCR-System möglich: dem unübertroffenen menschlichen Erkennungssystem.

Einige WWW-Adressen von OCR-Software-Herstellern:

```
http://www.bitsoft.ru/
http://207.126.107.75/
http://www.recognita.hu/
http://www.xerox.com/xis/xissoftware.htm
http://www.cyberway.com.sg/~computek/index.htm
http://www.ligatureltd.com/
http://www.irisusa.com/
http://www.ocr.com/
```

10

# Käptn Mnemo

## Zur hypertextuellen Wissensspeicherung mit elektronischen Zettelkästen

Markus Krajewski

„Zur technischen Ausstattung des Zettelkastens gehören hölzerne Kästen mit nach vorne ausziehbaren Fächern und Zettel im Oktav-Format. Diese Zettel sollten nur einseitig beschrieben werden, damit man beim Suchen von vorne lesen kann."
(Niklas Luhmann)

## 10.1 Wissensspeicher

„Der Kapitän stand auf, ich folgte. Wir verließen den Speisesaal durch eine Doppeltür und betraten einen gleich großen Raum, der dahinter lag – die Bibliothek. Die Wände waren mit kupferbeschlagenen Palisanderregalen ausgekleidet, in deren Fächern eine unschätzbare Menge gleichförmig gebundener Bücher stand. Die Regale endeten in ledergepolsterten Sitzbänken, die alle Bequemlichkeit zum Lesen boten. Außerdem gab es in Reichweite stets Lesepulte, auf denen man die Bücher abstellen konnte. Ein großer Tisch in der Mitte des Raumes war mit Broschüren und alten Zeitschriften bedeckt. Der harmonisch gestaltete Raum wurde von vier glattpolierten Halbkugeln in der Decke erleuchtet. Das ist eine Bibliothek, Kapitän, sagte ich, die manchem Herrenhaus oben auf der Erde Ehre machen würde. Ich hätte sie hier unter dem Meer nicht erwartet." (Verne 1995: 47) Kapitän Nemo verlässt das (sinkende) Schiff nicht mehr, denn ihm gewährt seine im Unterseeboot mitgeführte Bibliothek stets Zugriff, ohne seine Mobilität einzuschränken. Das Wissen befindet sich im sicheren Netz, der Fang – 12000 Bände, alle „Meisterwerke" und wissenschaftliche Fachbücher eingeschlossen – ist an Bord. Doch selbst Nemo verfügt über dieses Wissen nicht vollständig. Auch er ist mit dem Problem des *WWW* konfrontiert: *Wie* ist das *Wissen wiederzufinden*? Jeder Leser kennt die Schwierigkeit, einer Idee den konkreten Beleg in einem Text zuzuordnen, oder sich eines analogen Gedankenganges zu erinnern: Eine Frage des Gedächtnisses (Zur Geschichte der Mnemotechnik vgl. Yates 1994, zum Gründungsmythos der Gedächtniskunst durch Simonides Melicus siehe Lachmann 1990: 13-27). Und des Mediums: Mit der Erfindung des *Buchdrucks* vollzieht sich eine Umstellung auf *sammelndes Lesen*, das im Gegensatz zur Lektüre als Programm auf die Sammlung von Daten setzt (Cahn 1994). Produkt dieser neuen Leseform sind Kompilate des Gelesenen, Florilegien, die in sogenannten *common place books* gebündelt werden, nicht ohne auf die jeweilige Referenz zum Original zu verzichten. Der *Index* ist geboren.

Während im 19. Jahrhundert dem Bildungsbürger als verbreitete *Mnemotechnik* weithin die Lyrik hilft, sich Erbauliches durch Vers, Reim und Rhythmus zu merken, gehen moderne Bibliotheken dazu über, die buchgebundenen Indizes zu zerschneiden und auf Zetteln in Holzkästen nach unterschiedlichen Ordnungsverfahren abzulegen. Die um 1800 mit Martin Schrettinger (1772-1851) entstehende *Bibliothekswissenschaft (*Vgl. Martin Schrettinger, *Versuch eines vollständigen Lehrbuches der Bibliothek-Wissenschaft* I, München, 1808 und ders., *Handbuch der Bibliothek-Wissenschaft*, Wien, 1834.) verfeinert diejenigen *Katalogsysteme*, welche als Referenzapparat dem gelehrten Benutzer den Weg zum in der Bibliothek gespeicherten Wissen weisen. Vor allem den umfangreichen Erkenntnissen, die die Erforschung von bewegten Ladungen im 19. Jh. lieferte, ist es zu verdanken, dass derzeit Zettelkästen nicht mehr notwendigerweise als Holz- und Papiermaschinen zur folgerichtigen Geschichte von Turings universaler diskreter Maschine (vgl. Dotzler 1996.) entworfen werden. „Die gesamte *Nautilus* wird von einem einzigen Agens beherrscht. Es ist eine unsichtbare, starke, körperlose und rasche Kraft, und sie bewirkt das Licht an der Decke ebenso wie die Bewegung meiner mechanischen Hilfsmittel: Elektrizität.“ (Verne 1995: 53) Nicht nur öffnen sich damit Schubladen oder Verzeichnisse auf Knopfdruck, sondern per Mausklick verbinden sich auch einmal eingegebene Stichworte zu einem Gewebe aus bibliographischen Angaben, durch die es informationssuchend zu *navigieren* gilt.

Welche Leistungen muss ein elektronischer, zumal hypergetexteter *Zettelkasten*, der als persönliche *Literaturdatenbank* funktioniert, bieten?

1. Bibliographische Angaben speichern – nebst Stichworten und eigenen Anmerkungen -, die u.U. nach verschiedenen Fachdisziplinen aufzufächern sind; dabei muss die syst(h)ematische Unabhängigkeit der Zettel gewährleistet sein.
2. Leistungsfähige Zugriffsmöglichkeiten anbieten: einerseits gezielt nach Stichworten suchen, andererseits während der Suche Wege verfolgen, die es erlauben, die Daten auf produktive Weise miteinander zu verbinden. Assoziierende, ausschweifende Wege wählen, die Gedanken mittels neuer Kombinationen in überraschenden Konstellationen produzieren.
3. Effiziente Verarbeitung der gespeicherten Daten: übersichtliche Exzerpte aus dem Datenbestand ausgeben oder eine breite Schnittstelle zur Textverarbeitung bereitstellen, die zu einem autopoietischen, d.h. sich selbst schreibenden Literaturverzeichnis führt.

Ebenso wie Kapitän Nemo seine Privatbibliothek ständig mit sich führt, erlaubt heute die Arbeit mit Laptops in Bibliotheken bzw. mit Literaturdatenbanken auf dem heimischen PC, persönliches *Wissen* unmittelbar digital zu speichern. Immer noch gilt es, die Netze auszuwerfen, um reichen Fang einzuholen. Nur das Netz hat sich geändert. Vom Fischer-

zum Internet. Ein Zettelkasten, der elektronisch betrieben wird, vielerorts erreichbar bleibt – weil online -, muss nahezu zwangsläufig auf das Prinzip Hypertext setzen. Wie ein solcher Zettelkasten als persönliches Hilfsmittel für das wissenschaftliche Arbeiten aussieht und welche Vorteile sich aus der hypertextuellen Struktur im Vergleich zu bisherigen linearen Literaturdatenbanken und entsprechenden PC-Programmen ergeben, soll im Folgenden beschrieben werden.

# 10.2 Struktur des *ZettelKastens*

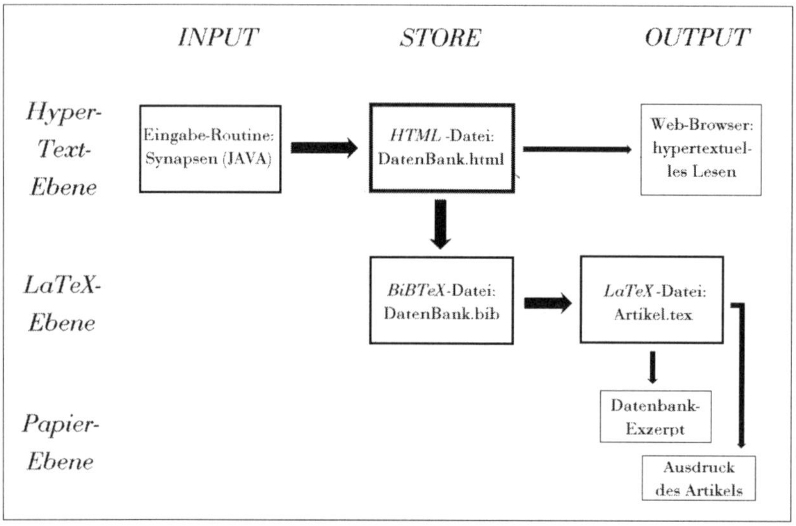


***Abbildung 10-1:*** *Datenfluss-diagramm: Die Struktur des ZettelKastens*

Herzstück des Systems, das ich auf einem „exotischen" Computersystem betreibe, ist die eigentliche Literaturdatenbank in Form eines modular ausbaubaren HTML-Dateikonglomerats, um das herum sich Eingabeprogramm, Prä- und Postprozessoren sowie Extensionen gruppieren. Die Struktur des *ZettelKastens* unterscheidet zunächst drei Ebenen mit jeweils unterschiedlichem Informationsgehalt (Abbildung 10-1). Oberste und damit die Ebene mit höchst verdichteten Daten bildet die Literaturdatenbank mit ihren einzelnen bibliographischen Einträgen, die überdies in einen Hypertextcode (HTML) eingebettet ist. Dessen Aufgabe besteht darin, Querverweise zwischen den jeweiligen bibliographischen Einträgen zu ermöglichen, um Verbindungslinien zwischen thematisch zusammengehörigen Literaturangaben zu knüpfen. Die Ebene der höchstverdichteten Information bietet die Basis zum stöbernden Lesen in den eigenen Datenbeständen. Die Hyperlinkangebote innerhalb der Einträge ermöglichen mit Hilfe eines Web-Browsers zahlreiche assoziative Lesarten, d.h. die gespeicherten Gedanken in neue Reihenfolge zu bringen und damit nicht zuletzt neuartige Argumentationslinien zu konstruieren.

Die zweite Ebene entbehrt der Möglichkeit, mittels Auswahl eines Wortes unmittelbar zu einem anderen Eintrag zu gelangen. Die plane Literaturdatenbank, die aus der HTML-Datei in eine BIBTeX-DateiBIBTeX ist ein Zusatzprogramm zum Schriftsatzsystem LATEX, welches eigens zur Literaturverwaltung dient (Siehe dazu näher Kopka 1996 und Goossens et al. 1994.) umgewandelt wird, benötigt keine Hyperlinkstruktur mehr. Denn ihre Funktion besteht darin, das bibliographische Material innerhalb der Textverarbeitung (hier: LATEX) zur Verfügung zu stellen. Daher repräsentiert die zweite Ebene die Datenprozession: Während des Abfassens eines Textes wird kraft eines einzigen Befehls die benötigte Literaturangabe aus dem *ZettelKasten* in den laufenden Text als Verweis eingebaut. Automatisch erscheint sie dann ebenfalls am Ende des Textes im Literaturverzeichnis, das sich dadurch selbst generiert. Artikel und Exzerpte des *ZettelKastens* entstehen daher dank einer breiten, dennoch einfach zu bedienenden Schnittstelle zwischen Literaturdatenbank (BIBTeX) und Textverarbeitung (LATEX).

Ausgedruckt erscheint auf der dritten Ebene schließlich die vormals virtuelle Schrift auf dem Papier, linearisiert und konkret als Auszug aus dem *ZettelKasten* oder innerhalb eines Textes verarbeitet.

Der Datenfluss durch den *ZettelKasten* lässt sich also wie folgt charakterisieren:

*INPUT:* Neue Literaturangaben bzw. bearbeitete Texte werden mit Hilfe des Eingabeprogramms *Synapsen*, das ich derzeit als *JAVA*-Version entwickle, in den *ZettelKasten* eingebunden. Die zu der Literaturangabe vergebenen Stichworte vergleicht das Eingabeprogramm mit einer internen Liste der bereits im *ZettelKasten* verzeichneten Begriffe.

*STORE:* Existiert bereits ein Eintrag mit einem der neu zu verzeichnenden Stichworte an früherer Stelle, so setzt *Synapsen automatisch* einen Hyperlink auf die neue Literaturangabe und umgekehrt einen hypertextuellen Hinweis vom neuen Eintrag zum alten. „Die Synapsen entscheiden nämlich, ob ein Impuls von einer Zelle zur anderen übertragen wird. Demzufolge sind sie die essentiellen Modulatoren der Gehirntätigkeit und dürften beim Verkoden des Gedächtnisses eine bedeutende Rolle spielen." (Russell 1982: 57). Anderenfalls erweitert sich die interne Liste um die neuen Stichworte. Das Resultat dieser Eingabe erscheint am Ende eines jeweiligen Eintrags, wo sich die in Beziehung stehenden Stichworte als Hyperlinks auflisten (vgl. Abbildung 10-3).

*OUTPUT:* Somit ergibt sich ein persönliches, wenngleich maschinell erzeugtes *Head Wide Web* als (immer: dürftiges) Abbild des eigenen Lesegedächtnisses, das mit den Werkzeugen des grossen Bruders *World* zu lesen ist: Mit *NetScape* durch die eigenen Lektüren steuern.

Damit ist grob der Arbeitsablauf eines elektronischen, hypertextuellen *ZettelKastens* skizziert und nachfolgend werden seine Struktur und die einzelnen Operationen en detail erläutert, eingedenk ihrer technischen Umsetzung.

### 10.2.1 Merken: Die Datenbank

„A memex is a device in which an individual stores all his books, records, and communications, and which is mechanized so that it may be consulted with exceeding speed and flexibility. It is an enlarged intimate supplement to his memory." (Bush 1945: o.S.) Zum Ende des zweiten Weltkriegs bilanziert Vannevar Bush die technischen Errungenschaften, die die

Waffen- und Weltkriegsforschung hervorgebracht haben, und denkt eine aus unterschiedlichen Komponenten bestehende assoziative Gedächtnismaschine namens *MEMEX*, die dem Benutzer auf Knopfdruck einmal verbundene Parallelstellen innerhalb ihres gespeicherten Materials eröffnet: Die erste Idee des Hypertextes, der hier als nicht-lineares, dem menschlichen Gehirn nachgeahmtes Gedächtnis funktioniert. 50 Jahre später hat diese Idee weltweitgewebte Verbreitung gefunden, ohne dabei noch auf die mechanische, d.h. hebelgesteuerte, Hardware-Umsetzung, wie sie Bush entwarf, angewiesen zu sein.

Als weiteren Vorzug preist Bush die Möglichkeit, Daten zwischen verschiedenen *Memex*-Maschinen auszutauschen. Für eine niemals gebaute Maschine ein leichtes, da sie nicht mit konkurrierenden Betriebssystemen um Marktmacht zu kämpfen hat. Der *ZettelKasten* umgeht diese Problematik, indem ausschliesslich systemunabhängige, übergreifende Standards zur Verwendung gelangen (LATEX, BIBTeX, HTML und JAVA). Dieses Konzept garantiert den einfachen Datenaustausch über (Computer-)Systemgrenzen hinweg und sichert die Kompatibilität der Daten auf viele Jahre. Das TEX-Schriftsatzsystem wird seit 1979 (!) ständig weiterentwickelt. Die Bestrebungen um Ausbau und Verbesserung des HTML-Standards lassen sich z.B. unter `http://www.w3.org` einsehen.

| Lektürekarte | Schlüsselwort: | Signum: |
|---|---|---|
| Autor: | Titel: | |
| Verlag: | Stichworte: | |
| Ort: | | |
| Erscheinungsjahr: | | |
| Zusammenfassung/Zitate/Anmerkungen | | |
| Markus Krajewski/Berliner Straße 112/D-13189 Berlin | | |

***Abbildung 10-2:*** *Gesteuerter Leseprozess: Die Lektürekarte*

Wie müssen diese Daten nun beschaffen sein, um in den *ZettelKasten* aufgenommen werden zu können? Das notwendige Kriterium ist *Digitalisierbarkeit*, welche zumindest seitens der visuellen und auditiven Medien gewährleistet ist. Um den Leseprozess von Texten, der der Eingabe üblicherweise vorhergeht, zu dokumentieren, helfen immer noch die klassischen Lektürekarten. Eine solche Karte (Abbildung 10-2) dient dazu, bereits während des Lesevorgangs systematisch Stichworte zu notieren und die eigene Lesart zu protokollieren. Dem Verdacht der doppelten Arbeit wird insofern stattgegeben, als bei der Übertragung der Lektürekarten in den *ZettelKasten* eine Relektüre des verzeichneten Textes stattfindet, über deren positive Effekte hier nichts gesagt werden muss (vgl. etwa Wegmann 1996 oder Stanitzek 1992).

Wie werden die aus den Texten gewonnenen Daten nun in der Datenbank gespeichert? Ein Eintrag ist unterteilt in bibliographische Angaben, indizierte Stichworte, Anmerkungen zum Text und letztlich die Hyperlinks, die zu in diesem Kontext wichtigen Einträgen an anderer Stelle führen (vgl. Abbildung 10-3).

```
@BOOK{doeblin:1995,
```

Bibliographische Angaben

```
KEY            = {doeblin:1995},
AUTHOR         = {Alfred Döblin},
TITLE          = {Die Ermordung einer Butterblume und andere Erzählungen},
PUBLISHER      = {Deutscher Taschenbuch Verlag},
ADDRESS        = {München},
SERIES         = {dtv},
VOLUME         = {1552},
EDITION        = {9., durchgesehene},
NOTE           = {Erstveröffentlichung: 1913},
LOCATION       = {MKR-Bib},
YEAR           = {1995},
```

Stichworte

```
ANNOTE         = {\begin{stichworte}
Mord; Ermordung; Blume; Expressionismus; Groteske; Hyperbel; Opfergang;
Affekt; Natur; Wahn; Tod; Gewissen; Verschwörung; Schuld; Liebe;
Telegraph; Wut; Lüsternheit; Spaziergang; Gottesdienst; Buße;
Dreierbeziehung; Spur; Jungfräulichkeit; Verderben; Perversion;
Selbstmord; Negation; Notwendigkeit; Teleologie; Schlafwandeln; Jenseits;
Sommerliebe; Alfred Döblin;
\end{stichworte}
```

Anmerkungen

```
\begin{bericht}

\anf{Im  Dunkeln auf einen Pfad flüchtend, merkt er bald, daß sich der Weg
sonderbar  verengt,  als  ob der Wald ihn in eine Falle locken wolle.  Die
Bäume treten zum Gericht zusammen.} (15);

\end{bericht}
```

Hyperlinks

```
Siehe zu \textsf{Mord} auch ohler:1995\\
Siehe zu \textsf{Expressionismus} auch theweleit:1994a\\
Siehe zu \textsf{Groteske} auch cortazar:1992\\
Siehe zu \textsf{Affekt} auch theweleit:1994a\\
Siehe zu \textsf{Natur} auch elm:1991a\\
Siehe zu \textsf{Wahn} auch schirmer:1996\\
Siehe zu \textsf{Tod} auch stockenstroem:1987\\
Siehe zu \textsf{Verschwörung} auch pynchon:1991\\
Siehe zu \textsf{Schuld} auch martyn:1995\\
Siehe zu \textsf{Liebe} auch luhmann:1972\\
Siehe zu \textsf{Telegraph} auch schmundt:1996\\
Siehe zu \textsf{Spaziergang} auch theweleit:1996\\
Siehe zu \textsf{Spur} auch beyer:1995\\
Siehe zu \textsf{Jungfräulichkeit} auch Zitatsammlung\\
Siehe zu \textsf{Perversion} auch bettinger+funk:1995\\
Siehe zu \textsf{Selbstmord} auch durkheim:1973\\
Siehe zu \textsf{Notwendigkeit} auch schiller:1978\\
Siehe zu \textsf{Jenseits} auch schneider:1992\\
Siehe zu \textsf{Döblin, Alfred} auch doeblin:1965\\
Siehe zu \textsf{Jungfräulichkeit} auch jeismann:1995\\
Siehe zu \textsf{Negation} auch einstein:1995}}
```

***Abbildung 10-3:*** *Beispiel eines Datenbankeintrags der Form BOOK*

## Die bibliographischen Angaben

Jede aufzunehmende Publikation wird anhand ihrer Publikationsform spezifiziert. Ein eigenständiges Buch erhält einen Eintrag namens `BOOK`, Beiträge aus einer Aufsatzsammlung werden zur `INCOLLECTION` und ein Artikel aus einer Zeitschrift zum `ARTICLE` .BIBTeX bietet noch zahlreiche weitere Gattungen, (vgl. dazu Goossens et al. 1994: 408f.) Jede dieser Publikationsformen besitzt obligatorische und optionale Felder, die je nach Vorlage üppig oder dürftig auszufüllen sind. Zwingend bleibt jedoch ein eindeutiges Schlüsselwort, mit dessen Hilfe Exzerpte und Bibliographien innerhalb der Textverarbeitung LATEX erstellt werden. Dieser immer eindeutig zu vergebende *key* folgt im Eintrag direkt nach der spezifizierten Publikationsform und gehorcht dem Schema `autor:jahr`. Das Eingabeprogramm *Synapsen* überwacht die Eindeutigkeit der Schlüsselworte und fügt bei wiederholtem Auftreten einen alphabetischen Index der Jahreszahl hinzu.

Der in Abbildung 10-3 gezeigte Eintrag ist ein Buch, das zwar einzelne Erzählungen enthält, hier jedoch als eigenständige Publikation aufgeführt wird. Erwähnt sei hier nur das Feld `LOCATION`, das den Standort des Buches und seine Signatur erfasst. Anstatt oder zusätzlich zu einer Bibliothekssignatur kann von hier auch ein Hyperlink in ein *Elektronisches Textarchiv* führen, das auf der lokalen Festplatte elektronische Volltexte versammelt. Als Extension des *ZettelKastens* liefert es die Texte nicht als Verweis auf gedruckte Ausgaben, sondern als komplett elektronische Texte innerhalb einer eigenen virtuellen Bibliothek.

Eine besondere Funktion besitzt das Feld `ANNOTE`, das alle weiterführenden Angaben – also Stichworte, Anmerkungen und Hyperlinks – enthält, die sowohl für die Textverarbeitung mit LATEX, als auch für die hypertextuelle Suche/Lektüre mit *NetScape* wichtig sind.

**Die Stichworte**

Der Leser vergibt für jeden Text Stichworte, die von *Synapsen* indiziert werden. Der *ZettelKasten* pflegt zwei Arten von Indizes: Einerseits einen linearen in Form eines Registers als Schnittstelle zum Benutzer. Damit erfolgt der Einstieg in eine alphabetisch geordnete Stichwortliste. Ein ausgewähltes Stichwort bildet den Startpunkt für eine assoziative Reise durch das Gewebe der hypertextuell verknüpften Einträge. Andererseits verwaltet *Synapsen* intern eine Liste, anhand derer sich die Hyperlinks zwischen zwei verwandten Einträgen automatisch generieren. Alle Stichworte eines Eintrags befinden sich zwischen dem LATEX-Code `\begin{stichworte}` und `\end{stichworte}`.

Für die Eingabe ist es von entscheidender Wichtigkeit, auf Konsistenz zu achten. Das Stichwort für „fernmündliche Kommunikationsapparatur" lautet eben immer entweder *Telephon* oder *Telefon*. Anderenfalls kann es dem *ZettelKasten* nicht gelingen, Hyperlinks automatisch zwischen zwei Einträgen herzustellen. Konventionen für die stimmige Eingabe sind daher: Begriffe nur im Singular verzeichnen und den Anfang des ersten Wortes stets gross schreiben (vgl. Abbildung 10-3).

**Die Anmerkungen**

Auch die Anmerkungen werden von einem LATEX-Code begrenzt. Umgeben von den Befehlen `\begin{bericht}` und `\end{bericht}` besteht Raum für Anmerkungen, Kommentare und Zitate aus dem zu verzeichnenden Text. Dieser Bericht bietet die Grundlage für ein Exzerpt des *ZettelKastens* auf Papier. Um den Text typographisch zweckmäßig zu gestalten, werden in ihn Formatierungen eingeflochten. Da die anschließende Verarbeitung des Textes das Schriftsatzsystem LATEX übernimmt, erscheinen die Formatierungen als LATEX-Code, zu erkennen an dem \-Zeichen, das einen LATEX-Befehl einleitet.

**Die Hyperlinks**

„Jede Notiz ist nur ein Element, das seine Qualität erst aus dem Netz der Verweisungen und Rückverweisungen im System erhält." (Luhmann 1993: 58). Am Ende eines jeden Eintrags befinden sich Stichworte, die als Hyperlinks auf verwandte Einträge verweisen. Das Eingabeprogramm *Synapsen* generiert diese Liste automatisch, indem es neu eingegebene Stichworte mit allen bereits bekannten vergleicht. Zwei Einträge, die unter demselben Stichwort erscheinen, verknüpft *Synapsen* beidseitig mit Hyperlinks, infolgedessen ein Faden für einen späteren Leseweg auf Aufnahme wartet. Dieser Algorithmus stellt das ganze Geheimnis des Eingabeprogramms dar, welches damit eine sich selbst vernetzende Literaturdatenbank erstellt.

Erweist sich dem Lesegedächtnis ein Stichwort als unbekannt, schreibt sich der neue Begriff mit Referenz auf den aktuellen Eintrag in den Speicher und das Stichwortverzeichnis ein. Jeder nachfolgende Eintrag mit demselben Stichwort greift auf den Referenzeintrag zurück, indem die beidseitige *Vernetzung* erfolgt. „Als Ergebnis längerer Arbeit mit dieser Technik entsteht eine Art Zweitgedächtnis, ein Alter ego, mit dem man laufend kommunizieren kann.“ (Luhmann 1993: 57)

Die Verweisliste eines jeden Eintrags dient als Ausgangspunkt zu einer enzyklopädischen Lesereise durch den eigenen Textspeicher, der damit anschlussfähige Gedanken in verwandten Texten auf den Weg bringt. Thematisch gebündelt liefert die Liste einen assoziativen Index, der Argumentationslinien konstruiert, indem er an vom Leser mitunter vergessene Texte per Hyperlink erinnert. Ohne Vergessen kein Erinnern, (vgl. zum ersten dieser Vorgänge Kittler 1979 und zuletzt Weinrich 1997).

## 10.3 Operationen im ZettelKasten

*One needs not only to make and store a record but also to be able to consult it.*

*(Vannevar Bush)*

„Nur habe ich da ein kleines Problem: Wie erinnert man sich seiner Gedächtnislücken, wenn man sich nicht erinnert?“ (Vogt 1980: 14). Zwei unterschiedliche Strategien erschließen den Weg zum gespeicherten Wissen: die lineare und die assoziative Suche. Die erste durchsucht den gesamten Datenbestand sukzessiv nach einem oder mehreren Stichworten. Komfortablerweise erlaubt dies eine speziell angefertige Datenbank. Diese Datenbank firmiert als weitere Extension des *ZettelKastens*: Die BIBTeX-Daten werden zu einer WAIS (Wide Area Index Search)-Datenbank prozessiert, die sich per WWW-Dokument befragen lässt. Als Beispiel siehe meine Demoversion unter `http://infosoc.uni-koeln.de/~krajewsk/demo-zk/`. einerseits mit verknüpften Begriffen als Filter, andererseits über eine – mitunter passwortgeschützte – *WWW*-Schnittstelle von jedem mit dem Internet verbundenen Computer.

Die zweite Suchstrategie setzt auf das enzyklopädische Prinzip: Anhand einer alphabetischen Ordnung zu einem Stichwort zu gelangen, dessen Beschreibung auf ein Stichwort verweist, dessen Beschreibung auf ein Stichwort verweist, dessen Beschreibung ...

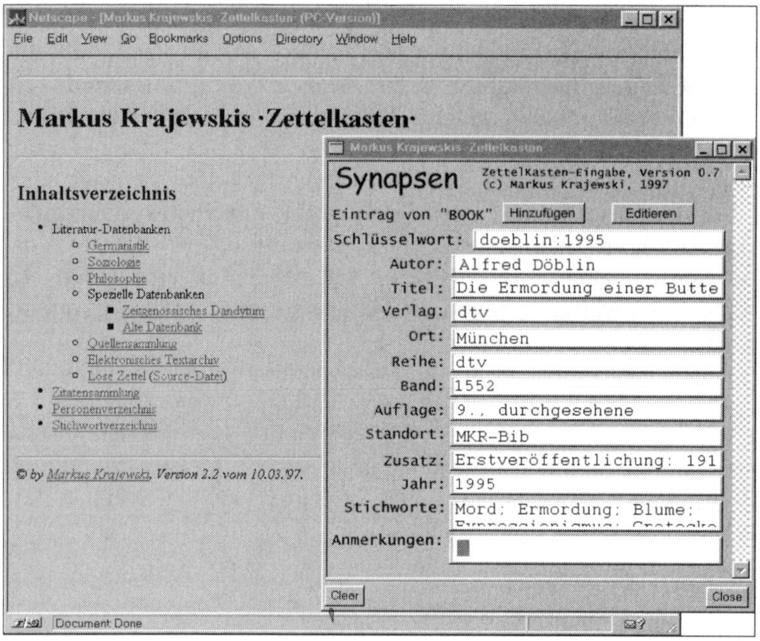


***Abbildung 10-4:***
*Startseite des Zettel-Kastens und das Eingabeprogramm* ***Synapsen***

## 10.3.1 Erinnern: Die Suche

Das schrittweise Durchsuchen eines Datenbestandes lässt sich mit unterschiedlichstem Aufwand realisieren. Die einfachste und schnellste Variante bemüht ein kleines Werkzeug (unter *LINUX* etwa `sgrep`), das den Inhalt aller spezifizierten Dateien auf eine angegebene Buchstabenkette überprüft. Vorteile verschafft die hohe Geschwindigkeit.

Eine etwas komfortablere Bedienung erlaubt der *WAIS*-Index, der sich mit den üblichen logischen Verknüpfungen (`AND`, `OR` oder `NOT`) bequem ansteuern und damit hochauflösend nach Buchstabenfolgen, Begriffen oder Phrasen selektieren lässt. Weiterhin ermöglicht dieser Index, mit Hilfe des *WWW* von einem beliebigen Punkt des zwischenvernetzten Raumes auf die eigene Datenbank zuzugreifen. Unter der Adresse `http://infosoc.uni-koeln.de/~krajewsk/demo-zk/wais-Suche.html` wartet ein solcher Index auf weltweite Anfragen.

## 10.3.2 Assoziieren: Die Suche geht weiter

Während die lineare *Suchstrategie* auf das sofortige Auffinden von gesuchten, und das heisst vorausgesetzten Begriffen setzt, unternimmt die assoziative eine Erinnerungsreise durch das eigene Textgedächtnis. Ein gesuchter Begriff ist allenfalls in der ersten Etappe noch intendiert, schon im Datenbankeintrag bieten sich zahlreiche weitere Begriffe in Form der Hyperlinks an, die es in diesem Zusammenhang zu verfolgen lohnt. Die Assoziation leicht gemacht: wie in einem Lexikoneintrag erlauben die systematisch (weil automatisch) geschaffenen Verweise, die Suche zur Enzyklopädie, in einen kreisenden Durchgang zu verwandeln. Kommunikation mit eigenen Einträgen. „Für Kommunikation ist eine der elementaren Voraussetzungen, daß die Partner sich wechselseitig überraschen können. Nur so ist ein Generieren von Information im jeweils anderen möglich." (Luhmann 1993: 53).

Jeder Durchgang schlägt einen Pfad durch den *ZettelKasten*, der aus einer Reihe von Begriffen besteht. Diese Begriffe bieten die Grundlage für eine neu geschaffene Argumentationslinie, die sich aus den in den einzelnen Datenbankeinträgen gespeicherten Gedanken und Argumenten zusammenflechtet. (Zur Extremform vgl. Stanitzek 1992b). In Analogie zur Begrifflichkeit des Lesens im *Internet* – durchs *WWW* „surfen" (Zur Metaphorik in der Rede über das Internet vgl. Bickenbach und Maye 1997.) – sei für diese Kombinatorik der Begriff des „Schürfens" (Laut *Duden* die „Suche nach nutzbaren Lagerstätten" [Der Duden 1991: 643.]) vorgeschlagen.

Beide skizzierten Suchstrategien unterscheiden sich: Während die lineare Suche darauf zielt, Argumente, Begriffe und Gedanken *wiederzufinden*, besteht der Einsatz der assoziativen Suche darin, den Hyperlink als Erinnerung an Fragmente einzuberufen, um aus ihnen per Kombination neue, überraschende Argumentationen zu konstruieren, d.h. Gedankengänge zu *erfinden*.

### 10.3.3 Prozessieren: Die Druckmaschine

Ohne die Möglichkeit, die als virtuelle Schrift gespeicherten Inhalte zu materialisieren, bleibt der gesamte *ZettelKasten* unantastbar. Es gibt zwei Möglichkeiten, die Informationen zu Papier zu bringen: auf direktem Wege ein Exzerpt zu produzieren oder die Daten innerhalb eines Artikels zu verwerten, indem man verschiedene Einträge zitiert, die am Ende mit den bibliographischen Angaben im Literaturverzeichnis wieder auftauchen.

Da als Formatier- und Druckmaschine des *ZettelKastens* das Schriftsatzsystem LATEX Verwendung findet, erweist es sich als besonders einfach, ein Exzerpt zu produzieren. Infolge von drei Befehlen und der üblichen LATEX-Präambel wird der Ausdruck aus Abbildung 10-5 erzeugt.

Über die genaue befehlsTeXnische Handhabung der Schnittstelle zwischen LATEX und BIBTeX wurde an anderer Stelle bereits ausreichend geschrieben (Vgl. etwa Detig 1996, Kopka 1996, Goossens et al. 1994). Allein auf das unkomplizierte Verfahren, Verweis und Bibliographie in einem Artikel zu erzeugen, sei nochmals explizit hingewiesen: Innerhalb eines Textabschnittes soll ein Zitat belegt werden. Im zitierten Text wird ein Hinweis auf den entsprechenden *ZettelKasten*-Eintrag mit dem Befehl `\cite{autor:jahr}` angefügt. Auf dem Papier erscheint dann an dieser Stelle jene Markierung, die als Verweis auf das Literaturverzeichnis dient, also etwa: „ ‚...Die Bäume treten zum Gericht zusammen.' (Döblin, 1995, Seite 15)". Gleichzeitig erweitert sich das Literaturverzeichnis automatisch um die entsprechenden bibliographischen Angaben. Insbesondere gegenüber Autoren, die mit umfangreichen Bibliographien und zahlreichen Literaturangaben arbeiten, muss das

Lob eines autopoietischen Literaturverzeichnisses nicht explizit erwähnt werden.

„Verne war ein Besessener des Ausfüllens: unablässig vervollkommnete er die Welt, möblierte sie und füllte sie an wie ein Ei. Seine Bewegung ist genau die eines Enzyklopädisten des 18. Jahrhunderts [...] Der Künstler kann keine andere Aufgabe haben als Kataloge und Inventarien aufzustellen, die kleinen leeren Ecken zu vertreiben, um dort in dichten Reihen die menschlichen Schöpfungen und Werkzeuge zu versammeln." (Barthes 1964: 39f). Dieser Sammelwut gesellt sich rund 120 Jahre später eine automatische Indizier- und Vernetzungsmaschinerie hinzu. Anregungen, Kritik zur Verflechtung der verschiedenen Systeme bzw. Anfragen zum *Synapsen*-Programm sind zu richten an: `Markus.Krajewski@hu-berlin.de`. Aktuelle Informationen über den Entwicklungsstand des Programms befinden sich unter `http://infosoc.uni-koeln.de/synapsen/`, die neben ausgefeilten Suchroutinen vor allem die komfortable Textproduktion ermöglicht. „Jules Verne hat nicht nur die unzähligen Möglichkeiten der Wissenschaft genutzt, sondern auch ein ausgezeichnetes Mittel des Romans erfunden, um diese Aneignung der Welt augenfällig zu machen" (Barthes 1964: 40).

Döblin, Alfred. *Die Ermordung einer Butterblume und andere Erzählungen*, Band 1552 von *dtv*. Deutscher Taschenbuch Verlag, München, 9., durchgesehene Auflage, 1995. Erstveröffentlichung: 1913. MKR-Bib. **doeblin:1995**.

**Indizierte Stichworte:** Mord; Ermordung; Blume; Expressionismus; Groteske; Hyperbel; Opfergang; Affekt; Natur; Wahn; Tod; Gewissen; Verschwörung; Schuld; Liebe; Telegraph; Wut; Lüsternheit; Spaziergang; Gottesdienst; Buße; Dreierbeziehung; Spur; Jungfräulichkeit; Verderben; Perversion; Selbstmord; Negation; Notwendigkeit; Teleologie; Schlafwandeln; Jenseits; Sommerliebe; Alfred Döblin;

**Bemerkungen:**

„Im Dunkeln auf einen Pfad flüchtend, merkt er bald, daß sich der Weg sonderbar verengt, als ob der Wald ihn in eine Falle locken wolle. Die Bäume treten zum Gericht zusammen." (15);

Siehe zu Mord auch ohler:1995
Siehe zu Expressionismus auch theweleit:1994a
Siehe zu Groteske auch cortazar:1992
Siehe zu Affekt auch theweleit:1994a
Siehe zu Natur auch elm:1991a
Siehe zu Wahn auch schirmer:1996
Siehe zu Tod auch stockenstroem:1987
Siehe zu Verschwörung auch pynchon:1991
Siehe zu Schuld auch martyn:1995
Siehe zu Liebe auch luhmann:1972
Siehe zu Telegraph auch schmundt:1996
Siehe zu Spaziergang auch theweleit:1996
Siehe zu Spur auch beyer:1995
Siehe zu Jungfräulichkeit auch Zitatsammlung
Siehe zu Perversion auch bettinger+funk:1995
Siehe zu Selbstmord auch durkheim:1973
Siehe zu Notwendigkeit auch schiller:1978
Siehe zu Jenseits auch schneider:1992
Siehe zu Döblin, Alfred auch doeblin:1965
Siehe zu Jungfräulichkeit auch jeismann:1995
Siehe zu Negation auch einstein:1995.

***Abbildung 10-5:*** *Beispiel eines Ausdrucks*

# Literatur


Barthes, Roland, 1964: Mythen des Alltags, Frankfurt am Main: Suhrkamp.

Bickenbach, Matthias/ Maye, Harun, 1997: Zwischen fest und flüssig. Das Medium Internet und die Entdeckung seiner Metaphern; in: Gräf, Lorenz/ Krajewski, Markus (Hrsg.), 1997: Soziologie des Internet. Handeln im elektronischen Web-Werk, Seite 80-98. Frankfurt am Main, New York: Campus.

Bush, Vannevar, 1945: As We May Think; in: The Atlantic Monthly, Jg. 15, Nr. 176: 101-108.

Cahn, Michael, 1994: Hamster. Wissenschafts- und mediengeschichtliche Grundlagen der sammelnden Lektüre; in: Goetsch, Paul (Hrsg.), 1994: Lesen und Schreiben im 17. und 18. Jahrhundert. Studien zu ihrer Bewertung in Deutschland, England, Frankreich, Seite 63-77. Tübingen: Gunter Narr.

Der Duden, 1991: Rechtschreibung der deutschen Sprache, 20., neu bearb. und erw. Auflage. Mannheim, Wien, Zürich: Dudenverlag.

Detig, Christine, 1996: Der LATEX-Wegweiser, Berlin: Internat. Thomson Publications.

Dotzler, Bernhard J., 1996: Papiermaschinen. Versuch über Communication Control in Literatur und Technik, Berlin: Akademie.

Flusser, Vilm, 1992: Die Schrift. Hat Schreiben Zukunft?, Frankfurt am Main: Fischer.

Goossens, Michel/ Mittelbach, Frank/ Samarin, Alexander, 1994: The LATEX Companion, 2., überarb. Auflage, Reading, Mass. u.a.: Addison Wesley.

Haverkamp, Anselm und Lachmann, Renate (Hrsg.), 1993: Memoria. Vergessen und Erinnern, München: Wilhelm Fink.

Kittler, Friedrich, 1979: Vergessen; in: Nassen, Ulrich (Hrsg.), 1979: Texthermeneutik. Aktualität, Geschichte, Kritik, Seite 195-221, Paderborn: Ferdinand Schöningh.

Kopka, Helmut, 1996: Einführung, Band 1 von LATEX, in 3 Bänden, 2., überarb. Auflage, Bonn u.a.: Addison Wesley.

Krajewski, Markus, 1997: Spür-Sinn. Was heißt einen Hypertext lesen?; in: Gräf, Lorenz/ Krajewski, Markus (Hrsg.), 1997: Soziologie des Internet. Handeln im elektronischen Web-Werk, Seite 60-78, Frankfurt am Main, New York: Campus.

Lachmann, Renate, 1990: Gedächtnis und Literatur. Intertextualität in der russischen Moderne, Frankfurt am Main: Suhrkamp.

Leyh, Georg (Hrsg.), 1961: Bibliotheksverwaltung, Band 2 von Handbuch der Bibliothekswissenschaft, 2., vermehrte und verbesserte Auflage, Wiesbaden: Otto Harrassowitz.

Luhmann, Niklas, 1993: Kommunikation mit Zettelkästen. Ein Erfahrungsbericht; in: Kieserling, Andr (Hrsg.), 1993: Universität als Milieu, Seite 53-61, Bielefeld: Haux.

Russell, Peter, 1982: Der menschliche Computer, München: Wilhelm Heyne.

Stanitzek, Georg, 1992a: „0/1“, „einmal/zweimal“ – der Kanon in der Kommunikation, in: Bernhard J. Dotzler (Hrsg.), Technopathologien, Seite 111-134, München: Wilhelm Fink.

Stanitzek, Georg, 1992b: Schnittstellen. Talkshow-Essay-Feuilleton-Philologie; in: Weimarer Beiträge, Jg. 38, Nr. 4: 50-528.

Verne, Jules, 1995: 20000 Meilen unter den Meeren, 2. Auflage, Würzburg: Arena.

Vogt, Walter, 1980: Vergessen und Erinnern. Roman, Zürich, Köln: Benziger.

Wegmann, Nikolaus, 1996: Literarische Autorität: Common Sense oder literaturwissenschaftliches Problem? Zum Stellenwert der Literatur im Feld der Medien; in: VERSTÄRKER, Jg. 1, Nr. 1. URL:
`http://www.uni-koeln.de/~amd47/vs001/wegmann_aut.html`.

Weinrich, Harald, 1997: Lethe. Kunst und Kritik des Vergessens, München C.H. Beck.

Yates, Frances A., 1994: Gedächtnis und Erinnern. Mnemotechnik von Aristoteles bis Shakespeare, Berlin: Akademie.

# 11

# Beschränkt benutzbar – Vom Umgang mit Standard-Programmen

Martin Recke

„MS-Dos ist protestantisch, nachgerade calvinistisch", schrieb Umberto Eco in einer berühmt gewordenen Kolumne. „Es sieht eine freie Interpretation der Schriften vor, es fordert persönliche und quälende Entscheidungen, es nötigt zu feinsinniger Deutung und setzt voraus, dass das Heil nicht für alle in Reichweite ist." *Windows* dagegen „stellt eine Kirchenspaltung anglikanischer Art dar – mit großen Zeremonien in der Kathedrale, aber auch mit der Möglichkeit, jäh zu Dos zurückzukehren, um unendlich viele Dinge auf der Grundlage bizarrer Entscheidungen zu modifizieren" (Eco 1995: 140).

Betriebssysteme sind Glaubenssache, gewiss. Aber das Neue Testament erschien vor bald zweitausend Jahren, Luther trat vor rund fünfhundert Jahren auf, und auch die Abspaltung der Altkatholiken von der Una Sancta liegt mehr als hundert Jahre zurück. Die Offenbarungen aus Redmont, Washington kommen hingegen etwa im gleichen Zyklus, in dem auch die Leistungen der Hardware sich verdoppeln, also alle achtzehn Monate (vgl. Gilder 1994). Das Tempo, in dem eine neue *Office*-Version die vorherige ablöst, stellt gerade wissenschaftliche Autoren vor erhebliche Schwierigkeiten.

Diese sind nämlich wie wenige andere Schreibtischarbeiter darauf angewiesen, die Früchte ihrer Arbeit über Jahre hinweg zu bewahren und unter Umständen das gesamte Berufsleben hindurch zu nutzen. Ein Update ging jedoch im vergangenen Jahrzehnt der PC-Geschichte selten verlustfrei ab, was die Scheu davor nicht verringert. Eine Datei, in der ein Mannjahr bibliographischer Arbeit steckt und aus der plötzlich keine korrekten Importe mehr möglich sind, eine Dissertation im *Word-Format*, die sich nach einem Programmwechsel kaum noch brauchbar drucken lässt – dies sind Katastrophen im Alltag, die nach der guten alten Schreibmaschine rufen lassen.

Wer den PC ohnehin nur als komfortable Schreibmaschine nutzt, wäre mit solch radikalem Downgrade gar nicht einmal schlecht beraten. Alle anderen stehen vor der Wahl, entweder auf Gedeih und Verderb an alte und fehlerträchtige Werkzeuge gefesselt zu bleiben und damit den Anschluss an den Rest der PC-Welt zu verlieren – oder das Risiko des Umstiegs einzugehen, denn der Monopolist *Microsoft* setzt seine Standards nach eigenem Gusto, um sie dann regelmäßig selbst zu brechen. So gut wie jeder Word-Versionssprung ging, seitdem es *Word für Windows* gibt, mit einem neuen *.DOC*-Format einher, das die jeweiligen Vorgänger nicht lesen konnten. Unter dem Stichwort *Vorwärts-Kompatibilität* zieht diese Debatte endlose Threads in den einschlägigen Usenet-Newsgroups.

Jedes neue Release aus Redmond erhöht die *Entropie* auf der Festplatte (McCusker 1996). Der Nutzer wird stetig gezwungen, gegen die galoppierende Entwertung seiner

Daten zu kämpfen. Dagegen gilt es sich zu schützen. Und das geht, entgegen weitverbreiteten Annahmen, inzwischen auch in der Windows-Welt. Zwar ist gerade das von Microsoft selbst für den Zweck des Datenaustausches entworfene *Rich Text Format* (*RTF*) oft nicht brauchbar, weil die Implementationen in der Praxis zu stark voneinander abweichen. Doch es gibt mittlerweile Alternativen, denn das dynamische Internet mit seinen extrem kurzen Innovationszyklen setzt heute auch Microsoft unter einen gewissen Druck. Marketing-Techniken wie planned obsolescence, in Redmont meisterhaft beherrscht, finden ihre Grenzen dort, wo die rasant zunehmende Vernetzung nach offenen Standards rufen lässt.

So spricht die Office-Suite nunmehr die Sprache des *Wòrld Wide Web* (WWW), ist also in der Lage, die *Hypertext Markup Language* (*HTML*) nicht nur zu lesen sondern auch zu schreiben. Es empfiehlt sich somit, auch Word-Dokumente möglichst in HTML zu speichern. Die Beschwerden über mögliche Verluste an Formatierungsdaten lassen sich getrost ignorieren, sofern man zu einer gewissen Askese beim Gebrauch der zahllosen Features bereit ist. Ein angenehmer und wohl bald schon essentieller Nebeneffekt besteht darin, dass so auch gleich und ohne nennenswerten Zusatzaufwand eine WWW-Version für die Veröffentlichung im weltweiten Datennetz zur Verfügung steht.

HTML ist eine Applikation von SGML, der *Standard Generalized Markup Language* (van Herwijnen 1990). Ihre gemeinsame Grundidee ist die Trennung von Textinhalt und -struktur (vgl. Dirk Hagedorns Kapitel 16 „LATEX, SGML und UDO: Die Konzepte von Markup-Languages"). Dies widerspricht zwar auf den ersten Blick fundamental dem *WYSIWYG-Prinzip*, mit dem Textverarbeitungssysteme wie Word so erfolgreich waren. Ob jedoch dieses Schisma tatsächlich existieren muss, ist letztlich nur eine Frage der Implementierung. „However, convincing librarians of the value of appearance, or graphic designers of the value of structure, is like convincing the Pope to convert religions" (Silverman 1995). Für den Nutzer transparentes Markup, wie es der SGML-Philosophie entspricht, bietet Microsoft nicht. Mit den binären, stets inkompatiblen und praktisch unsichtbaren Dateiformaten der *Word*-Dynastie sind die Nutzer an einen nahezu komplementären Gegenentwurf gewöhnt. Vielleicht wird der Tag kommen, an dem Word auch SGML unterstützt. Bis dahin muss sich der an Windows gefesselte Nutzer mit HTML begnügen.

## 11.1 HTML erfordert einen anderen Schreibstil als Papier

Die für den wissenschaftlichen Textverarbeiter wichtigste Leistung von HTML sind die *Hyperlinks*, anklickbare Querverweise, mit denen Ressourcen auf fernen Web-Servern ebenso wie die auf der lokalen Festplatte zugänglich werden. Die Office-Programme können nun nicht nur solche Links in Texte, Tabellen und andere Dokumente einbauen, sie können ihnen auch direkt auf Mausklick hin folgen. Word wird so zum Web-Browser, und tatsächlich darf der Benutzer freiheraus in allen Texten herumtippen, die er aus dem Netz herangeholt hat, auch im prominentesten.

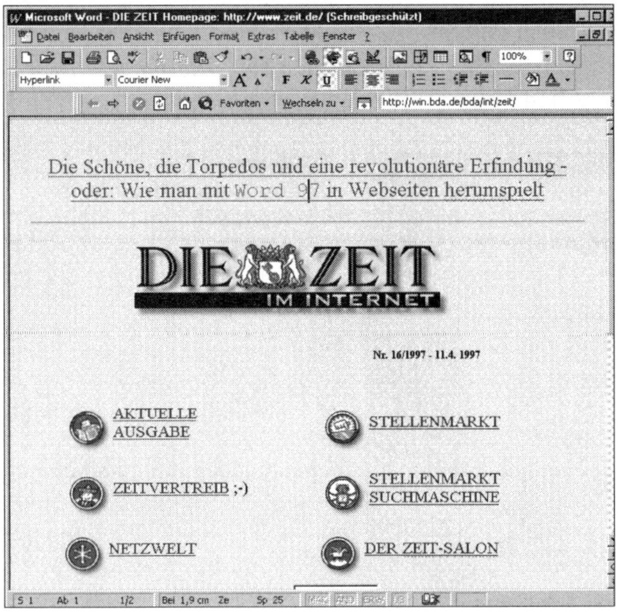


***Abbildung 11-1:***
*Word 97 als Web-Browser*

Fast noch interessanter ist aber die Möglichkeit, einen konsistenten Corpus des eigenen Textschaffens aufzubauen. Schon in frühen Phasen der Arbeit empfiehlt es sich, alle Skizzen, Exzerpte oder Notizen mit einem Netz von Hyperlinks zu überziehen und auf diese Weise das gesamte Material „klickbar" zu machen. Im Unterschied zu Fußnoten oder Literaturverweisen sind Auflösungsniveau und Dichte von Hyperlinks praktisch frei wählbar. Einzelne Wörter können so als Links auf andere Abschnitte im selben Text, andere Texte auf derselben Festplatte oder externe Quellen im weltweiten Internet verweisen. (Wer am Ende davor zurückschreckt, sein ganzes Material und nicht nur einen Artikel oder ein Buch ins Web zu stellen, der sollte in der für den Web-Server bestimmten Fassung die dann ins Leere führenden internen Links wieder entfernen.)

Wie jede technische Innovation seit der Erfindung des Papyros bleiben auch der Einsatz von Hyperlinks und die Umstellung auf die Anforderungen des World Wide Web nicht ohne Einfluss auf den *Schreibstil*. HTML-Dokumente sind im anzustrebenden Idealfall nicht mehr von einem bestimmten Ausgabegerät abhängig. Sie können und sollen vom Display des Endnutzers an dessen lokale Gegebenheiten angepasst werden. Ein Text, wiedergegeben auf einer Braille-Zeile, sieht erheblich anders als auf Papier aus, und selbst verschiedene Bildschirmauflösungen legen unterschiedliches *Layout* nahe. Der Schreibstil sollte dem Rechnung tragen und sich also von einigen Restriktionen lösen, die das Papiermedium historisch mit sich brachte, um statt dessen Orientierung an den neuen Grenzen des Web-Designs zu finden.

Dabei sollte dennoch, so paradox das klingt, weiterhin so geschrieben werden, als ob es keine Links gäbe, schon aus Rücksicht auf den Leser der Papierversion, der keine Maus zur Hand hat und nichts anklicken kann. Sätze wie der folgende sind nicht nur wenig elegant und redundant, sie hemmen auch den Lesefluss:

*Informationen über das **World Wide Web** finden sie hier.*

Vorzuziehen sind stattdessen Formulierungen wie diese:

*Zum Durchbruch als Medium verhalf dem Internet in den letzten vier Jahren sein inzwischen prominentester Dienst, das* ***World Wide Web*** ***(WWW).***

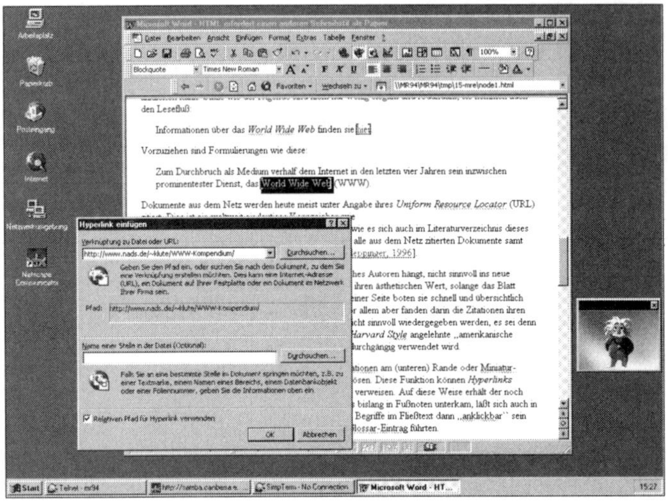


***Abbildung 11-2:***
*Einfügen eines Hyperlinks mit Word 97*

Dokumente aus dem Netz werden heute meist unter Angabe ihres *Uniform Resource Locators* (*URL*) zitiert. Dies ist ein weltweit eindeutiges Kennzeichen wie `http://falcon.eku.edu/honors/beyond-mla/`, wie es sich auch im Literaturverzeichnis dieses Textes findet. Für den Leser der Papierausgabe sollten alle aus dem Netz zitierten Dokumente samt URL im Literaturverzeichnis erscheinen (Harnack und Kleppinger 1996).

*Fußnoten* lassen sich, obwohl an ihnen das Herz manches Autoren hängt, nicht sinnvoll ins neue Medium transferieren. Sie hatten ihre Berechtigung und ihren ästhetischen Wert, solange das Blatt (pagina) die Bezugseinheit des Lesers war. Am Fuße einer Seite boten sie schnell erreichbar und übersichtlich Hintergrundinformationen zum Fließtext; meist fanden dort vor allem Zitat-Nachweise ihren Platz. In der Welt des Web können Fußnoten bislang nicht sinnvoll wiedergegeben werden, es sei denn als Endnoten. Sie können am besten durch die an den *Harvard Style* angelehnte „amerikanische Zitierweise" ersetzt werden, die auch in diesem Buch durchgängig verwendet wird.

Als argumentative Seitenwege, kleine intellektuelle Irritationen am (unteren) Rande oder Miniatur-Exkurse lassen sich Fußnoten durch diese Vorgehensweise jedoch nicht ablösen. Diese Funktion können Hyperlinks übernehmen, die zu anderen Passagen im gleichen Text verweisen. Auf diese Weise erhält der noch immer lineare Text eine neue Dimension. Manches, was bislang in Fußnoten unterkam, lässt sich auch in einem *Glossar* am Ende des Textes plazieren – dessen Begriffe im Fließtext dann „anklickbar" sein könnten und den Benutzer umgehend zum passenden Glossar-Eintrag führten.

Es bleibt letztlich Sache des Autoren zu entscheiden, welcher Präsentationsform die ultima ratio gehören soll, ob also Fußnoten oder Hyperlinks der Vorzug zu geben ist. Beim Umgang mit Hyperlinks sollte wie bei Fußnoten ein gewisses Sparsamkeitsprinzip gelten: Nicht immer und in allen Zusammenhängen sind Links angebracht. Kommt ein Wort zum

Beispiel im gleichen Absatz mehrfach vor, sollte nur das erste Vorkommen als Link ausgeführt werden.

Die Präsentation im WWW begünstigt gut strukturierte und klar gegliederte Texte. Lange Abhandlungen, die nicht in einzelne Kapitel zerlegt worden sind, dürften beim heutigen Stand der Monitortechnik kaum am Bildschirm gelesen werden. Es bietet sich an, eine Zusammenfassung zu schreiben und von dort aus mittels Links den folgenden Text gegliedert zu präsentieren. Umfangreiche Texte wie Diplomarbeiten, Dissertationen und andere Monographien können und sollten auf diese Weise sogar in mehreren Stufen aggregiert werden, indem jedes Kapitel seine eigene Zusammenfassung enthält. Denkbar ist auch, dass derselbe Basistext durch mehrere Gliederungen repräsentiert werden kann: Die Elemente eines Kompendiums könnten zum Beispiel gleichzeitig als Einführung für Neulinge und als Handbuch für Experten strukturiert werden (Berners-Lee 1995).

Der idealtypische *Hypertext* hat die Linearität klassischer Drucktexte eingebüßt und besitzt eine nicht-lineare Struktur. Dies bleibt wahrscheinlich nicht ohne Folgen auf die damit dargestellten Argumentationsgänge. Wie oft muss in früheren Kapiteln etwas vorausgesetzt werden, was erst in späteren Abschnitten eingelöst oder nachgewiesen werden kann? Solche zirkulären Beziehungen im Textgefüge sind auf Papier nicht leicht darstellbar, bieten sich im Hypertext jedoch geradezu an. Dessen Möglichkeiten lassen sich nicht ausschöpfen, solange die Papierausgabe der Hauptzweck des Textschaffens ist. Das ließe sich ändern, sofern sich die Rangordnung von elektronischer und papierner Repräsentation im wissenschaftlichen Diskurs umkehren sollte.

Der idealtypische *Leser* einer hypertextuell strukturierten Arbeit ist nicht mehr der konzentriert und linear fortschreitende Rezipient, sondern der intellektuelle Zapper: Er liest einzelne Teile der Arbeit mit frei wählbarem Auflösungsniveau und schweift nicht selten klickend vom Text zu dessen Quellen ab, dabei immer auf der Suche nach dem besseren Argument und der ihm bislang unbekannten Erkenntnis. Der Text verliert dadurch nichts von seiner Bedeutung oder Qualität – er gewinnt im Gegenteil dadurch, dass er besser in den bestehenden Gesamttextkorpus seiner Disziplin eingebunden ist, als es im Papiermedium je möglich war. Der Status des Artikels verändert sich: „Er ist nicht mehr nur Artikel, sondern auch Katalog“ für das Material, auf das er verweist (Braun 1994: 11).

Mit jeder anklickbaren Quellenangabe entfällt eine stillschweigende Voraussetzung, die mit jedem konventionellen Zitat verbunden ist: die praktische Unüberprüfbarkeit, auf die sich jeder Autor bis dahin verlassen konnte. Keinem Leser war es möglich, den Corpus der zitierten Literatur gegenzulesen und nachzuprüfen – es sei denn, er hätte annährend ebenso viel Zeit wie der ursprüngliche Autor. Mittels Hyperlinks werden zum einen die Recherche- und Beschaffungskosten für die zitierte Literatur, zum anderen die Entropie des referenzierten Materials dramatisch verringert. Das Ergebnis ist tendenziell eine Entprivilegierung: Mit jedem elektronisch verfügbaren Text verkleinert sich der Vorsprung professoraler Inhaber von Mitarbeiterapparaten vor dem Normalsterblichen mit beschränktem Zeitbudget.

# 11.2 HTML mit Word 97

Zurück zur Praxis. *Word 97* bietet eine Reihe von *Dokumentvorlagen* für HTML an, mit denen Word-Dokumenten eine an HTML angepasste Struktur gegeben werden kann. Für wissenschaftliche Texte eignet sich die Vorlage „Leere Web-Seite" am besten, wenn man sie von einigem überflüssigen Schnickschnack befreit. Wer eine HTML-konforme Gliederung anstrebt, sollte konsequent auf die Formatvorlagen „Überschrift" verzichten und stattdessen die Formatvorlagen „H1" bis „H6" verwenden. Es empfiehlt sich, diese mitgelieferte Dokumentvorlage an die eigenen Bedürfnisse und an den HTML-Standard anzupassen. Word selbst passt sich an HTML an und stellt in den Symbolleisten einige Funktionen zum Schreiben von Web-Seiten zur Verfügung. Andere Funktionen, die nicht in HTML dargestellt werden können, erscheinen gar nicht erst in den Menüs.

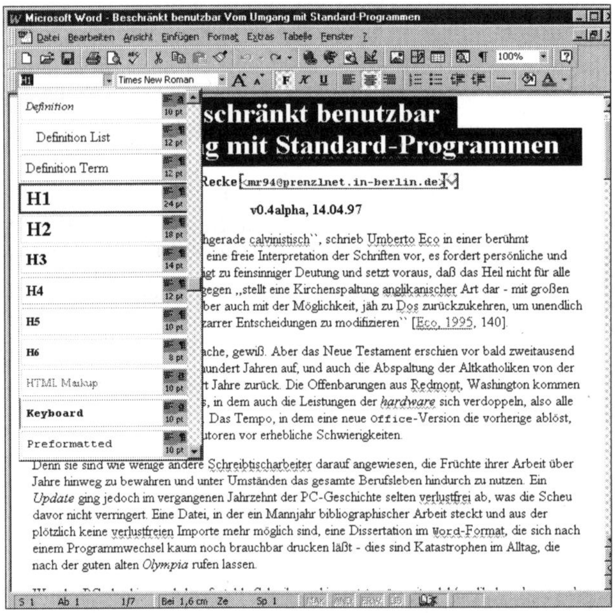


***Abbildung 11-3:***
*Zuweisen einer Formatvorlage*

Den eigenen Text kann man zusätzlich durch Textmarken strukturieren, die (je nach Einstellung unsichtbar oder durch eckige Klammern gekennzeichnet) an Überschriften, Absätzen oder Wörtern angebracht werden können. Mit Hyperlinks können dann auch Sprünge auf Textmarken innerhalb eines Textes realisiert werden. Word bietet daneben auch die Möglichkeit, direkt HTML einzugeben. Außerdem kann in einem eigenen Modus auch das von Word erzeugte HTML von Hand bearbeitet werden.

Zu den größten Mankos gehört, dass die Feldfunktionen von Word, mit denen Inhalts- und Abbildungsverzeichnisse erstellt und automatisch aktualisiert werden können, nach dem Wechsel zum HTML-Format nicht mehr in gewohnter Weise zur Verfügung stehen. Die HTML-Migration erfordert so unter Umständen zusätzliche Handarbeit, die letztlich nur dem unflexiblen Gliederungskonzept mit seinen hartverdrahteten Elementen geschuldet ist. Dies kann man umgehen, indem man neue Texte zunächst als herkömmliche Word-Dateien erstellt und sie erst später ins HTML-Format umwandeln lässt.

Problemlos können allerlei „multimediale“ Elemente wie Grafiken, Videos oder Hintergrundton eingefügt werden. *Frames* hingegen (die Rahmen, mit denen sich der Bildschirm im Browser aufteilen lässt) unterstützt Word bislang nicht. Auch die Tabellenkalkulation *Excel* kann mittlerweile ihre Tabellen im HTML-Format exportieren, Hyperlinks in einzelne Zellen setzen und umgekehrt auch Verknüpfungen zu Dateien auf FTP- oder Web-Servern herstellen. Auf diese Weise, so der Hintergedanke dieser neuen Fähigkeiten, kann die verbreitete Technologie des Internet auch im hauseigenen Intranet genutzt werden.

Leider ist die Qualität des erzeugten HTML eher fragwürdig. An die vorhandenen HTML-Standards hält Microsoft sich nur unzureichend. Der Vorrang gilt im Zweifel der Umsetzung des Layouts, nicht der Struktur des Textes in die Sprache des Web. So stellt Word zum Beispiel Abschnitte, die mit einer „Überschrift“-Formatvorlage ausgewiesen wurden, in HTML nur durch größere Fonts dar und nicht durch die zugehörigen HTML-Gliederungscodes.

## 11.3 Fazit

Microsoft hat die längst fällige Öffnung hin zu Internet-Standards nachgeholt und sich einigen konkurrierenden Office-Paketen angenähert. Während das ambitionierte Konkurrenzprodukt StarOffice eine erheblich ausgefeiltere Internet-Integration bietet (Brors 1997), unterscheiden sich diese Pakete im grundlegenden Funktionsumfang praktisch kaum noch. Dieser Funktionenkatalog muss inzwischen als hoffnungslos überfrachtet gelten, denn sogar nach Microsoft-eigenen Untersuchungen wird ein erheblicher Teil, nämlich 80 Prozent, des stetig gewachsenen Funktionsumfangs der Tabellenkalkulation Excel offenbar von nur 20 Prozent der Nutzer tatsächlich eingesetzt (Weber 1997).

Diesen Charakter „eierlegender Wollmilchsäue“ bezahlt der Benutzer doppelt, indem er kaum umhin kommt, zur neuen Software auch neue Hardware zu erwerben. Wenn zum Beispiel nur 16 Megabyte RAM und ein Pentium 90 vorhanden sind, ist es keineswegs möglich, mit Word 97 verzögerungsfrei und flüssig zu arbeiten. Gerade für den wissenschaftlichen Textverarbeiter wären abgespeckte und auf seine Bedürfnisse zugeschnittene Programme sicher wertvoller als die überladenen Monster in den Office-Paketen mit ihrer für den einzelnen Nutzer kaum noch beherrschbaren Komplexität.

Das wesentliche Argument für Word und Office ist noch immer die Scheu vor den Kosten einer Migration zu anderen Produkten oder auf andere Plattformen. Dieser Aufwand überstiege, in Geld ausgedrückt, schnell die Anschaffungskosten von Hard- und Software. Jedoch sind in den vergangenen Jahren unter dem Schlagwort *total cost of ownership* auch die nicht unerheblichen Nebenkosten eines typischen, mit Windows betriebenen Arbeitsplatzrechners in den Fokus des Interesses gerückt. Es hat sich herausgestellt, dass der Schulungs- und Wartungsaufwand solcher Systeme ebenfalls deutlich über den Anschaffungskosten liegt. Die Gesamtkosten des professionellen PC-Einsatzes werden auf 12.000 bis 20.000 DM pro Jahr und Gerät geschätzt (Der Spiegel: 1997).

Die von *Sun* konzipierte und propagierte Programmiersprache *Java* erscheint da als Möglichkeit am Horizont, mittels einer neuen Spielart des Client-Server-Prinzips die Einzelplatzsysteme drastisch zu verkleinern und einen Teil der Funktionalität aus dem lokalen Netz zu beziehen. Der schlanke Java-Client des neuen StarOffice will diesem Konzept der *Network Computer* (NC) Rechnung tragen. Das Microsoft-Paket hat vergleichbares bislang nicht zu bieten.

## Literatur

Berners-Lee, Tim, 1995: Style Guide for online hypertext. URL: `http://www.w3.org/pub/WWW/Provider/Style/`

Braun, Ingo, 1994: Der Schopf des Münchhausen, Berlin: WZB Discussion Paper

Brors, Dieter, 1997: Vorsprung durch Technik. StarOffice 4.0 – starkes Software-Paket aus einem Guß. Java-Client – Schlüsselanwendung für NCs; in: c't – Magazin für Computertechnik – 1997/ 04: 50-53

Eco, Umberto, 1995: MS-Dos ist calvinistisch; in: Spiegel Special, 1995/ 03: 138-140

Gilder, George, 1994: Auctioning the Airwaves; in: Forbes ASAP, 1994/ 11. April. URL: `http://homepage.seas.upenn.edu/~gaj1/auctngg.html`

Harnack, Andrew/ Kleppinger, Gene, 1996: Beyond the MLA Handbook: Documenting Electronic Sources on the Internet; Richmond, KY: Eastern Kentucky University. URL: `http://falcon.eku.edu/honors/beyond-mla/`

Der Spiegel, 1997: Lehrer auf Knopfdruck, Jg. 51, Heft 16: 240-241

McCusker, David, 1996: Entropy, Message-Id: ; Newsgroup: `comp.soft-sys.middleware.opendoc`

Silverman, David, 1995: Toward a Universal Library. SGML and the future of electronic documents; in: Wired, Jg. 3, Heft 8: 62. URL: `http://www.wired.com/wired/3.08/departments/geek.page.html`

van Herwijnen, Eric, 1990: Practical SGML, Dordrecht, Boston, London: Kluwer Academic Publishers

Weber, Volker, 1997: Frühjahrsmode 97. Microsoft Office 97 für Windows 95 und NT; in: c't – Magazin für Computertechnik -, 1997/ 04: 194-202

# 12 Textdateien automatisch bearbeiten lassen

Erhardt Petter

Eine moderne Textverarbeitung bietet heute Möglichkeiten, von denen vor fünf Jahren Anwender selbst kostspieligster Textsatzsysteme nur träumen konnten. Neben der Fähigkeit Texte zu erfassen und „on the fly" zu formatieren, besitzen viele Programme umfangreiche Macrosprachen, mit denen sich fast beliebige Anpassungen vornehmen lassen. Doch erstaunlicherweise ist eine Eigenschaft der alten Editoren dabei auf der Strecke geblieben, nämlich die Möglichkeit des komplexen Suchens und Ersetzens.

Versuchen Sie einmal, in einem einzigen Arbeitsgang sämtliche deutschen Umlaute eines Textes gegen die eines anderen Betriebssystems zu ersetzen. Noch komplizierter wird es, wenn Zahlenformate konvertiert werden sollen, z.B. wenn Nachkommastellen plötzlich mit einem Punkt statt einem Komma getrennt werden müssen.

Jeder, der Daten mit anderen austauscht, kennt Probleme wie diese. Dieses Kapitel soll eine Möglichkeit der Automatisierung aufzeigen. Sie erfordert zwar im ersten Augenblick etwas mehr Aufwand als reine „Handarbeit", rentiert sich aber spätestens dann, wenn dieselben Veränderungen an mehreren Dateien vorgenommen werden müssen.

Zunächst noch ein Hinweis: Das vollständige Verstehen dieses Kapitels setzt Grundkenntnisse im Programmieren voraus. Aber auch wenn Sie nicht darüber verfügen sollten, finden Sie hier vielleicht ein paar gute Gründe, mit dem Programmieren anzufangen. In vielen Fällen lohnt die Mühe.

## 12.1 Die Programmiersprache Perl

In dem Bereich Textanalyse hat sich in den letzten Jahren mehr und mehr die Programmiersprache *Perl* durchgesetzt. Perl steht für „Practical Extraction and Report Language" und wurde von Larry Wall geschaffen, als er aus seinem Dateiablagesystem schnell und flexibel bestimmte Information herausfiltern wollte. Seitdem entwickelte sich der Sprachumfang schnell weiter. Die aktuelle Version ist Perl 5; die wiedergegebenen Beispiele laufen auch unter Perl 4.

Perl ist auf vielen Betriebssystemen kostenlos verfügbar. Weil Perl als Interpreter funktioniert, wird der Sourcecode nicht erst übersetzt und in binärem Maschinencode abgelegt, sondern bei jeder Ausführung von einem Programm (dem Interpreter) direkt abgearbeitet. Das erlaubt eine schnellere Anpassung an neue Gegebenheiten als bei einer Compilersprache.

Die Syntax der Sprache ähnelt sehr stark C. Befehlsblöcke werden von geschweiften Klammern ({,}) eingefasst und einzelne Befehle mit einem Semikolon abgeschlossen. Wer über Grundkenntnisse in C oder Pascal verfügt, wird sich schnell in Perl einarbeiten können. Es unterscheidet sich aber in zwei wesentlichen Punkten von den anderen Sprachen.

Zum einen ist Perl aus der Sicht eines Informatikers eine etwas „dreckige" Sprache. Variablen brauchen nicht deklariert zu werden. Anstelle einer ganzen Ansammlung von Datentypen wie Zeichen, Texten, ganzen Zahlen, Kommazahlen usw. gibt es hier nur einen einzigen Typ. Ob Sie Zahlen oder Texte schreiben, ist für das Programm nicht von Belang. Je nach Bedarf, werden die Inhalte in die passende Form gebracht.

Auf der anderen Seite bietet Perl Funktionen an, die in den meisten klassischen Sprachen nur mit sehr viel Aufwand realisiert werden können. Besonders hervorzuheben sind dabei die *assoziativen Arrays* und die Möglichkeit, Texte mit *regulären Ausdrücken* bearbeiten zu können. Was das genau ist und inwieweit wir sie für die Lösung unserer Probleme einsetzen können, wird in den Beispielen weiter unten erläutert.

Eine grundlegende Einführung in Perl würde den Rahmen dieses Buches sprengen. Die folgenden, einfachen Beispiele aus der Praxis verdeutlichen aber die Möglichkeiten, die diese Sprache bietet.

### 12.1.1 Zeichen ersetzen

Wie schon erwähnt, gehört es zu den Hauptproblemen des Textaustausches mit anderen Systemen, die Zeichensätze aneinander anzupassen. In diesem Fall sollen die Sonderzeichen von DOS (Codepage 850) nach Windows (ANSI) konvertiert werden.

Zuerst benötigen wir einen Programmrahmen. Er öffnet die Ausgangs- und die Zieldatei, liest die Ausgangsdatei Zeile für Zeile ein und schreibt diese Zeile nach der Veränderung in die Zieldatei. Zum Schluss werden beide Dateien wieder geschlossen:

```
# Dateien öffenen
open (IN, "IN.txt");       # Öffnen der Ausgangsdatei
open (OUT, ">OUT.txt");    # Öffnen der Zieldatei
# Eingabe Zeile für Zeile einlesen
while ()
   {
   # Hier gehört der Code hin, mit dem die Eingabe verändert wird
   # ...
   # fertige Zeile ausgeben
   print OUT $_;
   }
```

```
# Dateien wieder schliessen
close OUT;
close IN;
```

Dieses Programm kopiert den Text der Ausgangsdatei in die Zieldatei. Achten Sie darauf, dass die Zieldatei beim Öffnen mit einer spitzen Klammer vor dem Namen versehen wird. Damit kennzeichnet man diese als Ausgabe; sonst könnte nur gelesen werden.

Das Lesen der Zeile erfolgt mit der Anweisung `<IN>`. Durch wiederholten Aufruf wird Zeile für Zeile bis zum Dateiende gelesen. Dort wird „Nichts" geliefert, was die while-Schleife beendet. Ansonsten gibt der Aufruf immer mindestens einen Zeilenvorschub zurück.

Bliebe noch die Frage, wo der Text bleibt, den der Befehl `<IN>` einliest. Um schneller programmieren zu können, gibt es in Perl einige versteckte Vorgänge. Dazu gehört, dass Ergebnisse, die nicht ganz explizit einer Variablen zugewiesen werden, in die Variablen `$_` verschoben werden. Ebenso arbeiten auch einige Befehle mit dieser Variablen, wenn Sie nicht einen anderen Namen angeben (wie wir noch gleich sehen werden).

Mit dem `print OUT $_` wird dann der Inhalt dieser Default-Variablen in die neue Datei geschrieben.

Bei der Eingabeveränderung helfen die schon erwähnten *regulären Ausdrücke*. Diese Anweisungen kommen aus der Unix-Welt und sind als etwas „chaotisch" verschrien. Ihre kryptische Art ermöglicht dennoch schnell und effektiv das Suchen und Ersetzen komplexer Textpassagen. Für unser Problem genügt eine einfache Zeile:

```
# ersetze äöüÄÖÜß - generell tr///
tr/\x84\x94\x81\x8E\x99\x9A\xE1/\xC4\xD6\xDC\xE4\xF6\xFC\xDF/;
```

Die Anweisung lautet einfach: übersetze (TRanslate) alle Zeichen zwischen den ersten beiden Schrägstrichen (/) in das entsprechende Zeichen hinter den nächsten Strichen. Aus technischen Gründen wurden die Zeichen mit ihrem Hexadezimalcode (\x..) angegeben.

Selbstverständlich lässt sich dieses Vorgehen für alle Aufgaben einsetzen, in der ein Zeichen durch ein anderes ersetzt werden soll. Man muss lediglich die beiden Zeichenketten anpassen. Will man aber ganze Zeichenketten ersetzen, wird es schwieriger. Dann muss man auch hier auf einzelne Befehle umstellen. Das sähe zum Beispiel bei Umsetzung von Standard-Umlauten ins HTML-Format so aus:

```
# ersetze &auml;&ouml;&uuml;&szlig; -
# generell s/<alte Zeichenkette>/<neue Zeichenkette>/g
s/&auml;/&auml;/g;
s/&ouml;/&ouml;/g;
s/&uuml;/&uuml;/g;
s/&szlig;/&szlig;/g;
```

Diese Anweisung `s` ersetzt (substitute) die Zeichenkette zwischen den ersten Schrägstrichen gegen die Zeichenkette zwischen den nächsten Strichen. Das `g` (für global) dahinter sorgt dafür, dass nicht nur das erste Zeichen in jeder Textzeile ersetzt wird.

Die bisherige Anwendung regulärer Ausdrücke war vergleichsweise schlicht. Ein paar Beispiele für kompliziertere Anwendungen sind:

```
# Löscht ein ">" und folgende Freizeichen am Anfang der Zeile
s/^>\s*//;
# Ersetzt mehrfache Freizeichen und Tabs gegen ein Freizeichen
s/\s{2,}/ /g;
# Ersetzt Komma durch Punkt in einer Zahl
s/(\d+),(\d*)/$1.$2/g;
# Löscht alle Punkte, die Tausenderstellen trennen
s/(\d+).(\d{3})/$1$2/g;
```

`\s` steht für einen beliebigen Freiraum (Leerzeichen oder Tabulator), `\d` für eine beliebige Ziffer. `\s*` für eine beliebige Anzahl (inklusive Null) von Freiräumen, `\d+` für mindestens eine Ziffer, `\s{2,}` für mindestens zwei Leerräume und `\d{3}` für genau drei Ziffern.

Die Variablen `$1` und `$2` stehen für den Teil des Textes, der im linken Teil der Anweisung auf den Ausdruck in der ersten bzw. zweiten Klammer passt. Würde man ihn nicht wieder einsetzen, wären neben den Punkten bzw. Kommas auch die Ziffern gelöscht.

Nun ist eine fest eingegebene Tauschtabelle nicht besonders effektiv. Daher folgt noch ein Beispiel, in dem eine Tabelle mit Tauschanweisungen eingelesen wird. Die Tabelle enthält zwei Spalten, die durch einen senkrechten Strich (|) getrennt sind. Links steht der Wert, der durch den rechten ersetzt werden soll (z.B: `"A | Ä`).

```
# Tauschtabelle öffnen und laden
open (EXCHANGE, "tausch.txt");
while ()
   {
   chop;                       # letztes Zeichen (CR) entfernen
   ($alt, $neu) = split ("|"); # Zeile zerlegen in alt und neu
   $alt = s/^\s*//g;    # Freiräume am Anfang entfernen
   $neu = s/^\s*//g;
   $alt = s/\s*$//g;    # Freiräume am Ende entfernen
   $neu = s/\s*$//g;
   $tabelle{$alt} = neu;       # neuen Wert unter dem alten speichern
   }
close EXCHANGE;
# jetzt geht es wie gewohnt weiter
# Text-Dateien öffenen
open (IN, "IN.txt");      # Öffnen der Ausgangsdatei
open (OUT, ">OUT.txt");   # Öffnen der Zieldatei
# Eingabe Zeile für Zeile einlesen
while ()
   {
   # Alle Ersetzungen gemäß der Tabelle vornehmen
   foreach $alt (keys %tabelle)  # für alle Schlüssel in tabelle
```

```
        {
        s/$alt/$tabelle{$alt}/g;    # Schlüssel=alter Wert gegen neuen Wert ersetzen
        }
    # fertige Zeile ausgeben
    print OUT $_;
    }
# Dateien wieder schließen
close OUT;
close IN;
```

Zu Beginn wird die Tauschtabelle geöffnet und eingelesen. Dabei wird jede Zeile in seine Teile links und rechts des Striches zerlegt und in den Variablen $alt und $neu gespeichert. Der Inhalt wird noch von Leerräumen am Anfang und Ende befreit. Danach wird der neue Wert in ein *assoziatives Feld* `tabelle` gespeichert. Gegenüber den aus anderen Programmiersprachen bekannten linearen Feldern (die es in Perl auch gibt), werden die einzelnen Elemente mit einem Schlüsselbegriff verbunden. In unserem Fall wird als Schlüssel für den neuen der alte Wert verwendet.

Bei der Ersetzung weiter unten werden dann alle Schlüsselbegriffe genommen und nacheinander durch den dazugehörigen neuen Wert ersetzt.

### 12.1.2 Tabellen manipulieren

Neben der Konvertierung von „normalen" Texten ist auch die Bearbeitung von Tabellen häufig notwendig. Diese Tabellen können aus Datenbanken, Tabellenkalkulationen oder aus Messapparaturen (vgl. Kapitel 7 von Renee Rober „Messdaten mit dem PC erfassen und für das Processing vorbereiten") kommen.

Die prinzipielle Methode wurde im letzten Beispiel schon angedeutet. Man liest die Tabelle Zeile für Zeile ein und zerlegt sie dann aufgrund bekannter Trennzeichen in ihre Einzelteile:

```
# zerlegen und speichern in var1, var2 usw
($var1, $var2, $var3) = split (" | ");
# zerlegen und als einzelnen Elemente des Feldes var speichern
@var = split (" | ");
```

Anschließend kann man die einzelnen Elemente wie gewohnt bearbeiten. Vor der Ausgabe kann man sie zum Beispiel mit dem Befehl `join` wieder zu einer einzigen Zeile zusammensetzen.

## 12.2 Ein Perl-„Compiler“ für DOS

Zum Schluss noch ein kleines Hilfsmittel für DOS/Windows-Benutzer. Es wandelt das Perl-Skript so um, dass es als Batch-Datei direkt ausgeführt werden kann. Auf diese Weise entfällt der lästige Aufruf von der Kommandozeilenebene aus. Selbstverständlich ist dies kein echter Compiler. Aber das Ergebnis verhält sich im Großen und Ganzen so wie ein fertig kompiliertes Programm.

```
@rem = '-*- Autostart für Perl-Skript -*-';
@rem = '
@echo off
@rem Alle Parameter in ARGS schreiben
set ARGS=
:scanLoop
if .%1==. goto endScanLoop
set ARGS=%ARGS% %1
shift
goto scanLoop
:endScanLoop
@rem  Dieses Programm dem Perl-Interpreter übergeben
@rem  Perl sollte im Pfad liegen.
perl.exe -S pl2bat.bat %ARGS%
goto endOfPerlCode
@rem ';
@rem = 'der folgende Code wird (bis auf die letzte Zeile) übersprungen';
# -*- Hier beginnt der perl-Code -*-
# Alle Eingabeparamter werden als Dateinamen interpretiert
STEP: foreach ( @ARGV )
   {
   # Datei öffnen, Inhalt in @file einlesen und schließen
   open (FILE, $_);
   @file = ;
   close FILE;
   # wenn "endofperlcode" in der Datei steht, wird angenommen, dass sie
   # bereits umgewandelt wurde und die nächste Eingabe wird bearbeitet
   if ( grep( /:endofperlcode/, @file ) )
      {
      warn "$_ wurde wahrscheinlich bereits in einen BAT-File umgewandelt!!\n";
      next STEP;
      }
   # um den Namen der Ausgabedatei zu ermitteln, wird die Extension
   # angeschnitten und eine Datei mit gleichem Namen und der Extension
   # .BAT angelegt.
   s/\..{0,3}$//;
   open( FILE, ">$_.bat" );
```

```
# der DOS-Teil der Batch-Datei wird geschrieben
print FILE
```

Für Neugierige sei kurz der zugrunde liegende Trick erklärt. Startet man diese Datei als Batch-File, führt der Kommandozeileninterpreter alle Befehle bis zum `goto endOf-PerlCode` aus. Aufgrund des Goto überspringt er den eigentlichen Perl-Code und ist damit fertig. In der Zeile vor dem Sprungbefehl wird dieselbe Datei aber auch dem Perl-Interpreter übergeben.

Der Perl-Interpreter erkennt in den ersten Zeilen (`@rem` = ...) Zuweisungen an ein Feld mit dem Namen rem. Anschließend wird der eigentliche Perl-Code durchlaufen. Der Interpreter ignoriert alles nach der `__END__`-Anweisung. Das abschließende Label endOfPerl-Code stört also auch nicht weiter.

# 12.3 Aussichten

Ein Manko der obigen angeführten Beispiele ist die Tatsache, dass ich dort von reinem ASCII-Text-Dateien ausgehe. Bei der Umwandlung in dieses Format gehen mühevoll erstellte Formatierungsanweisungen meist verloren. Ein Eingriff in die hauseigenen Datenformate der großen Textverarbeitungsprogramme führt dagegen häufig zu Datenverlusten. Eine Lösung für dieses Dilemma bieten einige veröffentlichte Austauschformate wie SGML, HTML, TeX, PS und das „Rich Text Format“. Sie enthalten alle Formatierungsanweisungen in deutlich lesbarer Form und lassen sich daher wie normale Texte verarbeiten. Man sollte sich allerdings vorher mit der Syntax vertraut machen. Lesbar heißt hier nicht unbedingt klar verständlich.

Der Einsatzbereich von Perl ist natürlich nicht mit der Erstellung einfacher Text-Filter erschöpft. So ist eine Vielzahl von Code-Bibliotheken frei verfügbar, die z.B. auch Direktzugriffe auf Datenbanken und Netzwerke zulassen. „Normale“ interaktive Programme lassen sich ebenfalls in Perl schreiben.

## Quellen und Literatur

Man sollte beim eigenständigen Suchen nach Literatur darauf achten, ob es sich um ein reines Perl-Buch handelt oder um eines, das die Programmierung von CGI-Skripten fürs WWW mithilfe von Perl beschreibt.

Perl selber und eine große Anzahl von Code-Bibliotheken sind auf einem der CPAN-Spiegel im Internet erhältlich. In Deutschland sind das:

`ftp://ftp.leo.org/pub/comp/programming/languages/perl/CPAN`

```
ftp://ftp.rz.ruhr-uni-bochum.de/pub/CPAN
ftp://ftp.uni-hamburg.de/pub/soft/lang/perl/CPAN
```

Auf dem Usenet findet man Diskussionen zu Perl unter `comp.lang.perl.*` und `de.lang.perl`.

Schwartz/Potter, 1996: Programmieren mit Perl, Bonn: O'Reilly
Schwartz, Randal, 1995: Einführung in Perl, Bonn: O'Reilly
Vromans, Johan, 1996: Perl 5, Schnellübersicht, Bonn: O'Reilly

# Gute Typographie auf Papier und im Web

13

Dr. Hermann Rotermund

Junge deutsche Akademiker lernen – anders als ihre Kommilitonen in anderen Ländern – weder zu sprechen noch zu schreiben. Ihre Ausbildung orientiert sich an Inhalten und nimmt selten Rücksicht auf deren Darstellung. Das Referat oder die Diplomarbeit werden ebenso wenig zum Gegenstand der wissenschaftlichen Reflexion gemacht wie etwa der Essay, der öffentliche Vortrag oder die multimediale Dokumentation.

Das abendländische Denken hat sich in wesentlichen Zügen aus der Reflexion über mediale Techniken entwickelt. *Rhetorik* und *Logik* waren neben der Organisation des Gemeinwesens und der Naturerkenntnis die Gebiete des Denkens, aus denen sich die Wissenschaften entwickelten. Der Nachvollzug der Funktionsweisen des *Memorierens* und Argumentierens prägte die Inhalte der antiken philosophischen Diskurse. Die *Schrift*, besonders die gedruckte Schrift, und der Computer haben eine ähnliche Anschubkraft für das Denken wie die *Rede* entfaltet. Hier wurde die Entwicklung allerdings weniger durch die Thematisierung des Mediums selbst als durch seinen Gebrauch angeschoben: Bibliotheken gedruckter Bücher sicherten und förderten den Wissenserwerb, das *Elektronengehirn* und das weltweite Computernetz brachten die Selbsterkenntnis und die Ubiquität des Informationsbestandes auf eine irritierende Weise voran.

Die uns umgebenden Medien erzwingen, sei es durch ihre Konstitution, sei es durch ihre Technik, *Formate* für die durch sie verbreiteten Inhalte. Der *Essay* ist beispielsweise ein Kind des *Buchdrucks*, und er ist es so sehr, dass er idealiter die Länge von 16 Seiten, d. h. die Textmenge eines Bogens, aufweist. Eine soap opera oder ein Werbeclip sind in ihrer Zeitstruktur, bis hin zur Schnittfolge, Ergebnisse einer durch angewandte Psychologie kontrollierten Produktion. Die Formate der audiovisuellen Medien werden durch die *Demoskopie* gestanzt.

Es ist unter diesen Voraussetzungen eine heikle Aufgabe, Regeln für die Verfertigung von Dokumenten aufzustellen. Das Un-Geregelte erscheint angesichts der Übermacht der technikinduzierten Formate als Rettungsmöglichkeit der autonom sich wähnenden Gelehrten oder Literaten. Eine gesellschaftliche Wirkung dieser ungeregelten Hervorbringungen ist allerdings in den meisten Fällen nicht nachweisbar.

Die von uns geschaffenen Medien sind ein untrennbarer Bestandteil des evolutionären Prozesses unserer Kultur. Einen neutralen Standort außerhalb dieses Medien- und Kulturzusammenhangs können wir nicht einnehmen. Daher müssen wir uns seit Jahrtausenden bei der Verfertigung von Mitteilungen mit Techniken auseinandersetzen, handele es sich nun um ein Gespräch, einen Vortrag, einen Brief, einen Traktat, ein Essay, ein *Hypertext-*

Poem oder eine Ideenpräsentation auf einer CD-ROM. Wirkungsabsicht und Rezeptionsvorgänge, vorhandene Werkzeuge und Erfahrungswissen sind zu befragen, um Regeln zu gewinnen, die für alle an einem Mitteilungsvorgang Beteiligten einen Gewinn versprechen.

## 13.1 Gute Typographie

Die typographische Technik rief vor 550 Jahren die zweite *Medienwende* nach der scriptographischen hervor, die dritte Wende, die der *Turing*schen Universalmaschine zum Durchbruch verhilft, bewegt uns gerade. Das wichtigste Element der typographischen Wende war nicht die *Drucktechnik*, sondern die *Satztechnik*, und hier war die entscheidende Innovation nicht die bewegliche *Letter* (Abbildung 13-1), sondern das *Handgießgerät*, mit dem die Lettern schnell gegossen werden konnten. *Gutenberg* kombinierte die Arbeitsabläufe der *Buchherstellung* auf eine Art und Weise, dass die Maschinisierung sie Schritt für Schritt erfassen konnte (vgl. dazu Giesecke 1991). In der Gestaltung der Buchseiten griff er auf die Spitzenleistungen der handschriftlichen Buchproduktion zurück. Die sich im *Typographeum* herausbildenden Regeln waren schon wenige Jahrzehnte nach seinem Aufkommen fixiert und werden bis heute von guten Typographen im Grunde nur variiert und unter Berücksichtigung der jeweiligen Werkzeuge reformuliert. Die wichtigsten Regeln, die auch für die Gestaltung von wissenschaftlichen Arbeiten, Briefen usw. herangezogen werden sollten, will ich hier aufführen.

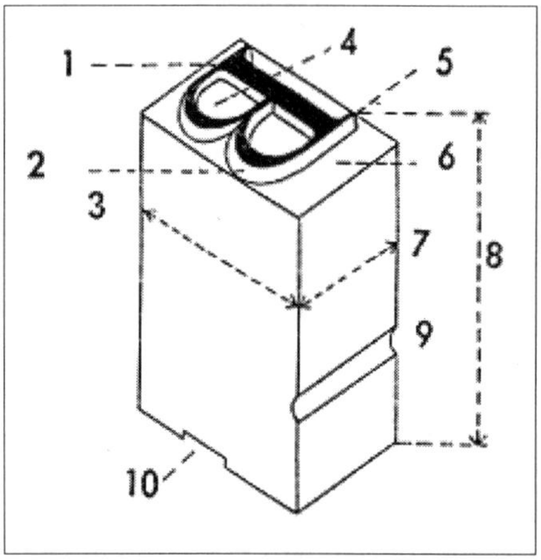


***Abbildung 13-1:***
*Teile einer Letter: 1 Schriftbild, 2 Konus, 3 Schriftkegel, 4 Punzen, 5 Schriftlinie, 6 Achsel, 7 Dickte, 8 Schrifthöhe, 9 Signatur, 10 Fußrille*

## 13.1.1 Stellung des Satzspiegels auf dem Papier

Am häufigsten wird im Alltag das *Papierformat* DIN A 4 verwendet. Für die Einführung und Durchsetzung dieses Normformats für Briefe und Manuskripte sprechen ausschließlich herstellungs- und verarbeitungstechnische Gründe (Teilbarkeit der Papierbögen immer in der Proportion 1:1,414). Es ist keineswegs benutzerfreundlich; aufgrund seiner breiten Proportion geraten die Zeilen meist zu lang, und lange Zeilen erschweren die Aufnahme des Textes. Am ehesten eignet sich das Format A 4 für zweispaltigen Satz. Das Format A 5, durch Halbierung entstanden, wird oft eingesetzt, wenn es darum geht, *low-budget*-Drucke von Büchern oder Broschüren durchzuführen. Es ist zu breit, um in einer Hand gehalten zu werden, und auch hier sind die Zeilen bei einspaltigem Druck zu lang. Häufig entstehen die *Druckvorlagen* durch Verkleinerung von A-4-Seiten, was dann auch noch zu unangenehmen Schriftgrößen und Durchschüssen führt. *Gutenberg* zog wohlweislich die Seitenproportion 2:3 vor. Diese Proportion lässt sich immer abwechselnd 3:4 und 2:3 teilen. Die alten *Buchformate* Quart (3:4) und Oktav (2:3) sprechen hiervon Bände.

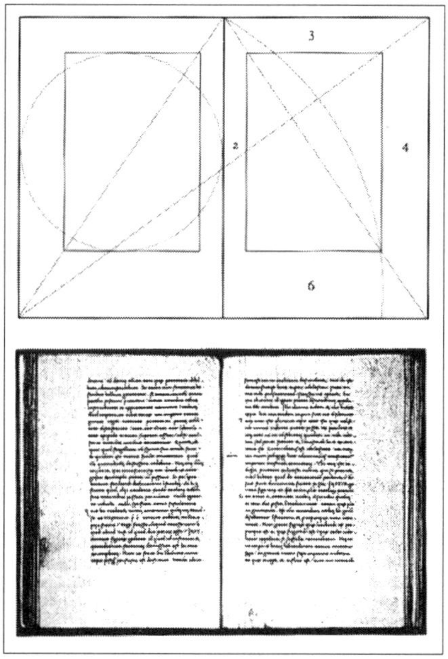


***Abbildung 13-2:***
*Oben: Jan Tschicholds Versuch einer Idealkonstruktion, die er aus spätmittelalterlichen Handschriften und Inkunabeln gewann. (Tschichold 1962: 153)*
*Unten: Italienische Pergamenthandschrift eines Cicero-Textes, Mitte des 15. Jahrhunderts. Seitenhöhe 21 cm, Seitenproportion 3:2, Randverhältnisse 1:1:2:3.*

Eine bedruckte Seite weist Text und leere Papierränder auf. Der Text nimmt ein Rechteck auf dem Papier in Anspruch, den Satzspiegel. Ungeschulte Textverarbeiter verwenden meist einen zu großen *Satzspiegel* und plazieren ihn zudem ungeschickt. Alte Handschriften und typographische Spitzenerzeugnisse weisen etwa gleiche Anteile von bedruckter und unbedruckter Fläche auf einer Seite aus. Die Ränder verteilen sich dabei auf einer rechten Seite wie 1:2:1:3 oder 2:4:3:6 (links/innen : rechts/außen : oben : unten). Die nebeneinandergestellten Innenränder der Seiten sind damit ebenso breit wie ein Außenrand, der obere Rand ist etwa doppelt so breit wie der untere (vgl. Tschichold 1962: 288-313; Abbildung 13-2). Wer sich in einer Bibliothek einmal die Zeit nimmt, sorgfältig hergestellte Bücher gleich welcher Epoche auf diese Proportionen hin anzusehen, wird diese Angaben bestätigt finden. Diese Verhältnisse sind natürlich nicht sonderlich ökonomisch, sie wirken aber schön und sind leseergonomisch kaum zu verbessern.

Für Brief- oder Manuskriptseiten im Format A 4, die nur einseitig bedruckt werden, müssen natürlich andere Regeln gelten. Am sinnvollsten sind wohl gleich breite Ränder links und rechts mit mindestens 3 cm, besser sogar 4 cm. Oben 3 cm und unten 5 bis 6 cm Rand sind ebenfalls angemessen.

### 13.1.2 Zeilenlänge

Die *Zeilenlänge* ist wesentlich für die Lesefreundlichkeit eines Textes. Wichtiger als die absolute Länge ist die Anzahl der Buchstaben in einer Zeile. Die physiologische *Leseforschung* hat in Versuchsreihen herausgefunden, dass ca. 60 Buchstaben pro Zeile am schnellsten und angenehmsten von unserem Sehapparat verarbeitet werden können. Die Hersteller der meisten wissenschaftlichen Veröffentlichungen ignorieren diese gesicherte Erkenntnis und errichten für den Leser zusätzliche Hürden.

Die Zeilenlänge ist ein Korrelat von *Satzspiegel* und Schriftauswahl. Die *Schriften* laufen verschieden breit, wie die Typographen sagen, es ergeben sich also bei gleicher Schriftgröße innerhalb eines gegebenen Satzspiegels unterschiedlich viele Buchstaben pro Zeilen. Die Times ist beispielsweise eine recht schmal laufende Schrift, im Unterschied zu einer Baskerville oder gar einer Lucida.

Ein Pferd frißt keinen Gurkensalat – Times

Ein Pferd frißt keinen Gurkensalat – Garamond

Ein Pferd frißt keinen Gurkensalat – Lucida

**Abbildung 13-3:** *Beispiele für Times, Stempel Garamond und Lucida*

### 13.1.3 Durchschuss

Weiterhin entscheidend für die Lesefreundlichkeit eines Textes ist der *Durchschuss*, wie der Typograph den Zeilen- und Absatzabstand nennt. Der vertikale Abstand der Buchstaben ist bei verschiedenen Schriften gleichen *Schriftgrad*es (Größe) ohnehin unterschiedlich. Das beruht darauf, dass die alten *Letter*n aus Metallstempeln geschnitten und dann nachgegossen wurden, die in der Breite (Dickte) und in der Höhe (Kegel) einen gewissen Überschuß über die eigentliche Letternbreite und -höhe aufwiesen. Nicht die *Buchstabenbild*er, sondern die Kegel einer 12-Punkt-Schrift sind 4,5 mm hoch. Manche Schriftarten nutzen die für einen Buchstaben zur Verfügung stehende Stempelfläche ausgreifender als andere. Der vertikale Abstand der Buchstabenbilder ist also durch die Schriftart und durch den zusätzlichen *Zeilenabstand*, den eigentlichen Durchschuss, bestimmt. Eine gute und jedenfalls bei einer Times zutreffende Regel ist, den Durchschuss mit 20 Prozent des Schriftgrades zu bemessen, also 10 Punkt Times, 2 Punkt Durchschuss (oder 12 Punkt Zeilenabstand). Der Durchschuss ist aufgrund der Differenz von Kegelhöhe und Schriftbildhöhe dem Schriftgrad anzupassen: kleinere Schriftgrade verlangen einen geringeren Durchschuss als größere. Eine Times 8 Punkt benötigt nur einen Punkt Durchschuss, eine Helvetica 14 Punkt kann durchaus schon vier Punkt Durchschuss vertragen.

Alle Durchschüsse sollten sich an der Zeilenhöhe der Grundschrift eines Textes orientieren. Wird mit anderen Abständen gearbeitet als mit ganzzahligen Faktoren des *Zeilenabstand*es, so wird der Zeilenfall von nebeneinanderstehenden Seiten oder Spalten gestört. Ein typographisch orientierter Textverarbeiter gleicht jede Störung der Zeilensymmetrie, die beispielsweise durch unterschiedliche *Schriftgrad*e auf einer Seite entsteht, durch einen entsprechend berechneten zusätzlichen Durchschuss wieder aus. Ähnliches gilt für *Abbildungen*, *Tabellen* und *Fußnoten*: Seiten mit diesen Elementen verlangen eine besondere Sorgfalt. Hier bietet es sich an, Rahmen für Abbildungen anzulegen, die sich in der Höhe am Maß des Zeilenabstandes orientieren.

Die Absätze von Fließtexten sind bestens erkennbar, wenn ihre erste Zeile ein wenig eingezogen ist. Traditionell verwendet man ein *Geviert* Einzug, das heißt die Punktgröße der Schrift – 10 Punkt Schrift, 10 Punkt Absatzeinzug erste Zeile.

### 13.1.4 Schriftauswahl

Betrachtet man Manuskripte und Arbeitspapiere, die mit dem Computer erzeugt wurden, so wünscht man sich manchmal das Zeitalter der *Schreibmaschine* und einer an guten Standards trainierten Sekretärin zurück. Typoskripte wiesen häufig bequeme Ränder und einen weiten *Zeilenabstand* auf (anderthalb- oder zweizeilig), die heutigen Computerausdrucke dagegen präsentieren oft das Vielfache einer Schreibmaschinenseite in endlos langen und eng gesetzten Zeilen. Die Lektüre wird zudem durch die Schriftauswahl der PC-Textverarbeiter erschwert. Es gibt an den Universitäten eine seltsame Präferenz für längere Ausarbeitungen in einer großen (12 Punkt oder gar 14 Punkt) Helvetica oder Arial mit langen Zeilen und ganz geringem *Durchschuss*. Diese Kombination ist so ziemlich das leseunfreundlichste, was die *Typographie* zu bieten hat. Eine Verringerung der Schriftgröße bei gleichzeitiger Vergrößerung der Ränder und des Durchschusses kann in der gleichen Textmenge pro Seite, aber weitaus besserer Lesbarkeit resultieren.

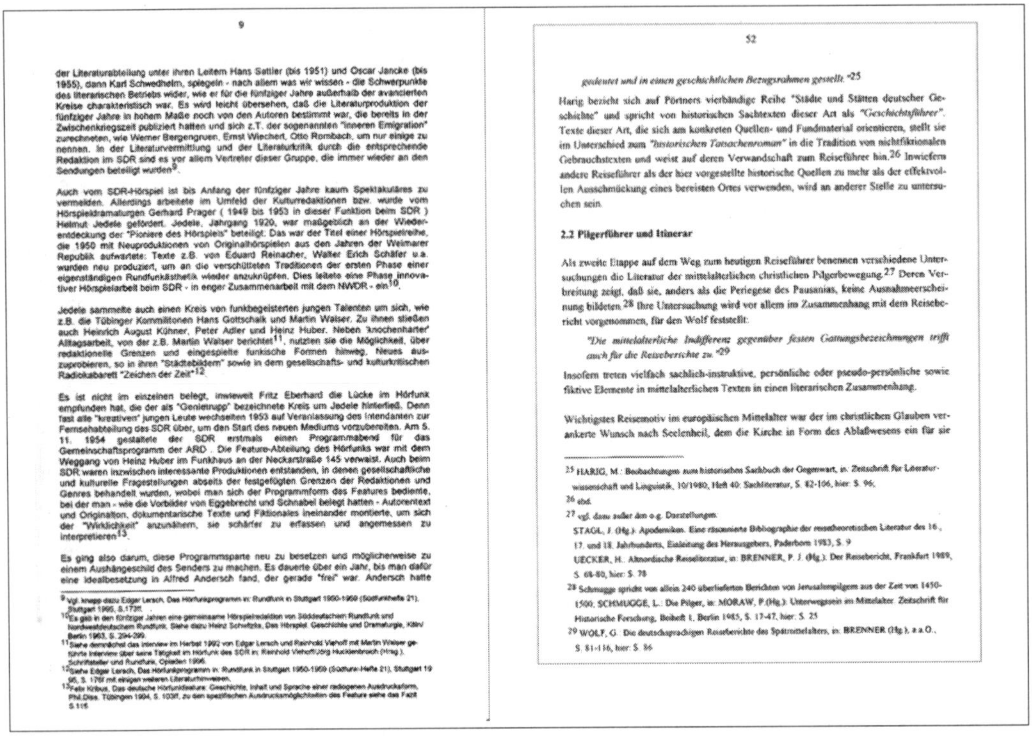

9

der Literaturabteilung unter ihren Leitern Hans Sattler (bis 1951) und Oscar Jancke (bis 1955), dann Karl Schwedhelm, spiegeln - nach allem was wir wissen - die Schwerpunkte des literarischen Betriebs wider, wie er für die fünfziger Jahre außerhalb der avancierten Kreise charakteristisch war. Es wird leicht übersehen, daß die Literaturproduktion der fünfziger Jahre in hohem Maße noch von den Autoren bestimmt war, die bereits in der Zwischenkriegszeit publiziert hatten und sich z.T. der sogenannten "inneren Emigration" zurechneten, wie Werner Bergengruen, Ernst Wiechert, Otto Rombach, um nur einige zu nennen. In der Literaturvermittlung und der Literaturkritik durch die entsprechende Redaktion im SDR sind es vor allem Vertreter dieser Gruppe, die immer wieder an den Sendungen beteiligt wurden[9].

Auch vom SDR-Hörspiel ist bis Anfang der fünfziger Jahre kaum Spektakuläres zu vermelden. Allerdings arbeitete im Umfeld der Kulturredaktionen bzw. wurde vom Hörspieldramaturgen Gerhard Prager ( 1949 bis 1953 in dieser Funktion beim SDR ) Helmut Jedele gefördert. Jedele, Jahrgang 1920, war maßgeblich an der Wiederentdeckung der "Pioniere des Hörspiels" beteiligt: Das war der Titel einer Hörspielreihe, die 1950 mit Neuproduktionen von Originalhörspielen aus den Jahren der Weimarer Republik aufwartete: Texte z.B. von Eduard Reinacher, Walter Erich Schäfer u.a. wurden neu produziert, um an die verschütteten Traditionen der ersten Phase einer eigenständigen Rundfunkästhetik wieder anzuknüpfen. Dies leitete eine Phase innovativer Hörspielarbeit beim SDR - in enger Zusammenarbeit mit dem NWDR - ein[10].

Jedele sammelte auch einen Kreis von funkbegeisterten jungen Talenten um sich, wie z.B. die Tübinger Kommilitonen Hans Gottschalk und Martin Walser. Zu ihnen stießen auch Heinrich August Kühner, Peter Adler und Heinz Huber. Neben 'knochenharter' Alltagsarbeit, von der z.B. Martin Walser berichtet[11], nutzten sie die Möglichkeit, über redaktionelle Grenzen und eingespielte funkische Formen hinweg, Neues auszuprobieren, so in ihren "Städtebildern" sowie in dem gesellschafts- und kulturkritischen Radiokabarett "Zeichen der Zeit"[12].

Es ist nicht im einzelnen belegt, inwieweit Fritz Eberhard die Lücke im Hörfunk empfunden hat, die der als "Genietrupp" bezeichnete Kreis um Jedele hinterließ. Denn fast alle "kreativen" jungen Leute wechselten 1953 auf Veranlassung des Intendanten zur Fernsehabteilung des SDR über, um den Start des neuen Mediums vorzubereiten. Am 5. 11. 1954 gestaltete der SDR erstmals einen Programmabend für das Gemeinschaftsprogramm der ARD . Die Feature-Abteilung des Hörfunks war mit dem Weggang von Heinz Huber im Funkhaus an der Neckarstraße 145 verwaist. Auch beim SDR waren inzwischen interessante Produktionen entstanden, in denen gesellschaftliche und kulturelle Fragestellungen abseits der festgefügten Grenzen der Redaktionen und Genres behandelt wurden, wobei man sich der Programmform des Features bediente, bei der man - wie die Vorbilder von Eggebrecht und Schnabel belegt hatten - Autorentext und Originalton, dokumentarische Texte und Fiktionales ineinander montierte, um sich der "Wirklichkeit" anzunähern, sie schärfer zu erfassen und angemessen zu interpretieren[13].

Es ging also darum, diese Programmsparte neu zu besetzen und möglicherweise zu einem Aushängeschild des Senders zu machen. Es dauerte über ein Jahr, bis man dafür eine Idealbesetzung in Alfred Andersch fand, der gerade "frei" war. Andersch hatte

[9] Vgl. knapp dazu Edgar Lersch, Das Hörfunkprogramm in: Rundfunk in Stuttgart 1950-1959 (Südfunkhefte 21), Stuttgart 1995, S.173ff.

[10] Es gab in den fünfziger Jahren eine gemeinsame Hörspielredaktion von Süddeutschem Rundfunk und Nordwestdeutschem Rundfunk. Siehe dazu Heinz Schwitzke, Das Hörspiel. Geschichte und Dramaturgie, Köln/Berlin 1963, S. 294-299.

[11] Siehe demnächst das Interview im Herbst 1992 von Edgar Lersch und Reinhold Viehoff mit Martin Walser geführte Interview über seine Tätigkeit im Hörfunk des SDR in: Reinhold Viehoff/Jörg Hucklenbroich (Hrsg.), Schriftsteller und Rundfunk, Opladen 1996.

[12] Siehe Edgar Lersch, Das Hörfunkprogramm in: Rundfunk in Stuttgart 1950-1959 (Südfunk-Hefte 21), Stuttgart 1995, S. 176f mit einigen weiteren Literaturhinweisen.

[13] Felix Kribus, Das deutsche Hörfunkfeature: Geschichte, Inhalt und Sprache einer radiogenen Ausdrucksform, Phil.Diss. Tübingen 1994, S. 103ff, zu den spezifischen Ausdrucksmöglichkeiten des Feature siehe das Fazit S.115

52

*gedeutet und in einen geschichtlichen Bezugsrahmen gestellt."*[25]

Harig bezieht sich auf Pörtners vierbändige Reihe "Städte und Stätten deutscher Geschichte" und spricht von historischen Sachtexten dieser Art als *"Geschichtsführer"*. Texte dieser Art, die sich am konkreten Quellen- und Fundmaterial orientieren, stellt sie im Unterschied zum *"historischen Tatsachenroman"* in die Tradition von nichtfiktionalen Gebrauchstexten und weist auf deren Verwandschaft zum Reiseführer hin.[26] Inwiefern andere Reiseführer als der hier vorgestellte historische Quellen zu mehr als der effektvollen Ausschmückung eines bereisten Ortes verwenden, wird an anderer Stelle zu untersuchen sein.

**2.2 Pilgerführer und Itinerar**

Als zweite Etappe auf dem Weg zum heutigen Reiseführer benennen verschiedene Untersuchungen die Literatur der mittelalterlichen christlichen Pilgerbewegung.[27] Deren Verbreitung zeigt, daß sie, anders als die Periegese des Pausanias, keine Ausnahmeerscheinung bildeten.[28] Ihre Untersuchung wird vor allem im Zusammenhang mit dem Reisebericht vorgenommen, für den Wolf feststellt:

*"Die mittelalterliche Indifferenz gegenüber festen Gattungsbezeichnungen trifft auch für die Reiseberichte zu."*[29]

Insofern treten vielfach sachlich-instruktive, persönliche oder pseudo-persönliche sowie fiktive Elemente in mittelalterlichen Texten in einen literarischen Zusammenhang.

Wichtigstes Reisemotiv im europäischen Mittelalter war der im christlichen Glauben verankerte Wunsch nach Seelenheil, dem die Kirche in Form des Ablaßwesens ein für sie

[25] HARIG, M.: Beobachtungen zum historischen Sachbuch der Gegenwart, in: Zeitschrift für Literaturwissenschaft und Linguistik, 10/1980, Heft 40: Sachliteratur, S. 82-106, hier: S. 96.

[26] ebd.

[27] vgl. dazu außer den o.g. Darstellungen:
STAGL, J. (Hg.): Apodemiken. Eine räsonnierte Bibliographie der reisetheoretischen Literatur des 16., 17. und 18. Jahrhunderts, Einleitung des Herausgebers, Paderborn 1983, S. 9
UECKER, H.: Altnordische Reiseliteratur, in: BRENNER, P. J. (Hg.): Der Reisebericht, Frankfurt 1989, S. 68-80, hier: S. 78

[28] Schmugge spricht von allein 240 überlieferten Berichten von Jerusalempilgern aus der Zeit von 1450-1500. SCHMUGGE, L.: Die Pilger, in: MORAW, P.(Hg.): Unterwegssein im Mittelalter. Zeitschrift für Historische Forschung, Beiheft 1, Berlin 1985, S. 17-47, hier: S. 25

[29] WOLF, G.: Die deutschsprachigen Reiseberichte des Spätmittelalters, in: BRENNER (Hg.), a.a.O., S. 81-116, hier: S. 86

***Abbildung 13-4:*** *Maßnahmen zur Steigerung der Leseunfreundlichkeit: Zwei typische Seiten aus wissenschaftlichen Veröffentlichungen. Links einfallsloser Blocksatz aus der Helvetica, rechts offenbar eine Verkleinerung von A-4-Seiten.*

Grundsätzlich sind längere Texte mit *Serifen*schriften (den kleinen Füßen und Häkchen an den Buchstaben) wie Times, Garamond, Baskerville oder Bembo besser lesbar als mit Serifenlosen wie Helvetica, Futura oder Avantgarde. Die Helvetica ist, wenn überhaupt, für den Satz von komplexen technischen Erläuterungen, bei denen der Leser aus Verständnisgründen ohnehin oft den Lesefluss unterbrechen muss, geeignet. Für lesefreundlichen Fließtext ist sie hingegen aufgrund ihrer Sperrigkeit und luftigen Geometrie gänzlich ungeeignet.

Der Computer hat uns nicht nur im Laufe der letzten 15 Jahre den Zugriff auf alle wesentlichen Schriften der typographischen Geschichte geschenkt, sondern auch Programme beschert, mit denen Amateure und Dilettanten die Arbeit von Schriftsetzern im Handumdrehen zu erledigen versuchen. Schriften wurden bei den verschiedenen Textarten geradezu inflationär verwendet. Die traditionelle Typographie kommt hingegen im Buch- und Zeitschriftensatz mit ganz wenigen Schriftarten aus.

### 13.1.5 Überschriften und Hervorhebungen

Der Titel eines Manuskripts oder eines Kapitels kann etwas auffälliger gestaltet werden als der übrige Text. Einige *Schriftgrad*e mehr, maximal das Doppelte der Grundschrift, vor allem aber Leerzeilen zwischen dem Titel und dem Textbeginn, genügen meistens. Eine Zwischenüberschrift, die mit zwei Leerzeilen oben und einer Leerzeile unten abgesetzt ist, fällt bereits so deutlich ins Auge, dass weitere *Auszeichnungen* (andere Schriftart, größerer Schriftgrad, fett oder kursiv) nicht unbedingt nötig sind. Die Kombination dieser Elemente ist völlig überflüssig: Wird ein größerer Schriftgrad gewählt, so ist die Zeile bereits auffällig genug und muss nicht auch noch fett hervorgehoben werden.

Hervorhebungen im Text sollten sparsam vergeben werden. Mitdenkende Leser – wir alle lesen schließlich auch selbst – fühlen sich durch viele Hervorhebungen gegängelt; sie wollen und können schließlich selbst entscheiden, welche Passagen (für sie) wichtig sind. Unterstreichungen sollten generell unterbleiben – sie sind ein Relikt aus der Schreibmaschinenzeit, als keine anderen Hervorhebungen zur Verfügung standen. Die geeignetste Hervorhebung ist die Kursivschrift (fälschlich auch Schrägschrift genannt, es handelt sich jedoch meist um eine eigene Schriftart aus der jeweiligen Schriftfamilie). Sollten in Manuskripten aus guten Gründen viele Begriffe (wie die Namen von Publikationen, Institutionen, Schiffen ...) kursiv gesetzt worden sein, so kann zur Unterscheidung eine fette Hervorhebung verwendet werden. Besser, aber im normalen PC-Haushalt kaum verfügbar, ist eine halbfette Schrift.

### 13.1.6 Tabellen und Abbildungen

Der einmal gewählte Satzspiegel sollte unter keinen Umständen durchbrochen werden. *Tabellen* und *Abbildungen* sind also so zu formatieren, dass sie sich in ihn einpassen. Sind diese Elemente so groß, dass nur noch wenige Zeilen Fließtext auf einer Seite Platz finden, sollten eigene Seiten für sie eingerichtet werden. Zu jeder Tabelle und jedem Bild gehört eine *Beschriftung*, die knapp über den Inhalt informiert und Quellen angibt. Linien und Schattierungen sollten sehr sparsam eingesetzt werden. Sie sind vertretbar, wo sie eine Lesehilfe darstellen. Umrandungen und unterschiedlich fette Linien sind immer überflüssig.

Der von der *DTP*-Werbung der achtziger Jahre endlos wiederholte Satz „Ein Bild sagt mehr als tausend Worte" wird ständig durch die Praxis widerlegt. Beliebige Illustrationen werden zur Verschleierung von Sprachfaulheit und inhaltlichen Lücken eingesetzt. Die leichte Reproduzierbarkeit von Bildern durch *Scanner* und *Bildbearbeitung*sprogramme hat die Abbildungen in Büchern und Zeitschriften in den letzten zehn Jahren wieder vermehrt, sogar in billig produzierten wissenschaftlichen Reihen. Die Abbildungsqualität hat sich jedoch durchweg stark verschlechtert. Gute Abbildungen sind aufwendig. Wer den Zeichnungen und Bildern nicht äußerste Sorgfalt und notfalls einen nennenswerten finanziellen Aufwand zur professionellen Bearbeitung widmen möchte, sollte lieber auf sie verzichten.

### 13.1.7 Gliederungen und Verzeichnisse

So nützlich ein tief gestaffeltes *Gliederungssystem* zum Ordnen von Gedanken bei der Planung einer Schrift sind, so unangenehm und störend sind dicht gestreute Zwischentitel wie 4.3.2.1 „Zur Problematik des Geschlechterkampfes um die Jahrhundertwende“ 4.3.2.1.1 „Lou Andreas-Salom über die geschlechtliche Vereinigung“, 4.3.2.1.2 „Frieda von Bülows Gegenposition für die Leser“. Eine maximal dreigliedrige Staffelung mit sinnvollen Zwischentiteln und *ohne* Numerierung ist ein lesefreundliches Angebot. Ausnahmen gibt es im Feld strenger naturwissenschaftlicher Arbeiten, wo Ableitungsketten zu gliedern sind. (Hier unterscheiden sich die Ansichten von Verlag und Herausgeber gegenüber dem Autoren ganz offensichtlich, *Martin Rost.*)

Viele *Textverarbeitung*sprogramme bieten die Möglichkeit zur Erstellung von Verzeichnissen an, doch wird diese Möglichkeit viel zu selten genutzt. Die Erstellung eines Namensverzeichnisses ist meist recht einfach: Name als Indexeintrag markieren und später den *Index* erstellen (und auf Dubletten und Flexionsformen hin korrigieren). Diese Arbeit könnte bei jedem längeren Text in einem Korrekturgang nebenbei erledigt werden. Langwieriger ist die Arbeit für ein *Stichwortverzeichnis.* Nur wenige Programme bieten die Möglichkeit, mit einer *Referenzliste* auf den Text loszugehen und die Fundorte der Wörter aus dieser Liste in einem Index zu versammeln. Es muss also jeder einzelne Eintrag markiert werden. Wer das nicht sorgfältig und systematisch machen möchte, sollte lieber davon Abstand nehmen; flüchtig und gedankenlos zusammengestellte *Register* sind ein Ärgernis für ihre neugierigen Benutzer.

### 13.1.8 Formatvorlagen

In den meisten Textverarbeitungsprogrammen gibt es die Option, mit *Druckformatvorlagen, Stilvorlagen* o. ä. zu arbeiten. In manchen Fällen wird sogar zwischen Absatzvorlagen und Zeichenvorlagen getrennt. In einer *Formatvorlage* lassen sich Merkmale wie Schriftart und -größe, Zeilenabstand, Einzug usw. speichern. Wenn alle Absätze über Vorlagen ausgezeichnet wurden, können globale Änderungen schnell vorgenommen werden. Auch die Übertragung von Textdateien auf andere Rechner und die Konvertierung zwischen verschiedenen Systemen wird durch Formatvorlagen erleichtert, da es eine große Anzahl von *Konvertierungsprogramme*n gibt, die diese Auszeichnungen auswerten. Die Herstellung professioneller Satzdateien kann dadurch ebenso vereinfacht werden wie die Erzeugung von *HTML-Dateien* für die Internet-Darstellung. Formatvorlagen zwingen die Textbearbeiter zu einer gewissen Konsequenz und helfen ihnen, die Systematik des Textes zu kontrollieren.

# 13.2 Gut gestaltete Internetseiten

Für Bildschirmseiten gelten prinzipiell die gleichen Grundregeln wie für Druckseiten. Es gibt allerdings eine Reihe von Eigentümlichkeiten, die zusätzlich beachtet werden sollten. Monitore haben meistens Querformat, die auf ihm angezeigten Bildschirmfenster sind dafür rollbar. Der Begriff der Seite gewinnt hier also eine andere Bedeutung als im Druckwesen. Die Länge und Breite einer solchen Seite ist nur durch die Anzeigekapazität der jeweiligen Software und durch den Speicherplatz des verwendeten Rechners begrenzt. Das Bildschirmfenster ist eine Art Lupe, die über dieser Seite bewegt werden kann. Bei der Gestaltung von Dokumenten müssen diese Gegebenheiten berücksichtigt werden, wobei immer die bei Anwendern verbreitete Minimalkonfiguration zugrundegelegt werden sollte, also z. B. ein *Monitor* mit 640 × 480 Bildpunkten und eine Grafikkarte, die 256 Farben darstellen kann.

## 13.2.1 Seitenlayout

Für das Layout von Bildschirmen stellt die Seitenbeschreibungssprache *HTML* weitaus geringere Gestaltungsmöglichkeiten zur Verfügung als ein *DTP*-Programm für die Anfertigung von Drucksachen. Die Gestaltungssprache HTML befindet sich jedoch in einer dynamischen Entwicklung. Der Trend vollzieht sich eindeutig von einer benutzergesteuerten zu einer produzentengesteuerten Gestaltung. Bildschirmfenster, Farben, Schriftart, Schriftgröße usw. werden immer mehr durch HTML-Befehle beeinflußbar. Die Gestaltung von WWW-Seiten, die vor einigen Jahren die Domäne von Informatikstudenten war, geht in die Hände professioneller Layouter in Werbeagenturen über. Hinzu kommt die stärkere Nutzung von *Javascripts* und *Java-Applets*. Neben den Layouter tritt also der Programmierer.

Amateure, die ihre eigenen Dokumente für das WWW aufbereiten wollen, sollten sich von diesen Entwicklungen nicht abschrecken lassen. Ein gutes und übersichtliches Layout lässt sich auch mit einfachen Mitteln herstellen (Abbildung 13-5).

Bildschirmseiten, die im World Wide Web (WWW) angezeigt werden, kosten den Benutzer Geld und Zeit. Das *Bildschirmdesign* sollte diese beiden Faktoren grundsätzlich berücksichtigen. Das bedeutet:

- Die Benutzer erwarten auf den Seiten einen nützlichen Inhalt. Inhaltsleere Seiten, die z. B. nur die Auswahlmöglichkeiten verzweigen, sind zu vermeiden.
- Die Seiten sollten überschaubar sein. Besonders die Titelseite muss am Format eines Bildschirmfensters ausgerichtet sein. Navigationselemente gehören nicht an den unteren Rand von rollbaren Seiten, sondern sollten gleich beim Seitenaufruf sichtbar sein.
- Der Aufruf längerer Texte und größerer Bilder sollte den Benutzern angekündigt werden (z. B. durch Angabe der Dateigröße in KB).

– Die *Zeilenlänge* sollte lesefreundlich sein (eine über die ganze Bildschirmbreite laufende Zeile ist viel zu lang). Mit dem <TABLE>-Befehl lässt sich jedoch beispielsweise für das gesamte Dokument die maximal darstellbare Textbreite vorgeben:

```
<TABLE WIDTH=400 ALIGN=LEFT VALIGN=TOP CELLSPACING=0 CELLPADDING=0 NOFLOW>
<TR> <TD>
... Text des Dokuments ...
</TD> </TR> </TABLE>
```

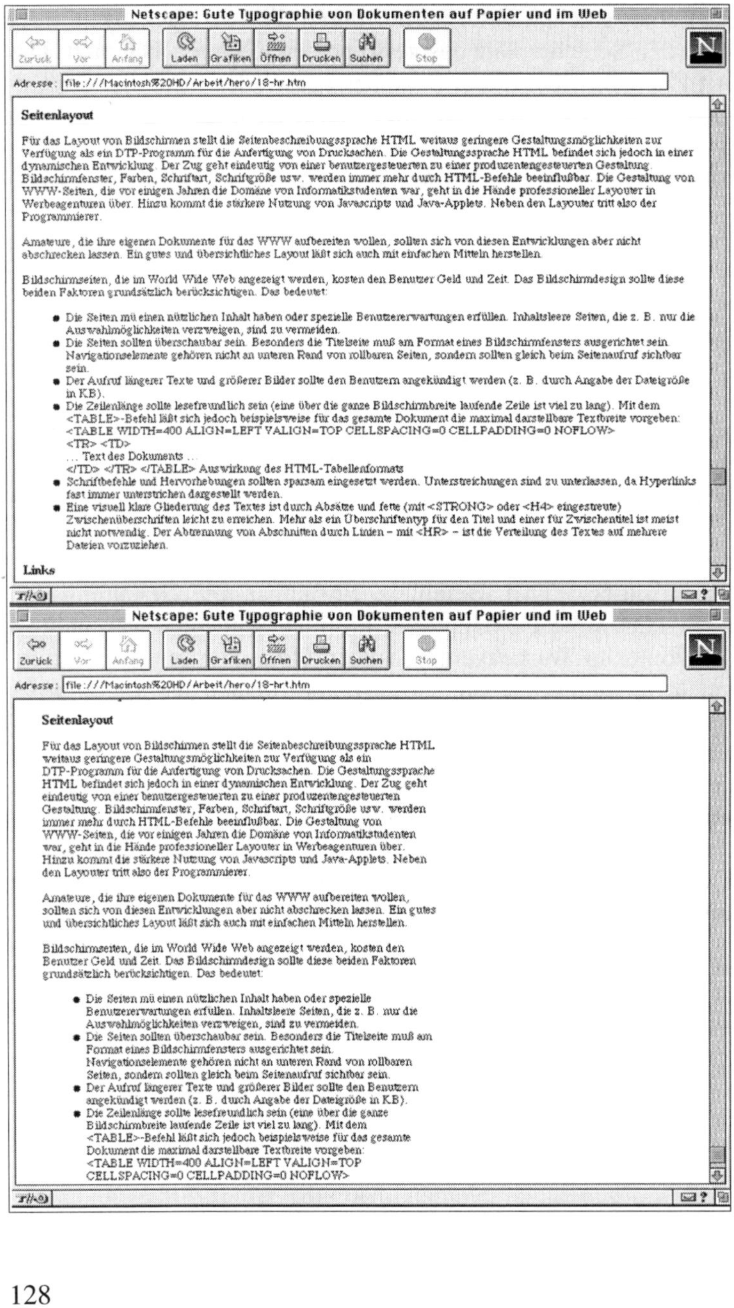


***Abbildung 13-5:***
*Einsatz des HTML-Tabellenformats zur Kontrolle der Zeilenlänge*

- Schriftbefehle und *Hervorhebungen* sollten sparsam eingesetzt werden. Unterstreichungen sind zu unterlassen, da Hyperlinks fast immer unterstrichen dargestellt werden.
- Eine visuell klare Gliederung des Textes ist durch Absätze und fette (mit <STRONG> oder <H4> eingestreute) Zwischenüberschriften leicht zu erreichen. Mehr als ein Überschriftentyp für den Titel und einer für Zwischentitel ist meist nicht notwendig. Der Abtrennung von Abschnitten durch Linien – mit <HR> – ist die Verteilung des Textes auf mehrere Dateien vorzuziehen.

## 13.2.2 Links

*Hypertext*-Links sind ein konstitutives Element des WWW. Leider werden Links noch in vielen Fällen nicht sonderlich sinnvoll eingesetzt.

- Der Text sollte so geschrieben werden, als enthielte er überhaupt keine Links.

  Die Herzog-August-Bibliothek in Wolfenbüttel zeigt diese Handschriften in einer Ausstellung, die im Oktober eröffnet wird.

  ist viel besser als:

  Klicken Sie hier, um mehr über die Wolfenbütteler Ausstellung zu erfahren ...
- Der für den Link verwendete Text sollte möglichst kurz und in Bezug auf den Inhalt der Referenz selbsterklärend sein.
- *Links* auf externe Web-Dokumente sind heikel: Der Benutzer wird aus einer zusammenhängenden Darstellung heraus auf eine Abenteuerreise geschickt, von der er möglicherweise nicht mehr zurückkehrt. Es sollte also gründlich überlegt werden, an welchen Stellen des eigenen Angebots solche externen Links sinnvoll sind. Manchmal entspricht eine der *Hypertext*-Idee im Grunde zuwiderlaufende Rubrik mit Zusatzinformationen und Links eher den eigenen Wirkungsinteressen. In jedem Falle müssen externe Links häufig auf ihre Gültigkeit überprüft werden (die Betreiber anderer Websites schämen sich nicht, ihre Angebote unangekündigt zu verlagern).

## 13.2.3 Farben und Bilder

Schwarze Schrift auf weißem Grund ist nach allen Erfahrungen und ergonomischen Untersuchungen der letzten eineinhalb Jahrzehnte der immer noch beste Kompromiss für die Bildschirmdarstellung von Texten. Ergonomisch bessere Farbkombinationen scheitern im WWW schon an der zur Verfügung stehenden *Farbpalette*. Für längere Texte sollte daher diese Kombination gewählt werden.

Andere *Farbkombinationen* und der Einbau von Bildschirmhintergründen sind auf Einstiegsseiten (Titelblättern) denkbar. Der Kontrast zwischen einem Hintergrundbild und der Schriftdarstellung im Vordergrund sollte auf mehr als einem System überprüft werden.

Der Einsatz von Bildern sollte sich bei den derzeit vorhandenen Bandbreiten im Internet und den daraus resultierenden Ladezeiten an strengen Richtlinien orientieren:

- Mit Bildern, die nicht den Informationsgehalt des Textes erhöhen, sollten die geplagten Anwender nicht belästigt werden.
- Logos und Navigationsgrafiken (gegen die aus ästhetischer und funktionaler Sicht durchaus nichts einzuwenden ist) können oft um viele (Kilo-)Bytes reduziert werden.
- Die auf einer Bildschirmseite aufgerufenen Text- und Bildelemente sollten in der Regel die Summe von 30 bis 40 KB nicht überschreiten. Große Bilder können durch eine verkleinerte Fassung angekündigt und verlinkt werden.

## Literatur

Giesecke, Michael, 1991: Der Buchdruck in der frühen Neuzeit. Eine historische Fallstudie über die Durchsetzung neuer Informations- und Kommunikationstechnologien, Frankfurt: Suhrkamp

Lynch, Patrick J., 1996: Yale C/AIM WWW Style Manual, `http://info.med.yale.edu/caim/StyleManual_Top.HTML`

Tschichold, Jan, 1962: Willkürfreie Maßverhältnisse der Buchseite und des Satzspiegels; in: Schriften 1925-1974, 1992, Berlin: Brinkmann Bose

# Aufbereitung von Daten für Präsentationen

14

Jörg Kybelka

Eine *Präsentation* ist die zielgerichtete und addressatenorientierte Vermittlung von Informationen unter Einsatz wirkungsfördernder Mittel. Sie bedient sich verschiedener Medien als Informationsträger (Dia, Folie, Computerbildschirm) und Präsentationsgeräte (Projektoren) und benutzt vor allem das Mittel der Visualisierung zur Erhöhung ihrer Wirksamkeit.

Im folgenden werden die Präsentationsmittel , -medien und -geräte im einzelnen vorgestellt, Tips für ihre Verwendung gegeben und Kriterien der Auswahl definiert.

## 14.1 Visualisierung

Der Einsatz von *Visualisierungen* ergibt sich aus den Zielen einer Präsentation: Jede Präsentation will erfolgreich informieren und/oder überzeugen; Informationen sollen also behalten, Entscheidungen vorbereitet werden.

Damit Informationen haften bleiben, ist es erwiesenermaßen hilfreich, ihre Vermittlung durch ein Bild, eine Grafik oder ein Diagramm visuell zu unterstützen. Die Behaltensquote von audio-visuell vermittelten Informationen liegt mit 50% deutlich höher als die von gehörten (20%) oder gar nur gelesenen (Hartmann 1995: 110; Seifert 1995: 13).

Visualisieren heißt, etwas bildhaft darstellen. Dies können Sachaussagen, Gefühle oder Prozesse sein (Seifert 1995: 14). Visualisiert werden kann mit

- Texten,
- Charts und Diagrammen,
- Bildern und Symbolen.

Für alle diese Visualisierungsformen gilt, dass sie nicht typografisch wie Printmedien, sondern *plakativ* zu gestalten sind:

- wenige Elemente,
- keine Details,
- kräftige Farben,
- starke Kontraste.

Für *Texte*, die visuell gestaltet werden, bedeutet das:

- große Schrift (für Lesbarkeit bis in die letzte Reihe),
- maximal sechs Zeilen mit sechs Wörtern pro Seite,
- Stichwörter, keine Sätze,
- Hervorhebung durch Schriftstärke oder -größe, nicht durch Unterstreichung, Hinterlegung oder Großschreibung.

Charts und Diagramme kommen immer dann zum Einsatz, wenn es darum geht, nicht Zahlen sondern Beziehungen und Abläufe zu zeigen (Parker 1995: 80).

- *Kuchen-/Tortendiagramme*
  Kuchen- und Tortendiagramme zeigen das Verhältnis eines Teils zum Ganzen, indem die Prozentanteile in Kreissegmentgrößen übersetzt werden. Man sollte durch Zusammenfassung von kleineren Segmenten vermeiden, dass mehr als sechs Segmente angezeigt werden.
- *Liniendiagramme*
  Liniendiagramme dienen der Darstellung einer kontinuierlichen Entwicklung bzw. Trends oder zur vergleichenden Darstellung von Prozessen. Grafiken werden wie Text vom Betrachter von links nach rechts gelesen, der Zeitstrahl (in der Regel auf der x-Achse) sollte deshalb auch so verlaufen. Nicht mehr als drei bis vier Linien pro Diagramm sollten verwendet werden.
- *Säulen- und Balkendiagramme*
  Für die Darstellung mehrerer Größen, sind Säulen- und Balkendiagramme besonders geeignet. Der Abstand zwischen den Balken sollte maximal der Balkenbreite entsprechen.

Bei allen Diagrammtypen ist zu beachten:

- Kein Diagramm ohne Titel,
- Beschriftungen anbringen bzw. Legende verwenden,
- Zahlen runden.

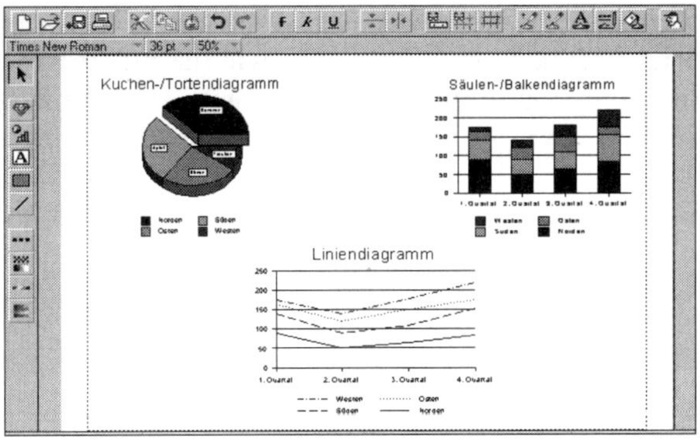


***Abbildung 14-1:***
*Diagrammtypen*

*Bilder* und *Symbole* stehen dem heutigen Computer-Anwender vor allem in Form von käuflich zu erwerbenden *Clip-Art-* und *Image-Bibliotheken* zur Verfügung. Diese enthalten zu einer Vielzahl von Themen, nach denen sie in der Regel sortiert sind, eine Fülle von figürlichen Darstellungen, Zeichnungen und digitalisierten Bildern. Bilder stehen für sich. Sie sollten daher besser ohne Rahmen und Titel präsentiert werden, um ihre Wirkung zu verstärken.

Oberstes Kriterium bei der Auswahl oder Gestaltung einer Visualisierung ist ihre leichte Wahrnehmbarkeit und spontane Verständlichkeit. „Diese Grundregel läßt keine Ausnahme zu“ (Scheler 1995: 101). So kann ein hochkomplexes elektronisches Schaltbild nicht mittels einer Kopie auf Overheadfolie präsentiert werden, sondern muss entweder zu diesem Zwecke stark vereinfacht oder als Kopie an die Teilnehmer verteilt werden.

# 14.2 Präsentationsmedien

Visualisierungen werden über Medien zur Wirkung gebracht (Hartmann 1995: 108). Zu unterscheiden ist zwischen den eigentlichen Informationsträgern

- Plakat,
- Dia,
- Folie,
- Computer-Bildschirm.

und den zu ihrer Präsentation eingesetzten Geräten

- Flipchart,
- Dia-Projektor,
- Overhead-Projektor,
- LCD-Display,
- Beamer.

Für die Gestaltung von *Präsentationsmedien*, die „Träger" der Visualisierungen (Hartmann 1995: 129), gelten zunächst einmal die gleichen Regeln guten Layouts, wie für andere Medien auch (siehe auch Kapitel 13 von Hermann Rotermund „Gute Typografie auf Papier und im Web"). Konsistenz, Zurückhaltung und Kontrast steigern die Wirkung auch einer visuellen Aussage (Parker 1995: 272).

*Konsistenz*
Verwenden Sie für die gesamte Präsentation ein einheitliches Layout. Verwirren Sie den Betrachter nicht durch wechselnde Positionierung von Firmenlogos, Seitenzahlen und Überschriften, sondern bieten Sie ein konsistentes Erscheinungsbild bzgl. Schriften, Farben, Rahmung und Formatierung.

*Zurückhaltung*
Bei der Gestaltung von Präsentationsmedien gilt das Gesetz des *Weniger ist mehr!*. Es heißt, die Information in der besten und einfachsten Form zu vermitteln.

*Kontraste*
Kontraste bestimmen die Gestaltung bei der Farbwahl, beim Verhältnis von Titel und Text und bei der Schriftgestaltung.

Wendet man den oben entwickelten *Grundsatz plakativer Gestaltung* auf die am häufigsten verwendeten Präsentationsmedien Dias, Folien und Computerbildschirme an, so bedeutet das, dass

- pro Seite nur ein Thema, eine Idee dargestellt wird,
- wahrscheinlich eine serifenlose Schrift wegen der besseren Lesbarkeit zum Einsatz kommt,
- die Darstellung im Querformat erfolgt, um wenige große Zeilen zu erhalten,
- die Schriftgröße mindestens 24 Punkt beträgt (vgl. Parker 1995: 273 und Scheler 1995: 102; Parker 1995: 274; Parker 1995: 277; Scheler 1995: 121).

Während man bei der Frage, ob Dia, Folie, Poster oder Computerschirm zum Einsatz kommen soll, freie Hand hat – eine visuelle Aussage lässt sich schließlich mit jedem Medium nahezu gleichwertig präsentieren – ist bei der Auswahl des*Präsentationsgerätes* größte Vorsicht geboten. Jede Visualisierung, durch noch so gefällige Gestaltung in den Vordergrund der Aufmerksamkeit gerückt, verliert sofort ihre Wirkung, sobald eine flackernde Projektion, eine blendende Leinwand oder eine viel zu kontrastarme Darstellung die Wahrnehmung ablenkt. Die Chancen für solche Pannen sind mit zunehmender Technikverfügbarkeit gestiegen. Die Tücken liegen wie immer in diesem Bereich im Detail.

- *Diaprojektoren* setzen die Möglichkeit ausreichender Verdunkelung voraus. Zudem unterscheiden sie sich in ihrer Leuchtkraft.
- *Overhead-Projektoren* gibt es in den unterschiedlichsten Qualitätsstufen. Sollen sie in Kombination mit einem LCD-Display für die Präsentation von Computer-Bildschirmen verwendet werden, bedürfen sie einer erheblich lichtstärkeren Lampe (min. 400 W). Auch eignen sich für solche Zwecke nur Durchlicht- und keine Auflicht-Projektoren, wie sie als tragbare Geräte von vielen Dozenten, Referenten und Präsentatoren benutzt

werden. Auflicht-Projektoren haben neben ihrer in der Regel geringeren Lichtstärke außerdem den Nachteil, dass sie den Dozenten, der auf die Folie blicken muss, stark blenden.

- *LCD-Displays* zur Projektion von Computerbildschirmen in Zusammenarbeit mit einem Overhead-Projektor enttäuschen durch einen minimalen Kontrast, in der Regel grobkörnige Darstellung und Fixierung auf einen einzigen Auflösungsmaßstab. Sie werden wie Beamer am VGA-Kanal des Computers angeschlossen, zu dessen Grafik-Karte sie passen müssen.
- *Beamer*, die neueste Kreation auf dem Präsentationstechnik-Markt, übersetzen das VGA-Signal des Computers in eine leuchtstarke, farbige Video-Projektion. Diese bislang überzeugendste Technik hat neben dem Preis (ab sechs bis sieben TDM) vor allem den Nachteil, dass auch sie nur eine bestimmte Auflösung (meist 640 × 480) unterstützt. Die neuesten Modelle auf dem Markt sind hier allerdings schon um einiges flexibler (und teurer).
- Alle Projektionsgeräte gewinnen erheblich an Abbildungsqualität, wenn sie in Kombination mit einem stark reflektierenden, konkaven Projektionsschirm (zur Kompensation der Parallaxe bei nicht horizontaler Projektion) betrieben werden.

Wenn man die Wahl hat, wird man sich als Präsentator für das Gerät mit der besten Abbildungsqualität entscheiden. In der Praxis ist aber oft die Verfügbarkeit das entscheidende Kriterium. Die Unabhängigkeit, die man sich mit Folien und einem selbst mitgebrachten transportablen Overhead-Projektor sichert, ist allerdings durch nichts zu ersetzen.

Eine Präsentation ist eine Veranstaltung. Das Verhalten des Präsentators entscheidet über ihren Erfolg.

Für die Arbeit mit *Folien*, den immer noch verbreitesten Präsentationsmedien, bedeutet dies:

- Die visuelle Aussage nicht verdecken. Das heißt: Zeigen auf der Folie, nicht an der Wand!
- Aktion und Präsentation trennen. Beim Folienwechsel o. ä. nicht weiterreden!
- Die Projektion bedenken. Ruhig und langsam zeigen auf der Folie. Jedes Zittern wird vergrößert! Nicht mit dem Finger zeigen! Zeigegerät auf der Folie liegen lassen!
- Publikum nicht entmündigen! Statt mit Abdecktechnik (ein Teil der Darstellung wird zunächst verdeckt und dann nach und nach freigelegt) mit Aufbauelementen arbeiten: Schritt für Schritt mehr Information hinzufügen (Parker 1995: 278).

# 14.3 Präsentationsprogramme

Der Computer ist heute in Verbindung mit geeigneter Software bevorzugtes Werkzeug zur Erstellung von Präsentationen.

Da Visualisierungen das Herzstück jeder Präsentation ausmachen, wurden zunächst *Grafikprogramme* für die Erstellung von ansprechenden Tabellen, Diagrammen und bildlichen Darstellungen benutzt, diese dann auf Folie ausgedruckt oder kopiert und in Präsentationen verwendet.

Reine Grafikprogramme wie Harvard Graphics sind heutzutage nahezu vom Markt verschwunden, da sie klassischerweise den Nachteil haben, dass die Daten, die mit ihnen visualisiert werden sollen, in ihnen noch einmal erfasst werden müssen. Heutzutage bieten aber viele Programme, die die Daten entweder enthalten (Tabellenkalkulationen) oder auf sie Zugriff haben (Query Tools) eingebaute sogenannte *Grafik-Engines*, die alle Möglichkeiten der Visualisierung von Daten zur Verfügung stellen.

Mit dem Boom von DTP-Programmen in der Hand des Endanwenders sind die Möglichkeiten grafischer Gestaltung auf breiter Basis verfügbar geworden. DTP-Programme wie Pagemaker, Framemaker oder QuarkXPress konzentrieren sich allerdings klassischerweise auf die Gestaltung von (Doppel-)Seiten für (Buch-)Publikationen.

*Präsentationsprogramme* bieten nun alles aus einer Hand:

- Grafikmodule, zur Erzeugung von Diagrammen aus Tabellen,
- Standardformate für Dia-, Folien- und Monitorpräsentationen,
- Dokumentvorlagen für Präsentationsunterlagen (Redner- und Zuhörernotizen),
- Clipart-Bibliotheken,
- Musterlayouts.

Sie sind mit den Standard-Schnittstellen zu anderen Programmen ausgestattet und erlauben die Einbindung von Dokumenten aus den anderen Programmen, mit denen sie zusammen in sogenannten Produkt-Suiten ausgeliefert werden.

Durch die Verwendung von Computerprogrammen zur Erstellung von Präsentationen bleibt der Benutzer bei der Wahl des Präsentationsgerätes flexibel: Kann er das angefertigte Dokument doch auf Folie drucken, auf Posterformat vergrößern, als Teilnehmerunterlage verteilen oder mit entsprechender Technik direkt vom Monitor aus präsentieren.

Besondere Erwähnung verdienen die heutzutage üblicherweise mitgelieferten Tutorenprogramme, die mal „AutoInhalt-Assistenten“ (Microsoft PowerPoint, vgl. Abbildung 14-2), mal „Präsentationsexperten“ (Corel Presentations) heißen.

Sie fragen bei der Neuanlage einer Präsentation sukzessive bestimmte Auswahloptionen ab, die dann am Schluss automatisch zu einem Gesamt-Layout zusammengefügt werden.

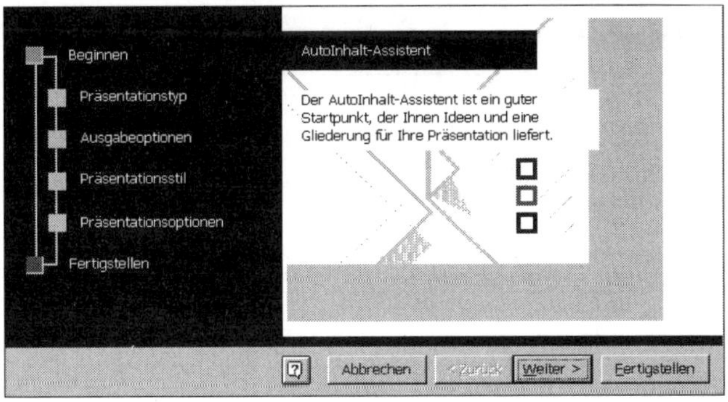


***Abbildung 14-2:***
*Der AutoInhalt-Assistent von Microsoft PowerPoint 97*

Beachtenswert ist, dass solche Tutorenprogramme auch inhaltliche Vorschläge generieren können, wenn sie mit den entsprechenden Informationen über Präsentationsanlass und Zielgruppe versorgt werden (vgl. Abbildung 14-3).

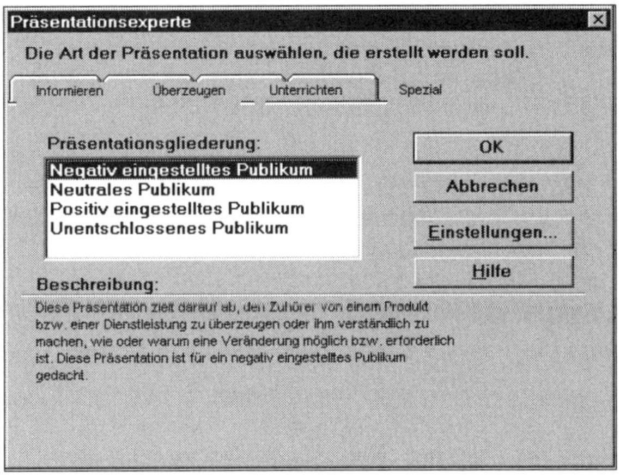


***Abbildung 14-3:***
*Der Präsentationsexperte von Corel Presentations 3.0 fragt nach den Zielen der Präsentation.*

Will man Informieren, Überzeugen oder Unterrichten? Wem soll präsentiert werden: Einem negativ, neutral oder positiv eingestellten Publikum?

Sind diese Fragen beantwortet, liefert das Programm eine Art Grobgliederung, die Hinweise zum Aufbau der Argumentation, um nicht zu sagen, zur Dramaturgie der Veranstaltung gibt. Was hier dem überraschten PC-Anwender vermittelt wird, sind Erkenntnisse der Rhetorik!

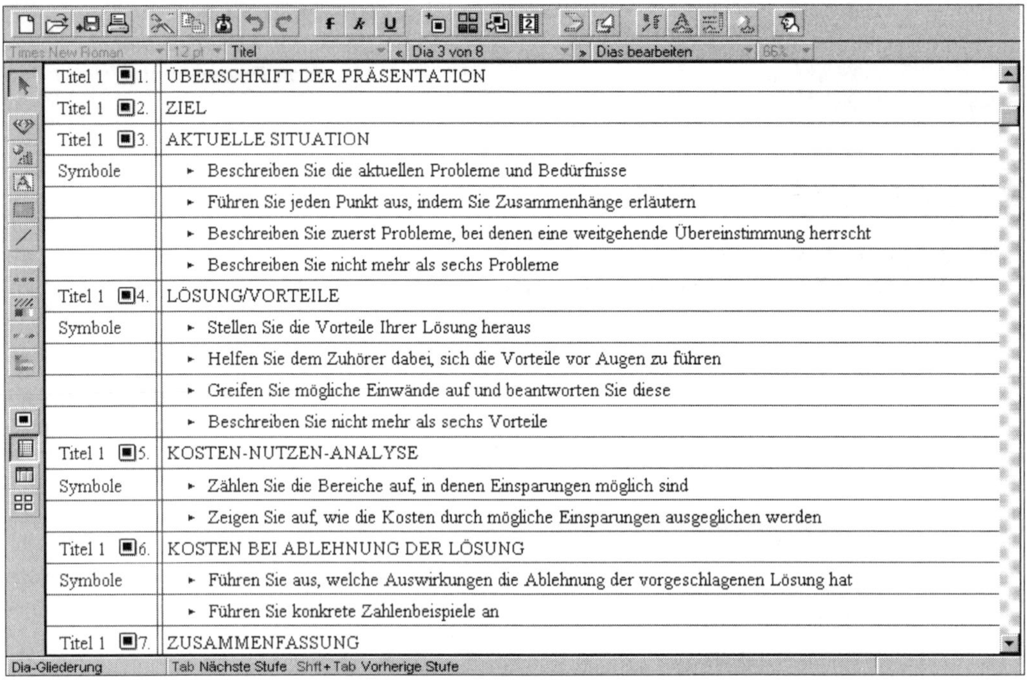


***Abbildung 14-4:*** *Der Präsentationsexperte von Corel Presentations 3.0 als Rhetorik-Lehrer*

# Literatur


Hartmann, Martin/ Funk, Rüdiger/ Nietmann, Horst, 1995: Präsentieren: Präsentationen: zielgerichtet und adressatenorientiert, 3. Auflage, Weinheim und Basel: Beltz

Parker, Roger C., 1995: Looking Good in Print: Grundlagen der Gestaltung für Desktop Publishing, St. Gallen: Midas-Verlag

Scheler, Uwe, 1995: Informationen präsentieren: Der Vortrag, die Medien, die Gestaltung, 1. Auflage, Offenbach: GABAL

Seifert, Josef W., 1995: Visualisieren – Präsentieren – Moderieren, 7. Auflage, Bremen: GABAL

15

# Elektronisches Publizieren

Ehrhardt Petter

Die Aufbruchstimmung der letzten Jahre im Bereich Multimedia und die rasante Entwicklung des World Wide Web haben dafür gesorgt, dass nicht nur in den technischen Bereichen immer mehr Informationen papierlos veröffentlicht werden.

Es stellt sich natürlich die Frage: Für wen lohnt das? oder spezieller: Lohnt sich der Aufwand für mich? Diese Frage lässt sich leider nicht generell beantworten.

In diesem Kapitel werde ich versuchen, einen Überblick über die verschiedenen Formen des *elektronischen Publizierens*, ihre Vorteile und Probleme und die dafür benötigte Software zu geben.

Die folgenden Abschnitte bauen aufeinander auf und sollten entsprechend fortlaufend gelesen werden.

## 15.1 Die Zielgruppe

Ungeachtet, wie weit man sich in die Möglichkeiten des elektronischen Publizierens einlassen will, steht am Anfang die Frage: Wen möchte man damit erreichen?

Wer seine Erkenntnisse quasi jedem verfügbar machen möchte, sollte sich von vornherein für das *Internet* als Medium entscheiden. Speziell die Technik des *World Wide Web* (WWW) bietet in den meisten Fällen genug Möglichkeiten, auch anspruchsvollere Projekte zu gestalten. Aber auch wenn man sich für eine eigenständige Anwendung entscheidet, leistet das Internet sowohl als „Werbeträger" als auch als Transportmedium gute Dienste.

Mit einer Entscheidung für das WWW legt man sich generell in der Technik fest. Nun gibt es zum Thema „Publizieren auf dem Internet" so viel Literatur, dass ich diesen Bereich hier etwas weiter in den Hintergrund stellen möchte. Denn es gibt auch durchaus gute Gründe, ein „Einzelstück" zu produzieren. Zum einen hat nicht jeder Zugang zum Internet, zum anderen hat das WWW eine Reihe von Beschränkungen wie mangelhafte Bandbreiten, die es ungeeignet erscheinen lassen. Auch Copyright-Probleme oder der

Wunsch zugrunde liegende Daten nicht zu leicht jedem zugänglich zu machen, spielen häufig eine Rolle.

## 15.2 Pferdefuß Datenformate

Im Druckbereich erschweren bestenfalls Sprachbarrieren und mangelndes Grundwissen das Verstehen eines Textes. Beim Computer kommen auch noch die Probleme des Datenaustausches dazu. Während ein Stück bedrucktes Papier ein Stück bedrucktes Papier bleibt und weltweit verstanden wird, ist es im Computerbereich bis heute nicht gelungen, ein *Datenformat* zu schaffen, das auf jedem System gelesen werden kann. Zwar gibt es bereits eine Reihe von Defacto-Standards, die ich weiter unten vorstellen werde. Dennoch sollte man sehr genau beachten, was als System beim Endanwender zu erwarten ist.

Während im privaten Bereich DOS/Windows-PCs und Macintosh-Rechner den Löwenanteil ausmachen, muss man in der Forschung auch mit Unix-Systemen und alten Zentralrechnern zurechtkommen. Für den PC-/Macintosh-Bereich gibt es eine ganze Reihe von Lösungen für dieses Problem. Kommt Unix hinzu, wird es schwer, etwas passendes zu finden. Die Einbeziehung von Zentralrechnern ist erfahrungsgemäß fast unmöglich.

Eine weitere wichtige Frage ist der Datentransport. Nicht jedes System liest jedes Diskettenformat. Zwar lässt sich hier einiges durch den Versand per Netzwerk erleichtern. Aber nicht jeder ist, wie bereits festgestellt, elektronisch erreichbar.

Außerdem erreichen umfangreichere Anwendungen problemlos 100 und mehr MB Umfang. Das sprengt dann die Möglichkeiten von Disketten und E-Mail. Dort hat sich in den letzten Jahren die *CD-ROM* ihren Platz erobert. Auch hier gilt, dass man sicherstellen muss, dass das verwendete Format am Zielort gelesen werden kann. Ganz davon abgesehen muss ein CD-Laufwerk vor Ort sein, was bei Zentralrechnern eventuell nicht gegeben ist. Entsprechendes gilt für die meisten *Wechselplatten-* und *Bandsysteme*.

Im allgemeinen findet sich für die genannten Probleme eine mehr als akzeptable Lösung. Mittlerweile kann man davon ausgehen, dass in den meisten Fällen ein Windows-PC zur Verfügung steht. Das löst schon das Problem des Transportmediums.

Wer sicherstellen will, dass die Daten auch tatsächlich so gelesen werden, wie sie sollen, sollte sein Augenmerk auf Systeme werfen, die entweder ein eigenes vollständiges Programm generieren oder einen Betrachter zur freien Weitergabe mitliefern.

Wichtig ist nur, dass man sich vorher die nötigen Gedanken macht. Ansonsten wird der Arbeitsaufwand wahrscheinlich verdoppelt.

## 15.3 Diskette statt Papier

Die einfachste Form des Publizierens ist die Weitergabe des Textes als Textdatei. Da viele, wenn nicht sogar die meisten, Schriftstücke heute am Computer erstellt werden, wird dabei lediglich der Ausdruck auf Papier umgangen.

Das Hauptproblem hierbei ist das Datenformat. Die einfachste und verbreitetste Variante ist die Weitergabe als *ASCII*-Text. Diese Texte lassen sich fast auf jedem System lesen. Für den normalen Einsatz bietet dieses Format allerdings zu wenig. Es fehlt die Möglichkeit Bilder einzubinden; Umlaute und ähnliche internationale Zeichen sind nicht einheitlich definiert und die Formatierungsmöglichkeiten sind mangelhaft. Als Ergebnis erhält man einen Text ähnlich dem folgenden Auszug aus dem Projekt Gutenberg, dessen Mitarbeiter sich der Aufgabe verschrieben haben, bis zum Jahre 2001 den Text von einigen zehntausend Büchern in digitale Form zu bringen und kostenlos an einen sich ständig verbreiternden Stamm von Lesern zu verteilen (vgl. White Sands 1995):

```
Radiation at Trinity Site
In deciding whether to visit ground zero at Trinity Site, the
following information may prove helpful to you.
Radiation levels in the fenced, ground zero area are low.  On an
average the levels are only 10 times greater than the region's natural
background radiation.  A one-hour visit to the inner fenced area will
result in a whole body exposure of one-half to one milliroentgen.
```

Trotz aller Nachteile zeigt gerade das Projekt Gutenberg, dass ASCII ausreichen kann. Wem es nur um die Weitergabe der schriftlichen Informationen geht, wird bestens bedient. Werden gut formatierte Texte, Tabellen oder Bilder benötigt, so muss man auf komplexere Datenformate zurückgreifen. Man wählt unter den vielen Textformaten eines aus, das alle nötigen Anforderungen an die Gestaltungsmöglichkeiten erfüllt.

Prinzipiell sind die meisten hauseigenen Formate der Textverarbeitungsprogramme dazu geeignet. Hier gilt aber wieder die Einschränkung, dass diese Formate nicht überall lesbar sind. Einzelne Hersteller wie Microsoft liefern zwar mittlerweile Betrachter für ihre Daten. Diese sind aber nur für wenige Betriebssysteme verfügbar.

Stattdessen empfehle ich, Austauschformate mit Klartextanweisungen zu benutzen. Selbst wenn es auf dem Zielgerät keinen passenden Betrachter gibt, lässt sich der Text immer noch als ASCII-Text lesen. Die am häufigsten anzutreffenden Formate sind:

*HTML*: Als Ausgangssprache für das Internet gibt es auf fast jeder Plattform Betrachter (Browser) dafür. Grafiken werden als externe Datei angebunden. Man sollte hier beachten, dass es keine absoluten Formatanweisungen gibt, die über alle Browser hinweg in der gleichen Weise dargestellt werden. Man kann deshalb nie ganz sicher sein, wie die einzelnen Fonts im Browser des Endbenutzers aussehen.

*TeX*: Mehr ein System für den Textsatz als ein Textformat. Die Einbindungen von Grafiken ist nicht ganz einheitlich gelöst. Gibt man den Ursprungstext weiter, muss man dafür sorgen, dass auch alle Erweiterungsmodule mitgeliefert werden. Wer sich das er-

sparen will, produziert die DVI-Datei vor und gibt nur sie weiter. Betrachter dafür gibt es häufig auch auf Großrechnern.
*Rich Text Format* (RTF): Wurde von Microsoft ins Leben gerufen, um den Datenaustausch zwischen verschiedenen Textverarbeitungsprogrammen zu vereinfachen. Verstanden wird es von den meisten Windows- und vielen Macintosh-Programmen. Grafiken können eingebunden werden.

Wen das nicht befriedigt oder wer seine Daten besser vor Fremdmanipulation geschützt wissen will, der sollte auf eine andere Variante zurückgreifen. Dabei wird eine Datei produziert, die später zwar mit einem speziellen Betrachter angeschaut werden kann, die Daten können aber nicht mehr vom Endbenutzer verändert werden.

- *DVI* ist wie schon erwähnt ein Zwischenprodukt des Programmpaketes TeX. Um eine DVI-Datei ansehen zu können, benötigt man neben einem Betrachter auch die dazugehörigen Fonts. Man sollte bei der Erstellung von Texten möglichst nur die TeX-Standardfonts verwenden.
- *PostScript* dient eigentlich der Druckeransteuerung. Leitet man die Druckerausgabe eines Postscriptdruckers allerdings in eine Datei um, kann diese später mit einem Betrachter auf dem Bildschirm angesehen werden. Im Unterschied zu DVI kann die eigentliche Information praktisch mit jedem Programm erstellt werden. Der bekannteste Betrachter dürfte das Sharewarepaket *Ghostscript* sein, das für fast alle PC-Betriebssysteme verfügbar ist. Auch hier ist auf die Auswahl der Fonts zu achten.
- *Adobe Acrobat*: Das System des Acrobat Destillers und Readers der Firma Adobe hat sich auf dem PC als Standard etabliert. Mithilfe des Destillers werden Dokumente als Seitenlayout abgelegt, die dann später mit einem Reader betrachtet werden können. Wie bei der Verwendung von Prostscript wird der Acrobat Destiller als Drucker installiert. Das Acrobat-Paket lässt aber noch recht einfach nachträgliche Änderungen im Aufbau des Gesamtdokuments zu.
- *Common Ground*: Dieses Konkurrenzprodukt zu Adobe Acrobat ist in Deutschland recht unbekannt. Trotzdem lohnt sich ein Blick darauf. Es arbeitet wie Acrobat, legt aber mehr Wert auf eine gut lesbare Ausgabe. Außerdem erlaubt es, den Text in den Betrachter zu integrieren, so dass ein eigenständiges Programm entsteht.
- *WordPerfect Envoy* soll nicht unerwähnt bleiben. Es arbeitet vom Prinzip her wie Adobe Acrobat und Common Ground, legt aber noch mehr Wert auf die exakte Wiedergabe von Schriftbild und Satzspiegel.

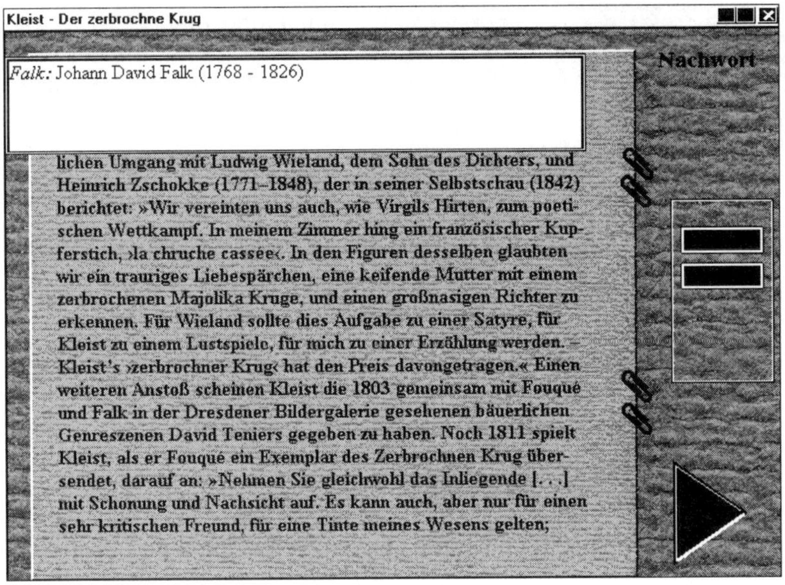


***Abbildung 15-1:*** *Seite im Acrobat Reader (aus: CD-ROM – Electronic Publishing unleashed 1995)*

# 15.4 Hypertext ist mehr

Bis hierher haben wir nur von der 1:1-Umsetzung gedruckter Vorlagen geredet. Richtig spannend wird es aber, wenn die zusätzlichen Möglichkeiten des Computers mit ins Spiel kommen. Das eine Stichwort dazu ist: *interaktiv* (auf das andere komme ich später).

Mithilfe von *Hypertext-* bzw. (etwas genereller) *Hypermedia*-Elementen ist es möglich, inhaltliche Verbindungen (*Links*) zu schaffen, die in einem Buch nicht möglich sind. Diese Links erlauben es, nicht nur Referenzen anzugeben sondern durch einen einfachen Mausklick auch gleich dorthin zu gelangen.

Wer die Links allerdings nur verwendet, um vom Inhaltsverzeichnis direkt in das dazugehörige Kapitel zu springen, verschenkt viele Möglichkeiten. Eine echte Hypertext-Erstellung erfordert ein anderes Denken bei der Strukturierung als ein klassisches von vorne nach hinten durchgehendes Buch.

Ein „echter" Hypertext hat mehr die Struktur eines Karteikartensystems. Auf jeder „Karte" befindet sich ein Informationsblock. Weitere Informationsblöcke (auf anderen Karten), die mit diesem ersten Inhalt in Verbindung stehen, können über die Links direkt erreicht werden. Das mühsame Eingliedern aller Informationsblöcke in eine Art Abfolge, wie es das gedruckte Buch erfordert, entfällt.

So können nicht nur vertiefende Informationen und Randnotizen stärker an die Verweise gebunden werden (vgl. Abbildung 15-2).

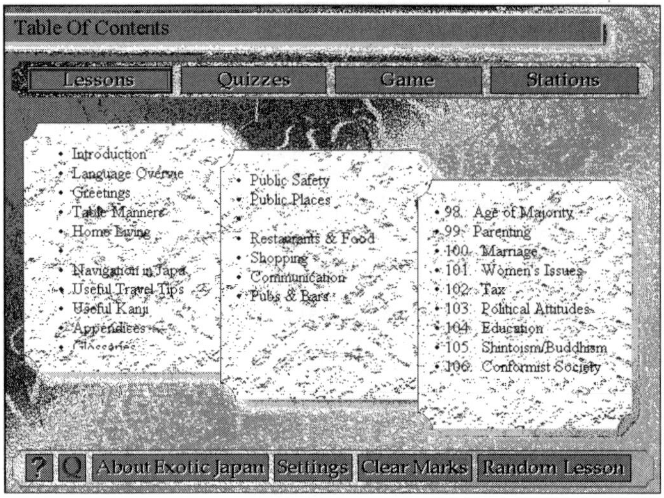


***Abbildung 15-2:***
*Umsetzung eines Buches mit Randnotizen (aus: Kleist 1995)*

Als „Nebeneffekt“ eröffnet sich die Möglichkeit, verschiedene Wege durch den Inhalt anzubieten. So kann wesentlich individueller auf die Bedürfnisse des Endbenutzers eingegangen werden. Man sollte diesen Aspekt nicht unterbewerten. Eine geschickte, dem Informationsbedürfnis angepasste Führung erhöht die Verständlichkeit und damit den Nutzwert des Buches ungemein. Neben der klassischen Reihenverkettung der einzelnen Abschnitte (wie im Buch) sollte zusätzlich mindestens ein hierarchischer Zugang zu den einzelnen Abschnitten möglich sein (vgl. Abbildung 15-3).

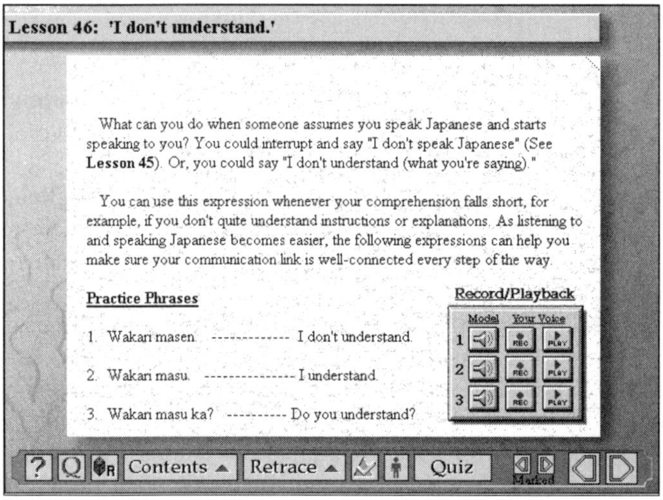


***Abbildung 15-3:***
*Mehrstufiges Inhaltsverzeichnis (aus: Yokokumura 1994)*

Vor der Auswahl der geeigneten Software sollte man sich über zwei wesentliche Fragen der Gestaltung im Klaren sein. Zum einen stellt sich die Frage, ob man die Informationen wie in den bisherigen Abbildungen über ein oder über mehrere Fenster verteilen will (vgl. Abbildung 15-4). Nicht jede Software lässt Mehrfenstertechnik zu.

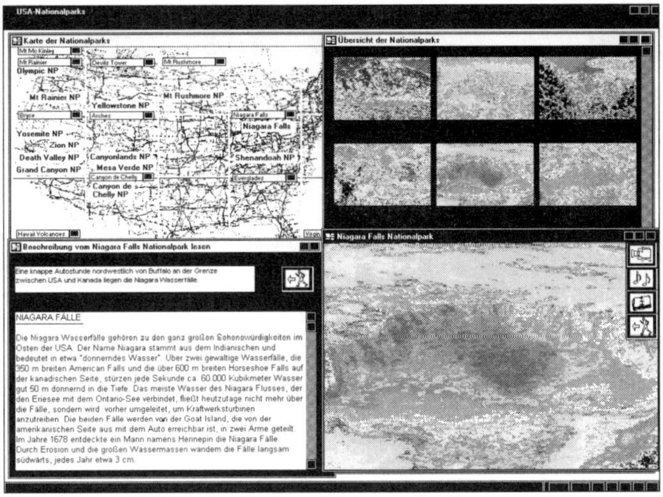


***Abbildung 15-4:***
*Informationen in mehreren Fenstern (aus: Bär/ Bauder 1993)*

Zum anderen muss man entscheiden, ob sich die „Seitenaufteilung" an der Größe des dargestellten Bildes oder an den Inhaltsabschnitten orientieren soll. Im ersten Fall bleibt die Analogie zum Buch erhalten. Viele empfinden dies als angenehm, zumal die Navigation hier mit weniger Elementen auskommt. Auf der anderen Seite zerreisst man dabei natürlich zusammengehörige Inhalte.

Ein Blick auf die Software zeigt, dass es heute nur noch wenige verbreitete Hypertext-Produkte gibt, die nicht zu Multimedia-Entwicklungsumgebungen weiterentwickelt wurden. Auf die werde ich im nächsten Abschnitt eingehen.

Daneben gibt es eine Reihe spezieller Einzellösungen. Es ist lohnend, sich auf dem Markt umzusehen. So kann man seine Ausgaben niedrig halten. Auf zwei Produkte will ich aber besonders aufmerksam machen.

- Das *Windows Hilfe-System* gilt als „armer Leute Publizierprogramm". Tatsächlich tut man ihm damit aber Unrecht. Es bietet alles, was man für ein einfaches Hypertext-System benötigt. Entsprechend ihrer Bedeutung im Windows-Betriebssystem gibt es eine ganze Reihe von Programmen, die die Erstellung von Anwendungen dafür unterstützen. Der Betrachter *WinHelp* ist auf allen Microsoft-Windows-Betriebsystemen, auf OS/2 und auf Macintosh verfügbar.
- *Folio VIEWS* ist ein ausgeprägtes Hypertextsystem, das in der Lage ist, eine ganze Reihe von unterschiedlichen Datenformaten zu importieren. Eine weitere Stärke sind die Suchfunktionen.

Zu diesen Programmen sei noch angemerkt, dass sie auch Grafiken mit einbinden können. Und auch diese Grafiken lassen sich natürlich mit den Hyperlinks versehen.

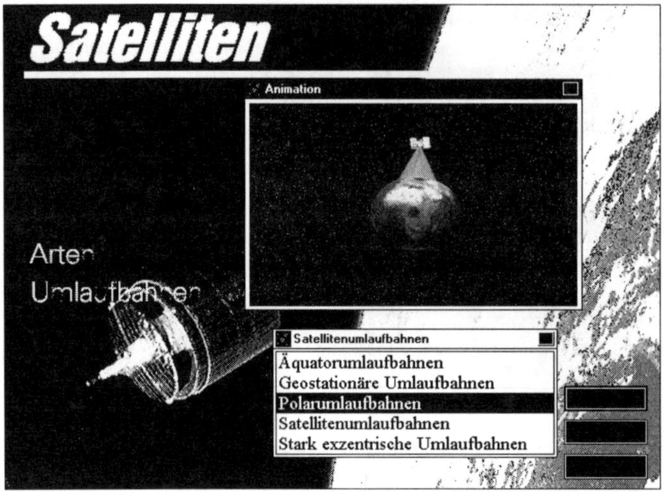


***Abbildung 15-5:***
*Bild mit Hyperlinks, über die Detailinformationen eingeblendet werden (aus: Bertelsmann 1995)*

# 15.5 Bewegte Bilder

Das andere Stichwort beim elektronischen Publizieren ist *Multimedia*. Diese Verbindung unterschiedlichster Medien, vom Text über Bilder, *Ton,Video* bis zur *3-D*-Darstellung, ist interaktiv nur auf dem Computer erreichbar.

Zum einen bietet sich hiermit die Möglichkeit, Datenmaterial wie Töne und Bewegungen an der dazugehörigen Stelle einzubinden. In den letzten Jahren ist eine Fülle von Hard- und Software auf den Markt gekommen, die diese Daten computergerecht erfassen. Man muss nur wieder auf das Datenformat achten.

Im Bereich Video dürfte *MPEG* die weiteste Verbreitung haben. Aber auch *Quicktime* und *AVI* sind weit verbreitet. Im Bereich Audio liegt das *Sun-AU-Format* vor *Wave* und einigen Formaten großer Soundkartenhersteller. Am besten orientiert man sich an den im WWW verwendeten Formaten. Für sie gibt es am ehesten einen passenden Abspieler.

Neben der reinen Wiedergabe von aufgenommenen Tönen und Video spielt die *Animation* eine große Rolle. Viele Vorgänge lassen sich damit wesentlich einfacher vermitteln (vgl. Abbildung 15-6).

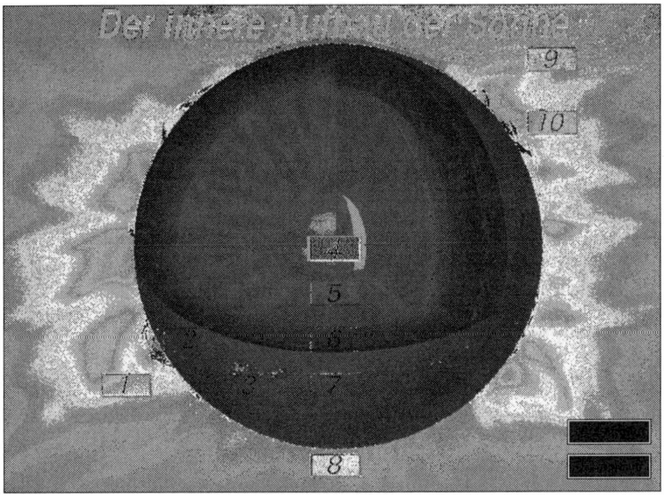


***Abbildung 15-6:***
*Verdeutlichung eines Begriffs per Animation (aus: Bertelsmann 1995)*

Die Erstellung einer Animation ist im allgemeinen natürlich komplizierter als die Übernahme einer Videoaufzeichnung. Zwei Wege stehen zur Verfügung. Zum einen lässt sich die Animation mit einem eigenständigen Programm erstellen und dann als Video einbinden. Besonders bei komplexeren Abläufen mit vielen verschiedenen Bewegungen ist diese Methode meist einfacher. Entsprechende Software findet man in jeder gewünschten Komplexität. Angehende 3-D-Fanatiker können zum Beispiel mit dem Shareware-Programm *Povray* erste Erfahrungen sammeln.

Einfache Animationen lassen sich meist direkt in der verwendeten Multimedia-Umgebung erstellen. Wenn die Animation sich mit anderen Elementen auf dem Bildschirm überschneiden soll, ist diese Methode in jedem Fall vorzuziehen. Entsprechende Beispiele liegen den meisten Programmpaketen bei. Folgende Entwicklungsumgebungen sind de-facto-Standards:

- *Macromind Director* von der Firma Macromedia kommt aus dem Trickfilmbereich. Entsprechend umfangreich sind die Animationsmöglichkeiten. Es ist verfügbar für Windows und Macintosh.
- *mTripolis* ist der große Herausforderer von Macromind Director auf dem Macintosh. Für Windows gibt es einen Abspieler.
- *Authorware* ist der CBT-Spezialist (siehe unten) unter den hier aufgeführten Programmen und verfügbar für Macintosh und Windows.
- *Asymetrix Toolbook* kommt aus dem Hypertext-Bereich. Dementsprechend umfangreich sind die Funktionen für elektronisches Publizieren. Es ist verfügbar für Windows. Für den Macintosh und für einige Unix-Systeme (!) gibt es einen Abspieler.
- *Visual Basic* ist eine Programmierumgebung von Microsoft. Es benutzt als Programmiersprache BASIC. Aufgrund der vielen Erweiterungen und seiner einfach zu bedienenden Oberfläche werden vor allem dann Anwendungen damit erstellt, wenn die Wünsche für die vorher genannten Programme zu kompliziert sind.
- Borlands *Delphi* ist ebenfalls eine Programmierumgebung für alle Arten von Programmen. Als Programmiersprache dient je nach Version Pascal oder C++. Eine Reihe von Multimedia-Elementen erlaubt eine schnelle Entwicklung von MM-Anwendungen unter

Windows. Es hat seine Stärken, wenn Datenbanken eingebunden werden müssen. Delphi kommt im Unterschied zu den anderen Programmen ohne Abspieler aus.

Alle diese Entwicklungspakete sind Programmiersysteme. Zwar wird meist versprochen, dass man mit wenigen Mausklicks die anspruchsvollsten Anwendungen erstellen kann, um aber ihre Funktionen sinnvoll nutzen zu können, benötigt man Programmierkenntnisse. Auf der anderen Seite erhält man damit Werkzeuge, die auch mit Datenbanken, Netzwerken u.ä. arbeiten können.

Für einfachere Ansprüche gibt es eine ganze Reihe kleinerer Programmen, die man sich auf alle Fälle ansehen sollte. Häufig kommt man damit bei niedrigeren Kosten schneller zum Ziel. Beispiel dafür sind *Actor*, *HM-Card* und *Click Create*.

# 15.6 Zwischen Vermittlung und Abfrage

Bisher habe ich nur von der Weitergabe von Erkenntnissen geredet. Von dort ist es zum Vermitteln von Lerninhalten nicht weit. Das „*Computer Based Training*" (*CBT*) ist softwareseitig nur eine Erweiterung der Möglichkeiten von „interactive Multimedia". Die Vermittlung der Lehrinhalte erfolgt wie die Darstellung anderer Inhalte auch.

Hinzu kommen ein paar Funktionen, die eine effektive Kontrolle des gelernten ermöglichen. Zumeist werden die dafür gestellten Fragen als *Multiple-Choice-Aufgaben* gestellt. Bessere Abfrageformen, die z.B. auch geschriebene Sätze interpretieren können, sind in der Entwicklung (vgl. Abbildung 15-7).

Daneben bietet CBT Möglichkeiten wie Zeitlimitierung und automatische Niveauanpassung. Sogar das „Abhören" von Aussprachen ist in einem bestimmten Rahmen möglich.

Von den genannten Multimedia-Werkzeugen sei hier speziell auf Asymmetrix Toolbook und Authorware hingewiesen. Daneben gibt es eine Reihe von Spezialprogrammen mit eingeschränkten Publizierfunktionen.

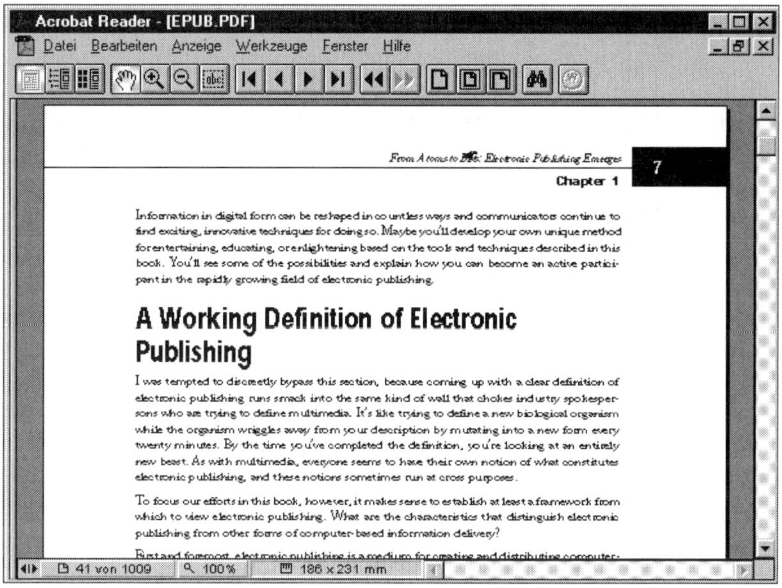


***Abbildung 15-7:*** *Kleiner Sprachkurs für Japanisch (aus: Yokokumura 1995)*

# 15.7 Ein Wermutstropfen zum Schluss

Bisher habe ich mich mit den eher technischen Problemen des elektronischen Publizierens beschäftigt. Leider liegen die Hindernisse dieser Technik in vielen Fällen an anderer Stelle. Das derzeit noch größte Problem ist die mangelnde Akzeptanz elektronischer Informationen in vielen Bereichen der Wissenschaften. Berührungsängste mit dem Computer, Unerfahrenheit und die Angst vor neuen „aufgezwungen" Wegen führen zu einer mangelnden Anerkennung nicht gedruckter Informationen. Je weiter sich der Fachbereich von der Technik entfernt glaubt, desto größer ist der Widerstand, mit dem man rechnen muss. Und dabei geht die Ablehnung durch alle Altersklassen.

Das ist um so erstaunlicher als die elektronische Aufarbeitung alter und neuer Inhalte gerade in den „Geisteswissenschaften" dem existierenden Informationschaos und dem damit einher gehenden rasant ansteigenden Informationsverlust entgegenwirken könnte.

## Literatur und Quellen

Generelle Literatur ist verhältnismäßig rar. In den meisten Fällen wird das Arbeiten mit einem bestimmten Programmpaket beschrieben. Auf der anderen Seite ist im Bereich WWW eine Menge veröffentlicht worden. Zur Vertiefung empfehle ich: Electronic Publishing unleashed, Sams Publishing, Indianapolis.

Bär, Jürgen/ Bauder, Irene, 1993: Nationalparks der USA, Düsseldorf: Data Becker (CD-ROM)

Bertelsmann, 1995: Das All, eine Enzyklopädie (CD-ROM)

Electronic Publishing unleashed, 1995: Sams Publishing, Indianapolis

von Kleist, Heinrich CD 1995: Der zerbrochene Krug, Stuttgart: Phillip Reclam jun. (CD-ROM)

White Sands Missile Range Public Affairs Office, 1995: Trinity Atomic Test Site, 50th Anniversary of the Atomic Bomb [Etext #278]

Yokokumura, Nikki, 1994: Exotic Japan, New York: Voyager (CD-ROM)

Auf dem Usenet findet man Hilfe in den Gruppen `comp.publishing.*`

# $\LaTeX$, SGML und UDO: Die Konzepte von Markup-Languages

16

Dirk Hagedorn

Eines der ältesten Probleme der elektronischen Datenverarbeitung besteht darin, Texte möglichst verlustfrei zwischen verschiedenen Rechnern, Betriebssystemen oder Textverarbeitungsprogrammen austauschen zu können. Mit dem Alltäglichwerden der Nutzung von Computernetzen muss eine möglichst einfache, preiswerte und möglichst umfassende Lösung gefunden werden (vgl. Born 1996). Die Lösung dieses Problems ist der Einsatz von Markup-Languages.

## 16.1 Markup-Languages

Eine Markup-Language ist die Zusammenfassung von speziellen, textbeschreibenden Kommandos zu einem Ganzen. Ein Text wird durch Auffüllen mit den Elementen einer solchen Beschreibungssprache gegliedert und layoutet. Eine der Markup-Language zugehörige Software erkennt während der Auswertung des Textes diese Kommandos und gibt den Text entsprechend aus. Die Kommandos werden als *Markups* oder als *Tags* bezeichnet und sind aus Klartext bestehende Zeichenfolgen.

Markup-Languages verwenden den aus 128 Zeichen bestehenden standardisierten ASCII-Code (American Standard for Information Interchange, ISO/IEC 646). Die Beschränkung auf 7-Bit-Zeichen gewährleistet den verlustfreien Austausch von Texten zwischen verschiedenen Rechnersystemen und die Weiterbearbeitung mit jedem ASCII-Editor. Markup-Languages sind daher von Natur aus plattformunabhängig. Lediglich die sie verarbeitende Software ist systemabhängig, die in den meisten Fällen für alle wichtigen Betriebssysteme verfügbar ist.

Das folgende Beispiel verdeutlicht die Funktionsweise von Markup-Languages mit Hilfe eines Textes, welcher zwei imaginäre Tags zur Umschaltung auf kursive und normale Schrift verwendet:

```
Es folgt *KURSIV kursive *NORMAL und normale Schrift.
```

Nach Bearbeitung durch die entsprechend darauf abgestimmte Software zur Anzeige dieses Textes erhielte man folgendes Ausgabe:

Es folgt *kursive* und normale Schrift.

Wie sich zeigen wird, ist die sich hinter Markup-Languages befindende Idee, gemessen an den Maßstäben des Computerzeitalters, uralt.

# 16.2 SGML

1969 entwickelte IBM die *Generalized Markup Language* (*GML*), um der amerikanischen Rüstungsindustrie ein geeignetes Textformat für den Austausch von technischen Datenblättern zu liefern. Die GML wurde in den folgenden Jahren konsequent zu einer sehr ausgereiften und robusten Sprache weiterentwickelt und 1986 zum internationalen Standard ISO 8879:1986 erklärt: Die *Standard Generalized Markup Language* (*SGML*) war geboren (vgl. Szillat 1994, Rieger 1995, Bradley 1996, Clark, Que Corporation).

SGML erfreut sich einer steigenden Beliebtheit. Wurde es bis Ende der 80er Jahre fast ausschließlich vom US-Verteidigungsministerium verwendet, so haben seit Anfang der 90er Jahre auch andere Wirtschaftszweige die Vorzüge von SGML schätzen gelernt. Im privaten Bereich wird SGML, außer vielleicht von einigen Linux-Anwendern (vgl. Seeger 1996), bislang eher selten genutzt.

Bis 1996 gab es – von geringfügigen Änderungen im Jahre 1988 abgesehen – keine Veränderungen bezüglich der Definition von SGML, ein deutliches Zeichen für die Ausgereiftheit. Kritiker behaupten hingegen, SGML wäre *zu* ausgereift. In der Tat, SGML ist ziemlich komplex. Um den vollen Umfang des Konzepts nutzen zu können, bedarf einer langen Auseinandersetzung mit dieser Sprache.

Im Laufe insbesondere der letzten Jahre sind eine ganz Anzahl weiterer Markup-Languages entstanden, die weniger komplex und meist auf spezielle Anforderungen hin zugeschnitten wurden. Die derzeit wichtigste Markup-Language, die an SGML orientiert entwickelt wurde, ist HTML.

# 16.3 HTML

Die Geschichte der *Hypertext Markup Language* (*HTML*) ist noch relativ jung und eng mit der des *World Wide Web* verknüpft. 1990 wurden von Tim Berners-Lee am Genfer Hochenergieforschungszentrum CERN erste Überlegungen über die Nutzung des Internet zur vollwertigen Publikation von wissenschaftlichen Dokumenten angestellt, zunächst beschränkt auf den internen Bereich. Bereits zwei Jahre später waren das Hypertext-Transfer-Protokoll (HTTP), ein Browser (Mosaic) sowie der Markup-Standard HTML-1.0 entwickelt.

Zunächst war HTML als rein logische Beschreibungssprache für Dokumente und deren Struktur mit integrierten Hypertextelementen gedacht. Für einen Abkömmling von SGML war das auch nicht anders zu erwarten. Der Verfasser einer HTML-Datei markiert mit Hilfe spezieller Tags Anfang und Ende einer Kapitelüberschrift, Anfang und Ende von Absätzen oder Anfang und Ende von Aufzählungen und deren Punkte (vgl. Abbildung 16-1). Er teilt damit dem für die Ausgabe zuständigen Programm, dem sogenannten *Browser*, lediglich die Struktur des Textes mit. Auf welche Art und Weise, mit welcher Schriftart in welcher Größe dann Text dargestellt wird und wie groß dabei die Abstände zwischen Absätzen oder wie tief Absätze eingerückt sein sollen..., auf all dies hat der Verfasser in der Regel keinen Einfluss (vgl. Münz, Rabich, World Wide Web Consortium).

***Abbildung 16-1:***
*HTML-Quelltext im Editor und Ergebnis im Browser*

Die Einschränkungen bezüglich des Layouts wurden dann in den letzten Jahren mehr und mehr aufgelockert. So ist es mittlerweile möglich, Einfluss auf die zu verwendenden Zeichensätze zu nehmen und Texte pixelgenau zu positionieren, jedenfalls in Bezug zu einem bestimmten Browser. Die Meinungen über diese Erweiterungen der Möglichkeiten zu layouten – statt nur die Struktur eines Textes allgemein zu beschreiben und das Layout vollständig dem Browser zu überlassen – gehen jedoch auseinander. HTML-Puristen befürchten zurecht, dass die besondere Eigenschaft von HTML als medienneutrale Beschreibungssprache in den Hintergrund gedrängt wird und stattdessen wieder herstellereigene Dialekte entstehen. Befürworter erwidern genau so zurecht, dass ohne diese Erweiterungen HTML keine Chance hätte, auf Dauer gegen Konkurrenz-Formate wie Adobes *PDF* (Portable Document Format) zu bestehen.

HTML wird mittlerweile auch außerhalb des WWW intensiv eingesetzt. E-Mail lässt sich bereits im HTML-Format verschicken, Computer-Magazine werden im HTML-Format auf CD-ROM archiviert, Microsoft verwendet HTML als Online-Hilfe-Format in den jüngsten Entwicklungspaketen und plant sogar, Teile des Windows-Betriebssystems auf HTML umzustellen; kein Global Player im Office-Markt kommt mehr daran vorbei, die Pakete mit ausgeklügelten HTML-Filtern auszustatten.

## 16.4 LATEX

Donald E. Knuth von der Stanford University entwickelte in den 70er Jahren das Satzsystem *TeX* (sprich: „Tech“) und stellte im Jahre 1982 die stabil laufende Version TeX82 der Allgemeinheit samt ausführlich kommentierten Quelltexten zur Verfügung. Die Veröffentlichung der Quelltexte führte dazu, dass TeX und die dazugehörigen Druckertreiber für nahezu jedes Betriebssystem und jeden Drucker zur Verfügung standen.

TeX ist ein mächtiges und professionelles Satzsystem; sein Sprachumfang beinhaltet ca. 900 Befehle und die Druckergebnisse – insbesondere die des Formelsatzes – sind überragend. Die Professionalität wird allerdings durch eine enorme Komplexität erkauft. So bedarf es, um TeX nutzen zu können, der genauen Kenntnis des klassischen Textsatzes und Drucks und man sollte sich einigermaßen mit Programmiertechiken auskennen. Gottseidank kommt man heutzutage mit dem reinen TeX nur noch selten in direkten Kontakt.

LATEX (sprich: „Lah-Tech“), ein von Leslie Lamport entwickeltes Programmpaket, stellt eine benutzerfreundliche Makrosprache dar (vgl. Kopka 1994, Lamport 1995, Dante). Im Unterschied zu kryptischen TeX-Kommandos bietet es einen übersichtlichen und leichtverständlichen Befehlssatz, der es auch dem Laien ermöglicht, nach kurzer Eingewöhnungszeit die Vorzüge von TeX zu genießen und professionelle Ergebnisse samt mathematischen Formeln und komplexen Tabellen in Buchdruckqualität zu erzeugen. Dabei werden zudem nur geringe Anforderungen an die Hardware gestellt. LATEX funktionierte bereits auf einem Atari1040 oder einem 286er unter DOS.

Eine Philosophie von LATEX ist es, den Anwender von der anspruchsvollen Aufgabe des Satzes zu entlasten. Der LATEX-Anwender kann auf fertige, professionell gestaltete Layoutvorlagen zurückgreifen und muss sich um das Layout kaum noch Gedanken machen. Er muss z.B. nur noch sagen, *dass* jetzt ein neues Kapitel beginnt. LATEX – ausgestattet mit dem eingebauten Wissen eines professionellen Setzers – weiß dann, in welcher Schriftgröße und an welcher Position die Kapitelüberschrift ausgegeben werden muss und wie der Eintrag im Inhaltsverzeichnis auszusehen hat. Der Anwender sagt lediglich, *dass* jetzt eine Aufzählung folgt, LATEX weiß dann, mit welchem Symbol die einzelnen Aufzählungspunkte markiert und wie weit die Absätze eingerückt werden müssen.

Der perfekte *Formelsatz* von LATEX führte dazu, dass LATEX besonders intensiv im universitär-wissenschaftlichen Bereich eingesetzt wurde und immer noch eingesetzt wird. Zwar haben Textverarbeitungssysteme wie Microsoft Word für Windows oder Lotus Word Pro mit ihren integrierten Formeleditoren inzwischen Boden gutgemacht, doch der Formelsatz von LATEX ist meiner Ansicht noch immer unerreicht.

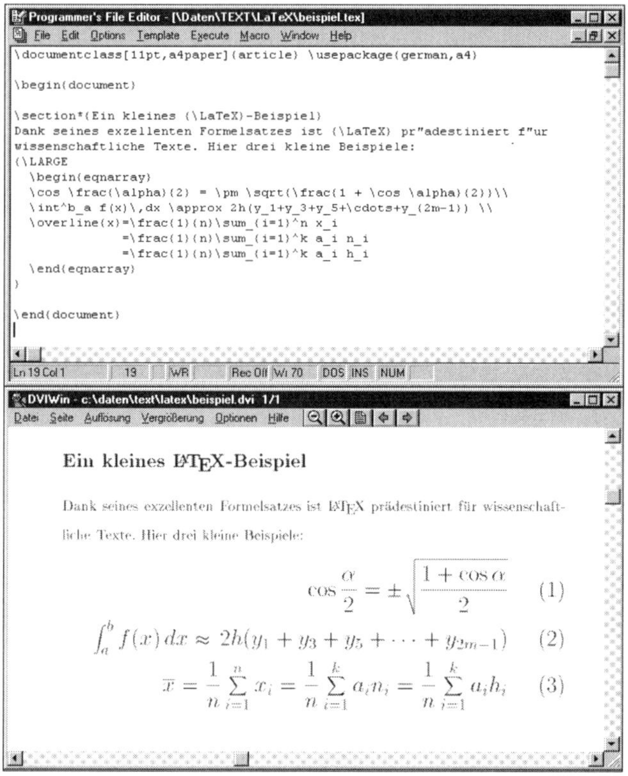


***Abbildung 16-2:***
*LATEX-Quelltext und Ergebnis im DVI-Viewer*

Wie bei HTML können auch LATEX-Texte mit jedem *ASCII-Editor* hergestellt werden. Die Tags mit den Angaben zur Textstruktur sind dabei direkt in den Text gesetzt. LATEX-Texte sind auch im Quelltext gut lesbar (vgl. Abbildung 16-2). Hat man den Text erstellt und abgesichert (Dateinamen-Endung: *.tex*), ruft man den TeX-Compiler zusammen mit der Textdatei auf, der aus dem Quelltext eine druckbare Datei (Dateinamen-Endung:*.dvi*) herstellt, die man vom PC dann an den Drucker kopiert. Um das Ergebnis vor dem Ausdruck zu kontrollieren, kann man als Druckansicht ein *Previewer*-Programm benutzen, das den LATEX-Programmpaketen beigelegt ist.

## 16.5 UDO

*UDO* („Universal Document") ist die jüngste unter den hier vorgestellten Markup-Languages und wurde vom Autor dieses Kapitels Anfang 1995 aus der Not heraus entwickelt, dass es bislang keine (bezahlbare) Möglichkeit gab, Software-Dokumentation und Online-Hilfe aus einer Quelle zu erstellen. In den vergangenen Jahren hat sich UDO dann zu einer praxisorientierten, flexiblen und dennoch leicht verständlichen Markup-Language entwickelt, die auch außerhalb der Softwareentwicklerriege zahlreiche Anwender gefunden hat.

UDO vereint die Gemeinsamkeiten aller hier vorgestellten Markup-Languages und kann damit als Universal-Markup-Language angesehen werden. UDO erzeugt keine direkt druckbaren Ergebnisse, sondern wiederum Texte, die Tags der einen oder anderen Markup-Language enthalten. Einen UDO-Quelltext kann man beispielsweise für den Ausdruck ins LATEX-Format oder *RTF* umwandeln, in eine *Windows-Hilfe* oder eine *GNU-Info*-Datei zur Bereitstellung des Inhalts als Online-Hilfe, oder auch in *HTML-Dateien* zur (parallelen) Publikation im World Wide Web. Einige Anwender finden an UDO besonders attraktiv, dass UDO auch im *linuxdoc-SGML*-Format ausgeben kann, so dass die mit UDO erstellten Texte unter Umständen auch in einer SGML-Umgebung weiterverwendet werden können (eine Übersicht der von UDO herstellbaren Markup-Formate findet sich bei Hagedorn).

Der Befehlssatz von UDO ist auf die Möglichkeiten beschränkt, die *alle* von ihr unterstützten Markup-Languages bieten. So bietet UDO keinen Formelsatz, da dieser z.B. von HTML nicht zur Verfügung gestellt wird und auch nicht mit vertretbarem Aufwand emuliert werden kann. Trotzdem bietet UDO Möglichkeiten, LATEX-Kommandos und damit auch mathematische Formeln 1:1 einzugeben. Was zunächst wie ein Nachteil klingt, stellt sich jedoch schnell als eine Stärke von UDO heraus: ein Quelltext hat das nach der Umwandlung gleiche Layout, sei es als gedruckte LATEX-Datei oder als HTML-Datei, als Online-Hilfe oder als LIESMICH-Datei im ASCII-Format. Dort, wo Tools zur Formatwandlung einfach scheitern müssen, packt UDO das Übel an der Wurzel, indem es nur die Gemeinsamkeiten aller unterstützen Markup-Languages berücksichtigt. Die beim Einsatz von Formatwandlungstools allgegenwärtige Gefahr, Layout-Verluste zu erhalten, wird beim Einsatz von UDO von Beginn an ausgeschaltet.

Gegenüber den anderen hier vorgestellten Markup-Languages bietet UDO einige weitere Vorzüge. Es existiert keine Beschränkung auf den 7-Bit-ASCII-Zeichensatz, da UDO alle wichtigen Zeichensatztabellen beinhaltet und selbstständig für die Umwandlung von Sonderzeichen sorgt. Inhaltsverzeichnisse, wie sie von LATEX erzeugt werden, werden von UDO auf Wunsch auch für alle anderen Formate erzeugt. Für Hypertexte erzeugt UDO automatisch Hyperlinks im Text, so dass man auf die aufwendige manuelle Referenzierung zwischen Teilen des Textes weitestgehend verzichten kann. Und will man einen umfangreichen Text im WWW publizieren, so teilt UDO diesen Text automatisch kapitelweise in untereinander verknüpfte HTML-Seiten auf. Nicht nur diese Möglichkeiten heben UDO stark von den anderen Markup-Languages und den erhältlichen Formatwandlungstools ab.

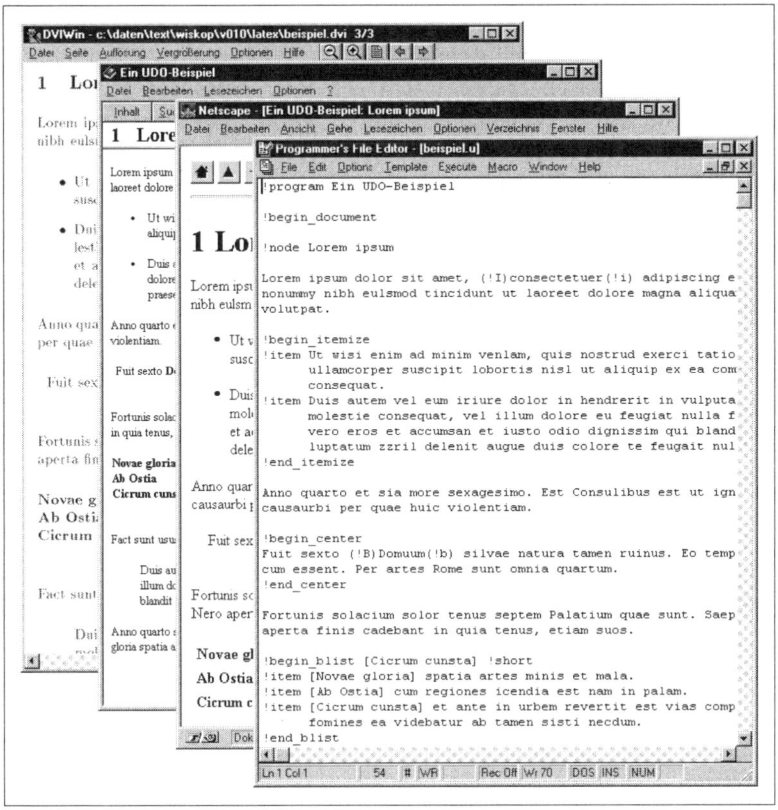


***Abbildung 16-3:*** *UDO-Quelltext im Editor und Ergebnis im HTML-Browser, DVI-Viewer und als Windows-Hilfe*

UDO spielt seine Stärken genau dann aus, wenn es nötig ist, einen Text parallel in verschiedenen Formaten zu publizieren. Aber auch dann, wenn nur ein Format benötigt wird, kann UDO dem Verfasser mit vielen Hilfestellungen zur Seite stehen (vgl. Abbildung 16-3). Das Programm steht für sämtliche wichtigen PC-Betriebssysteme samt einer großen Zahl an Unix-Derivaten zur Verfügung.

## 16.6 RTF

Das von Microsoft Mitte der 80er Jahre entwickelte *Rich Text Format* (*RTF*) ist prinzipiell auch der Familie der Markup-Languages zuzuordnen, da es ebenfalls auf dem 7-Bit-ASCII-Zeichensatz aufsetzt und Layoutanweisungen im Klartext sichert. Der verlustfreie Austausch ist erfahrungsgemäß jedoch nur bedingt möglich.

Microsoft liefert zwar eine eindeutige Spezifikation des RTF, missbraucht sie aber gleich selbst im nächsten Schritt, um in RTF-Kommentaren Kommandos zu verstecken, die nur Microsofts eigene Produkte verstehen können. Importiert man nun ein im RTF gesichertes Word-Dokument in eine beliebige andere Textverarbeitung, gehen wichtige Layoutinformationen zumeist schlichtweg verloren, da letztere – der RTF-Spezifikation korrekt folgend – die Kommentare einfach ignorieren. Der Grundgedanke des verlustfreien Austausches wird damit wieder zunichte gemacht. Da beim RTF absolute Zeichensatz- und Positionsangaben (Tabulatoren, Seitenränder) gesichert werden, ist RTF nicht medienneutral.

RTF selbst sowie die es angeblich voll unterstützenden Textverarbeitungssysteme besitzen noch weitere Unzulänglichkeiten, auf die ich hier nicht mehr im einzelnen eingehen möchte. Kurzum: Praktisch ist RTF für den Austausch von Texten wenig geeignet.

## 16.7 Fazit

Wer heutzutage Texte schreibt, deren Inhalt und Layout auch über Systemgrenzen hinweg erhalten bleiben sollen, der kommt an Markup-Languages nicht vorbei. Markup-Languages bieten, komprimiert ausgedrückt, eine medien- (Papier, CD-ROM, World-Wide-Web) und betriebssystemübergreifende sowie textverarbeitungsformat-unabhängige Form der Textverarbeitung.

Nicht ganz so vordergründig auf der Hand liegen solche Vorteile wie zum Beispiel, dass Markup-Texte sich auch in Zukunft wiederverwerten und weiterverarbeiten lassen, zur Not eben in Form einfacher ASCII-Texte, die etwas nachbearbeitet werden müssen. Sie sind auch gut für Arbeitsgruppen geeignet, die mit hohem Wirkungsgrad arbeitsteilig an gemeinsamen Texten schreiben möchten. Benutzt man *sgrep*, ein äußerst schnelles Programm zum Durchsuchen von ASCII-Texten, kann man mit wenig Aufwand Free-Text-Datenbanken einrichten. Speziell UDO bietet die Möglichkeit, Programm-Quelltext und -Dokumentation in einer Datei zu vereinen und in zwei Durchläufen das Programm compilieren sowie gedruckte Dokumentation nebst Online-Hilfe zu erzeugen.

## Literatur

Born, Günter, 1996: Referenzhandbuch Dateiformate, 4. Auflage; Bonn; Paris; Reading, Mass.: Addison-Wesley

Bradley, Neil, 1996: The concise <SGML> companion: Reading, Mass. Addison-Wesley

Kopka, Helmut, 1994: LaTeX Einführung Band 1, 1. Auflage, Bonn; Paris; Reading, Mass.: Addison-Wesley

Lamport, Leslie, 1985: LaTeX – A Document Preparation System, Reading, Mass.: Addison-Wesley

Lamport, Leslie, 1995: Das LaTeX-Handbuch, 1. Auflage, Bonn; Paris; Reading, Mass.: Addison-Wesley

Rieger, Wolfgang: SGML für die Praxis; Berlin; Heidelberg; New York: Springer Verlag

Seeger, Jürgen, 1996: Linuxdoc-SGML; in: iX 1996/04: 80-81

Szillat, H., 1994: SGML – Eine praktische Einführung, New York: International Thomson Publishing

## Online-Informationen und Bezugsquellen

Clark, James: SGMLS und SP, `http://www.jclark.com`

Dante e.V.: `http://www.dante.de, ftp.dante.de/pub/tex/`

Hagedorn, Dirk: Informationen zu UDO nebst Downloadmöglichkeit, `http://members.aol.com/DirkHage`

Münz, Stefan: HTML-Dateien selbst erstellen Version 6.0 (oder neuer), `http://www.netzwelt.com/selfhtml`

Que Corporation: Using SGML Online Version, `http://www.mcp.com/que/et/se_sgml/`

Rabich, Dietmar: Einführung in HTML und JavaScript mit Beispielen, `http://home.t-online.de/home/dietmar.rabich/homepage.htm`

Rieger, Wolfgang: SGML-Info und Verweise, `http://www.bse.de/verweise/sgml.htm`

The World Wide Web Consortium: `http://www.w3.org`

# 17 Eine Mailbox einrichten

Torben Schmielau

Mailboxen werden von Firmen, Institutionen und Projektteams und ebenso als Hobby von Computerbegeisterten betrieben. Auch für einen reinen PC-Anwender kann es Gründe geben, Freunden und Bekannten hin und wieder einen Zugriff auf den eigenen PC zu ermöglichen. So kann z.B. ein erfahrener Experte beim Lösen technischer Probleme helfen, indem er sich durch ein Mailboxprogramm hindurch anschaut, wie es auf dem PC aussieht. Oder ein Bekannter benötigt dringend ein bestimmtes Bild, das man aufgenommen und eingescannt hat und das er sich gern downloaden möchte. Oder man arbeitet mit mehreren Personen gemeinsam an einem Projekt, bei dem große Mengen an Daten anfallen, so dass es sich nicht empfiehlt, diese teuer per E-Mail zu verschicken.

Es sind vor allem Institutionen, die Mailboxen einsetzen. Viele Firmen aus dem Computerbereich bieten über Mailboxen nach Außen ihren Kunden Informationen und Programme (Support) und wickeln firmenintern die Kommunikationen zwischen den internen und externen Mitarbeitern ab. Der Einsatz einer Mailbox für solche Zwecke ist sehr viel preiswerter, als für die gleiche Leistung auf externe Internetprovider zurückzugreifen. Mailboxen bilden eine günstige technische Basis für Telearbeit. Ein besonderer Pluspunkt zur Verwendung von Mailboxen besteht darin, dass der Datentransfer von und zur „Box" spionagesicher ist, ganz im Unterschied zum Datenverkehr auf den Datenautobahnen des Internet, bei dem die Datensicherheit erst aufwendig mit Verschlüsselungsprogrammen hergestellt werden muss; und weil der Datentransfer zwischen Mailbox und Anrufer so sicher ist, werden viele Mailboxen als externe Backuprechner eingesetzt. Abends wird der gesamte neue Datenbestand der Filiale per Telefonverbindung auf die Mailbox der Zentrale kopiert, und umgekehrt – durch physikalische Auslagerung von Daten ist dies die sicherste Form des Backup.

Auch kleinere Druckereien gehen dazu über, ihren Kunden eine Mailbox zur Anlieferung ihrer Daten anzubieten. Dies geschieht nicht nur, um möglichst kurze Produktionszeiten zu erreichen, sondern weil dies bei kleinen und mittleren Datenmengen unter Umständen günstiger ist als sämtliche Formen von Backupmedien (DAT-Streamer, QIC, Travan, Syquest, Ditto, MOD, Zip, a:120MB...) vorrätig zu halten, mit denen die Kunden ihre Daten zur Druckerei transportieren könnten.

Dass das Überspielen von Daten auf eine Mailbox preiswert sein kann, zeigen grobe Berechnungen der Transferkosten.

Über Mailboxen lassen sich auch günstig Projektteams zusammenbinden, zumindest wenn alle Mitglieder aus dem Nahtarif anrufen können. Wenn die Mailbox sogar noch an einem Computernetz angeschlossen ist, gar direkt an einem Internet-Rechner, verfügen die Benutzer der Mailbox sogar über eine weltweit eindeutige E-Mailadresse.

Eine Mailbox setzt das Vorhandensein eines PCs, eines Modems (oder einer ISDN-Karte) sowie einer Steuerungssoftware voraus. Ein Mailbox-Rechner ist per Modem (oder ISDN-Karte) an das Telefonnetz angeschlossen. Das Modem der Mailbox erkennt automatisch einen Anruf und nimmt diesen an, sofern das Modem der anrufenden Seite einige charakteristische Töne zur Kontaktaufnahme sendet. Das Mailboxprogramm stimmt alle technischen Komponenten aufeinander ab und bietet den Anrufern vor allem eine möglichst leichtverständlich zu bedienende Oberfläche. Der Mailboxanwender ruft mit Hilfe eines Terminalprogramms die Telefonummer der Mailbox an und erhält dann die Aufforderung, sich mit seinem Benutzernamen und einem Passwort auszuweisen, bevor er in den Mailbox-Rechner hineingelassen wird. Die Funktion einer Mailbox besteht darin, dem Anwender Informationen auf den Bildschirm zu spielen, sowie das Kopieren einer Datei vom PC zum Mailboxrechner (*Upload*) oder vom Mailboxrechner zum PC (*Download*) zu ermöglichen.

Über ein *Terminalprogramm* wird der Kontakt zu einer Mailbox hergestellt, aufrecht erhalten und wieder unterbrochen. Als allgemeinster Darstellungsstandard von Zeichen gilt die VT100-Emulation, die jedes Terminalprogramm standardmäßig mitbringt. Betreibt man die Box für eine unbekannte Benutzergruppe, sollte man auf diesen mittlerweile kleinsten gemeinsamen Nenner (früher waren das ANSI oder TTY) Rücksicht nehmen. Betreibt man die Box für eine geschlossene Benutzergruppe, kann man die Mitglieder der Gruppe natürlich mit einer Software ausstatten, die einen anspruchsvolleren Grafikaufbau bietet.

Leistungsfähige und komfortable Terminalprogramme gibt es für jedes Betriebssystem. Die bekanntesten Terminalprogramme für DOS und Windows sind Telix und Telemate, unter OS/2 ist es ZOC, unter dem Mac Uniterm und ZTerm. Sehr leistungsfähig und unter sämtlichen Betriebssystemen setzen Profis gern *Kermit* ein (vgl. da Cruz/ Gianone 1993). In das Terminalprogramm integriert ist zudem ein *Fehlerprotokoll*, mit dem der Dateitransfer zwischen PC und Mailbox kontrolliert wird. Als Fehlerprotokoll-Standard hat sich ZModem etabliert.

Noch eine Anmerkung zur Einstellung der Parameter eines Terminalprogramms: Man kann heute als Standardeinstellung von den folgenden Werten ausgehen: 8 Bit, keine Parity, ein Stopbit, bzw. in Kurzform: 8N1. Die Übertragungsgeschwindigkeit, die man in der Mailbox-Software oder im Terminalprogramm einstellt, betrifft die Geschwindigkeit des Datenaustauschs zwischen dem eigenen PC und dem eigenen Modem (bzw. der ISDN-Karte). Bei der Kontaktaufnahme zwischen dem Modem des Anrufers und dem der Mailbox handeln diese automatisch die optimale Transferrate untereinander aus, sofern man nicht etwa im Initialisierungsstring des Modems absichtlich ein weniger leistungsfähiges Verfahren eingestellt hat. Und weil moderne Modems die Daten während des Betriebs komprimieren und dabei einen Kompressionfaktor von bis zu 1:4 erreichen, sollte man bei einem 28.8kB-Modem die Datentransferrate zwischen Modem und PC auf höchstmögliche 115.2kB einstellen. Die seriellen Schnittstellen der modernen PCs können heute eine solche Geschwindigkeit verarbeiten, da sie durchgängig mit einem 16550fifo (oder besser) ausgestattet sind. Bei alten seriellen Schnittstellen mit einem 16540-Chip wäre bei 115.2kB mit einer hohen Fehlerrate zu rechnen.

Ich werde nachfolgend zunächst die beiden zentralen Probleme eines Mailboxbetriebs ansprechen, nämlich Erreichbarkeit und Datenschutz. Anschließend stelle ich drei unterschiedliche Realisierungsformen von Mailboxen dar. Dabei gebe ich kurz einige Hinweise auf das Angebot von Mailbox-Software. Als zweites stelle ich eine sehr einfach zu realisierende Mailbox auf Basis des Betriebssystems Linux vor. Zuletzt gebe ich einen knappen Einblick, wie man eine Mailbox systematisch aufbaut, die Anschluß an ein Computernetz (wie z.B. das Internet) unterhält.

## 17.1 Erreichbarkeit

Die Erreichbarkeit einer Mailbox stellt das wichtigste zu lösende Problem dar. Zwar kann man den Zugriff auf bestimmte Daten seines PCs durch eine Mailboxsoftware (oder durch eine*Remote-Access*-Software) hindurch ermöglichen, indem man schlicht per Telefonat vorher einen Zeitpunkt vereinbart, bis zu dem man als Boxbetreiber Modem und Software gestartet und die entsprechende Person anzurufen hat. Doch in allen anderen Fällen kommt eine solch schlichte Lösung nicht in Betracht. Ein privater Betreiber einer Mailbox, dem nur eine einzige Telefonnummer zur Verfügung steht und der auch keinen öffentlichen Zugang zu seinem PC einrichten möchte, könnte die folgenden drei Anrufvarianten einrichten:

- Man erlaubt den Zugang zur Box nur in einem gewissen Zeitraum. So wurde in der Hochkonjunktur der Mailbox-Eröffnungen Anfang der 90er Jahre häufig für Privatmailboxen geworben, die zwischen 22 und 5 Uhr geöffnet waren. Der Vorteil einer solchen Lösung liegt auf der Hand: Es entstehen dem Betreiber keine Kosten für einen weiteren Telefonanschluss. Doch weil es ja durchaus möglich ist, dass in der Zeit zwischen 22 und 5 Uhr noch jemand anruft und dieser Zeitraum auch für Mailboxbenutzer unattraktiv ist, kommt eine solche Lösung nur für einen begrenzten Zeitraum infrage.
- Man installiert eine *Voice-/Fax-/Modem-Weiche*. Bei einigen dieser Weichen, die automatisch erkennen, ob ein Mensch oder eine Maschine anruft, muss der Anrufer ein Wort sagen, bevor die Weiche einen Menschen an der Leitung erkennt und ihn auf das Telefon durchstellt. Eine Weiche muss einen Anruf annehmen, um den Anruf analysieren zu können. Für einen menschlichen Anrufer bedeutet dies, dass er für einen Anuf auch dann bezahlt, wenn der Angerufene den Hörer anschließend nicht abnimmt. Diese Lösung kann dann funktionieren, wenn nur wenige und kurze Anrufe in der Mailbox zu erwarten sind. Steht eine ISDN-Telefonanlage zur Verfügung, lässt sich die Mailbox natürlich bequem auf eine Extra-Nummer legen.
- Speziell aus dem Unix-Bereich stammt eine weitere Lösung: Der Anrufende muss per Klingelzahl anklopfen, bevor er dann mit einem zweiten Anruf hineingelassen wird. Unter dem Betriebssystem Unix werden sogenannte *getty*-Programme eingesetzt, die die Aktivitäten an den Schnittstellen eines Rechners kontrollieren. Das Programm *mgetty* z.B. lauscht an der seriellen Schnittstelle eines Rechners. Der mgetty kann dabei

so konfiguriert werden, dass er z.B. durch zweimaliges Klingeln das Modems „scharf“ stellt. Wenn innerhalb eines bestimmten Zeitraums – typischerweise eine Minute – dann erneut ein Anruf eintrifft, wird der Anrufer zum PC durchgelassen. Diese Lösung simuliert eine Einfachversion einer Voice-/Modem-Weiche, wie sie vorher kurz beschrieben wurde, ohne dass Investition in neue Hardware anfällt.

Solche Lösungen kommen nur für einen kurzen Zeitraum des Ausprobierens und für befristete Projekte oder innerhalb eines besonders zähen Anwenderkreises infrage. Für Institutionen ist eine Telefonnummer eigens für den Mailboxrechner selbstverständlich die auf Dauer einzig brauchbare Lösung. Hier macht es meist auch Sinn, gleich mehrere Modem-Zugänge zu unterhalten. (Es funktioniert übrigens nicht, dafür einfach mehrere Schnittstellenkarten parallel in einen PC zu stecken. Hierfür müssen spezielle Schnittstellenkarten eingesetzt werden, die das Management der Interrupts und I/O-Adressen übernehmen. Sollen mehrere Highspeed-Modeme oder gar ISDN-Karten gleichzeitig bedient werden können, muss der Mailboxrechner selbstverständlich leistungsfähig sein.)

## 17.2 Zugangsberechtigung und Datenschutz

Neben den Kosten für eine Erreichbarkeit möglichst rund um die Uhr ist die Regelung der Zugangsberechtigung zur Box eine weitere wichtige Größe. Es macht einen Unterschied, ob man als Boxbetreiber den Benutzern einer Box vertrauen kann (etwa deshalb, weil man mit ihnen freundschaftlich verbunden ist oder sie als Mitarbeiter der Firma kennt und deshalb etwaiger Missbrauch recht leicht aufzuklären sein dürfte) oder ob man die Benutzer nicht kennt. Die Nutzer einer Box mit öffentlichem Zugang kennt man naturgemäß nicht. Deshalb sind in öffentlich zugänglichen Boxen besondere Sicherheitsvorkehrungen unumgänglich. Zu den Hoch-Zeiten der Mailboxgründungen war es Hackern ein besonderer Spaß, die Kontrolle über Mailboxen zu bekommen und diese zum Absturz zu bringen, was noch zu den harmloseren Späßen gehörte. Und wenn bei der Anmeldung eines neuen Nutzers personenbezogene Daten abgefragt und gespeichert werden, um den Mailboxbetrieb sicher zu machen, dann muss die Mailbox bei der zuständigen Aufsichtsbehörde, das sind die Datenschutzbeauftragten der Länder, angemeldet werden.

Aber auch in firmeninternen Mailboxen fällt automatisch eine Menge Daten über die Nutzung der Mailbox an. Dabei sind es gar nicht einmal allein die inhaltlichen Daten, also eventuell E-Mail an andere Benutzer der Mailbox, die von Unbefugten eingesehen werden könnten, sondern gerade auch die sogenannten *Verkehrsdaten*, die in jeder Mailbox automatisch zur Betriebskontrolle und für Analysen bei Fehlbetrieb in den sogenannten *Log-Files* anfallen (z.B. Daten darüber, welcher Benutzer sich wann, wo und wie lange in der Mailbox eingeloggt hatte und dabei die und die Befehle benutzte). Datenschutz ist zu einer wichtigen Größe beim Mailboxbetrieb geworden.

## 17.3 Mailbox-Programme

Die am häufigsten eingesetzten Mailboxprogramme sind diejenigen der bekannten Mailboxnetze, wie *FidoNet*, *Maus-Netz* oder *Z-Netz*, bei dem überwiegend die Zerberus-Mailboxsoftware eingesetzt wird. Um an diese Mailbox-Programme heranzukommen, wählt man sich in solch eine Box im Nahbereich ein und schreibt dem Systembetreiber eine E-Mail, in der man sein Interesse an der Boxsoftware bekundet. (Eine Übersicht mit Mailboxnummern findet man in der Computerzeitschrift c't und in einigen der vielen jetzt erscheinenden Netzzeitschriften.)

Darüberhinaus wird eine ganze Palette an Mailbox-Programmen angeboten, die nicht über die Vernetzungsfähigkeiten der großen Mailboxnetze verfügen, sondern als standalone-Mailbox ausgelegt sind. So gibt es zum Beispiel für das Terminalprogramm *Telix* ein Macropaket, das aus dem Terminalprogramm ein kleines Mailbox-Programm macht. Telix ist Shareware und auf jeder guten Shareware-CD mit Programmen zur Datenfernübertragung enthalten.

Recht bekannt geworden ist in den 90er Jahren das Mailbox-Programm Maximus-CBCS. Das hatte mehrere Gründe: Zum einen wurde es frühzeitig kostenlos selbst über Mailboxen vertrieben; zum zweiten gestattete es den Datenaustausch im *QWK-Format*, wodurch es für Anwender möglich wurde, Daten kostengünstig ohne Verbindung zum Mailboxrechner zu bearbeiten; zum dritten, weil es neben DOS auch unter OS/2 lief, wodurch Multitasking-Betrieb möglich war. Eine andere Software (NCB-Mail), die ebenfalls in einer Shareware-Version innerhalb der Mailbox-Datenarchive angeboten wurde, bot zwar keinen Multitasking-Betrieb, weil sie unter DOS lief, dafür aber einen Multiuser-Betrieb. Die Multiuser-Fähigkeit, im Mailboxjargon als Multiline-Line-Betrieb bezeichnet, bedeutete, dass mehrere User die Box gleichzeitig benutzen können. Multilinefähigkeit boten bis dahin nur hochpreisige Mailboxprogramme wie z.B. TBBS oder MajorBBS. Das Mailboxprogramm RoboBoard zeichnete sich dadurch aus, das es dem Anwender eine grafische, per Maus bedienbare Oberfläche präsentierte, wenn dieser das dazugehörige spezielle Terminalprogramm benutzte.

Diese Fähigkeiten zum Multitasking- und Multiuser-Betrieb bringen Unix-Betriebssysteme von jeher mit. Deshalb wurde zur Vernetzung von Rechnern auch schon immer Unix eingesetzt. Anfang der 80er Jahre gab es bereits Unix-Mailboxen, sogenannte *uucp-Sites*, die mit Hilfe des Protokolls *uucp* (unix-to-unix-copy) ihre Daten untereinander austauschten. uucp ist eine Art Fernkopiertechik, mit der sich Dateien über eine Telefonleitung von einem Rechner zum anderen kopieren lassen. In einer solchen Datei konnten dann E-Mails und öffentliche Artikel (News) eingepackt sein. Es war dies die Vernetzungstechnik der „armen“ Informatik-Institute, die sich keinen EARN- oder BITNET-Zugang, so hießen die Vorläufer des Internet, leisten konnten, die aber trotzdem am weltweiten Austausch von E-Mails und News teilnehmen wollten. Bis zum Anfang der 90er Jahre setzten solche uucp-Sites jedoch für Privatbetreiber ziemlich teure Hardware voraus. Ein anwendungsfreundliches Unix war nicht nur ein erheblicher Kostenfaktor, sondern Unix- und Vernetzungsknowhow wurden noch als Geheimwissenschaften behandelt. Ende 1992 dann waren Computer mit einem 80386-Prozessor bezahlbar geworden, und es gab in Form von *Linux* einen neuen Stern am Unix-Himmel. Linux bot all das, was auch kommerzielle Unixe boten, es war für erfahrene PC-Anwender relativ leicht zu verstehen und kostete fast nichts (vgl. zur Geschichte von Linux: Titz 1996). Seitdem ist Linux erste Wahl zur Einrichtung einer Mailbox, sei es als stand-alone-Box, sei es als Netzrechner im uucp-Netz oder sei es als Netzknoten mit Standleitung ins Internet.

Mailboxen, die an ein Netz angeschlossen sind, lagern die frisch eingetroffenen Daten in einem Verzeichnis zwischen, rufen regelmäßig automatisch bei ihrem Nachbarrechner an und tauschen dann komprimiert die zwischengelagerten Daten untereinander aus. Dieses Prinzip wird*store-and-forward* genannt. Nach diesem Verfahren funktionieren die Mailboxnetze des Fido-, Maus-, oder Z-Netzes ebenso wie der weltweite *uucp-Netz*-Verbund. Ein Netzknoten im Internet dagegen lagert die Daten nicht erst zwischen, sondern stellt sie, so schnell es seine Ressourcen ermöglichen, mittels des Protokolls *TCP/IP* (Transmission Control Protocol/Internet Protocol) über eine Standleitung dem Zielrechner zu.

## 17.4 Eine einfache Mailbox unter Linux

Das mittlerweile überall erhältliche freie Unix-Betriebssystem Linux ist von vornherein bestens vorbereitet, um mit einfachen Mitteln anderen Benutzern per Telefonnetz von außen Zugang zu einem Rechner zu gestatten.

Hat man ein Linux installiert (als besonders einsteigerfreundlich und gut abgestimmt gilt die SuSE-Distribution von Linux. Wer mehr als nur in Linux hineinschuppern möchte, sollte diese Distribution benutzen und seine Zeit nicht mit den „heißgestrickten" Linux-Zusammenstellungen auf den CDs einiger Zeitschriften verschwenden), richtet man als erstes einen Account für einen Gast ein (dafür ist das Skript adduser vorgesehen). Dann setzt man ein getty-Programm zur Kontrolle der gewünschten Schnittstelle ein. Technisch ausgedrückt öffnet ein getty einen Zugang über die serielle Schnittstelle und bindet das Login-Programm ein, mit dem ein User auf dem Rechner zugelassen wird. Unter Linux benutzte man früher dafür den *getty_ps*, den*uugetty* oder den *agetty*. Diese Programme könnte man nach wie vor einsetzen, doch es empfiehlt sich die Verwendung des*mgetty*, weil er flexibel konfiguriert werden kann und besonders leistungsfähig ist.

Falls der mgetty noch nicht installiert ist, muss man sich das mgetty-Paket besorgen (es ist auf den CDs aller gängigen Linux-Distributionen enthalten) und den Programmtext kompilieren. Auf die technischen Details des Kompilierens kann ich hier nicht weiter eingehen. Hinweisen möchte ich aber doch darauf, dass in der mgetty-Konfigurationsdatei policy.h die Ablage der LOCK-Datei korrekt auf `#define LOCK "/var/lock/LCK..%s"` definiert werden muss und der Modem-Init-String überprüft wird, den mgetty automatisch beim Start an das Modem sendet. Der mgetty verfügt über ein besonderes Kennzeichen, das hervorzuheben ist: Als Initialisierungsbefehle an das Modem sendet mgetty den Hayes-kompatiblen Befehl `ATS0=0`. Zunächst glaubt man, dass dieser Befehl falsch angegeben ist, denn normalerweise muss man das Modem durch ein `ATS0=1` in den

*Autoanswer-Modus* setzen, damit es einen Anruf entgegennehmen kann. Doch der mgetty ist so eingerichtet, dass er bei einem Anruf zunächst die Modemmeldung „Ring“ auswertet und das Modem von sich aus in den richtigen Modus umschaltet. Das hat den Vorteil, dass das Modem nur dann abhebt, wenn auch wirklich der mgetty zur Annahme eines Anrufs gestartet ist. Sollte zwar das Modem angeschaltet der Rechner aber nicht bereit sein, spart dies beim Anrufer Telefonkosten. Wichtig ist auch, darauf zu achten, dass das Modem die Rückmeldungen als Text ausgibt, weil der mgetty in dieser Einstellung nur Textrückmeldungen auswertet.

Ist der mgetty kompiliert worden, muss er in das System eingebunden werden. Die Einbindung erfolgt in der Datei */etc/inittab*. Unter dem Kommentar # Dialup lines muss eine Zeile mit den folgenden Optionen des mgetty eingetragen werden:

```
d1:12345:respawn:/usr/local/sbin/mgetty -x 4 -s 57600 ttyS1
```

Wenn nun noch der Befehl `init 3` abgesetzt wird, kontrolliert der mgetty die serielle Schnittstelle com2 (ttyS0 = com1). Um zu überprüfen, ob der mgetty durch den init-Befehl auch tatsächlich an der Schnittstelle com1 wartet, kann man sich die Prozessübersicht (`ps -aux`) ansehen.

Damit hat man es geschafft, einem weiteren Anwender Zugriff von außen auf den PC einzuräumen. Wenn sich ein Anwender einloggte, bekäme er in dieser Form eine Shell-Umgebung vorgesetzt, die dem Anwender einerseits ziemlich viel Macht über das System einräumte, ihn andererseits aber für den Fall, dass er mit Linux nicht umzugehen weiß, ziemlich hilflos zurückließe.

Man kann eine Mailbox-Software installieren, das Angebot für Linux ist hier ziemlich umfangreich (siehe auf dem Sunsite-Server unter `http://sunsite.unc.edu/pub/Linux/` und dem Stichwort „bbs“ bzw. auf den entsprechenden CD-ROMs mit den entsprechenden Abzügen dieses Servers). Um ein hohes Sicherheitsniveau insbesondere bei einer öffentlich zugänglichen Mailbox zu erreichen, lässt man einen unbekannten Nutzer unter dem Login „Gast“ ohne Angabe eines Passworts hinein und lässt ihn nur auf eine engbegrenzte Umgebung des Rechners zugreifen, die man vorher mit dem Befehl `chroot neues_root-Verzeichnis Name_des_zu_startenden_Programms` definiert hat. Normalerweise würde man als zu startendes Programm eine Shell angeben, die unterhalb der chroot-Umgebung gestartet werden muss. Wir wollen jedoch beim Login eines uns vertrauten Users (und ohne dafür eine chroot-Umgebung eingerichtet zu haben) statt einer Shell ein einfaches Mailbox-Programm starten, das wir uns mit geringen Mitteln schnell selbst einrichten und das den User, der mit Linux nicht umzugehen weiß, an die Hand nimmt. Hierfür ist das World-Wide-Web-Programm *Lynx* gut geeignet.

Lynx ist ein Programm, das die HTML-Texte des World-Wide-Web ohne Grafiken anzeigt und unter der VT100-Zeichendarstellung funktioniert. Normalerweise muss ein World-Wide-Web-Serverprogramm installiert sein, damit Lynx funktioniert. Wenn man Lynx allerdings nur auf lokale Dateien zugreifen lässt, bedarf es nicht dieses Servers. Um statt einer Shell nach dem Login dem User Lynx anzubieten, muss man beim User gast, den man mit dem Skript adduser bereits eingetragen hat, an die Stelle des Shellnamens (meistens lautet der „bash“) „lynx“ in die Datei `/etc/passwd` eintragen (auch an dieser Stelle kann man, das möchte ich hier nur kurz erwähnen, das Sicherheitsniveau durch Installation des Shadow-Systempakets steigern). Ein typischer Eintrag könnte hier wie folgt aussehen:

```
gast::516:100:Gast-User:/home/gast:/usr/bin/lynx /usr/gast/start.html
```

Man darf bei der Lynx-Konfiguration keinen externen Editor eintragen, weil ein Anwender aus dem Editor heraus gefährliche Dateioperationen auf dem Rechner ausführen könnte. Ebenso könnte der User mit dem Befehl g (für: GO) versuchen, sich Dateien des Systems zumindest anzeigen zu lassen. Deshalb ist es wichtig dafür zu sorgen, dass die Zugriffsrechte für einen Gast rigide gesetzt werden und er beispielsweise nicht die gleichen Rechte wie jeder andere User des Systems eingeräumt bekommt. Im vorliegenden Fall führt jedenfalls ein Abbrechen des Lynx durch die Befehle `CTRL C` oder `CTRL Z` sofort zu einem Entfernen des Users aus dem System. Damit ist zumindest eine elementare Sicherheitsanforderung erfüllt.

Ein Beispiel für eine einfache Startseite, die sich im Home-Verzeichnis des Users Gast befände, in der auf weitere HTML-Dateien und ein komprimiertes Datenpaket hingewiesen würde, könnte wie folgt aussehen:

```
<HTML>
<HEAD><TITEL>Willkommen auf meiner Mailbox</TITEL></HEAD>
<BODY>

<P>Ihnen stehen die folgenden Möglichkeiten zur Verfügung
(mit den Pfeiltasten zur gewünschten Option vorrücken):</P>

<P>
<UL>
<LI><A HREF=hilfe.html>Hilfstext zum Umgang mit dieser Mailbox</A>
<LI><A HREF=titel.html>Übersicht der Texte</A>
<LI><A HREF=daten1.zip>Download Datei Daten1</A>
</UL>
</P>

<P>Wählen Sie beim Download die Option d für <B>D)ownload</B> und
anschließend die Option <B>Use Zmodem to download to the local
terminal</B>. Entsprechende Aktion zur Entgegennahme der Datei mit ihrem
Terminalprogramm starten.</P>

<P>Ein Upload ist derzeit aus Gründen der Systemsicherheit nicht möglich.
Vereinbaren Sie mit dem
<A HREF=mailto:admin@localhost.domain.de>Systembetreiber</A> einen Usernamen
und ein Passwort und hinterlassen Sie entweder Ihre Telefonnummer,
Faxnummer, E-Mailadresse oder Postanschrift, er wird Ihnen dann einen
speziellen Zugang mit einer Möglichkeit zum Upload einrichten.</P>

<P>Mailbox-Verlassen mit <B>CTRL C</B>.</P>
</BODY>
</HTML>
```

***Abbildung 17-1:*** *Beispiel eines HTML-Quelltextes für die Startseite einer Lynx-Mailbox*

Man kann auf diese Weise schnell und problemlos (also auch ohne die Vergabe von Internet-Adressen und Installation komplizierter Internet-Technik) ein organisationseigenes Informationssystem auf Basis der World-Wide-Web-Technik aufbauen.

## 17.5 Mailbox vernetzen

Zum Abschluss möchte ich noch kurz auf eine vollwertige Mailbox-Lösung zu sprechen kommen, wie sie auch für professionelle Betreiber infragekommt.

Soll die Mailbox einen Anschluss an ein Computernetz erhalten, dann muss zunächst ein organisatorischer Vernetzungspunkt gefunden werden. Im Internet-Bereich spräche man hier von einem *Internet-Provider*. Ein solcher Netzprovider vergibt die weltweit eindeutige Adresse der Mailbox und legt die Technik fest, mit der die Daten zwischen dem Netzrechner und der Mailbox getauscht werden müssen. Statt T-Online oder AOL kommen dafür besser lokale Netzknotenbetreiber infrage, sofern diese das Protokoll uucp anbieten.

Eine professionelle Mailbox technisch einzurichten erfordert einiges an Planung und technischem Know-How, weshalb man im Zweifelsfalle und bei hohen Erwartungen an die Systemsicherheit besser professionelle Hilfe in Anspruch nimmt. Doch vom Grundsatz her können auch ambitionierte PC-Nutzer, insbesondere unter den Betriebssystemen Linux, OS/2 und WindowsNT, eine sichere Mailbox einrichten, mit deren Hilfe Daten mit anderen Mailboxen oder Internet-Knoten ausgetauscht werden. Auf Details kann ich an dieser Stelle nicht eingehen (und verweise dafür auf das Buch von Kirchdörfer/ Rost/ Scheller 1997), wohl aber lassen sich einige Anmerkungen machen, um dem interessierten Leser eine Vorstellung von dem Aufwand zu geben.

Eine Mailbox, die ihre Daten mit dem Datentransferprotokoll *uucp* an ihren benachbarten Netzrechner überträgt, hatte ich bereits als „uucp-Site" (manche sagen auch „uucp-Leafsite") bezeichnet. uucp ist eine besonders preiswerte und sichere Datentauschtechnik, die nahezu wartungsfrei funktionieren kann. Die Benutzer einer uucp-Site bearbeiten ihre Daten entweder online, im Prinzip so wie im vorigen Kapitel beschrieben, oder sie tauschen ihre Daten ebenfalls mit der uucp-Technik. Dies hätte den Vorteil, dass die Verbindungzeiten zwischen dem Anwender-PC und der uucp-Site sehr kurz sind, weil die Daten (in der Regel handelt es sich um E-Mails und News) komprimiert ausgetauscht werden. Auf die uucp-Anwendungssoftware unter DOS, Windows, OS/2, Mac und Linux komme ich gleich zum Schluss kurz zu sprechen.

Eine uucp-Site muss man systematisch Schicht für Schicht aufbauen. Der Aufbau kann durchaus einige Wochen beanspruchen, bis alles wie gewünscht funktioniert. Konkret bedeutet dies unter Linux die Installation und Konfiguration...

1. der Hardware (PC, Modem, Kabel),
2. des Betriebssystems, der Shell (bash, Scripte), einige allgemeine Anwendungen und Administration (joe, permissions, adduser...),

3. des Transportprotokolls (uucp) und der Verbindung zwischen PC und Modem (mgetty),
4. der Adressierungskoordination für E-Mail (sendmail, smail oder qmail) und News (cnews oder inn),
5. der Netz-Anwendungsprogramme (typischerweise: elm oder pine für Mail, tin oder nn für News).

Erst wenn die darunterliegende Schicht konfiguriert und für sich auf Funktionssicherheit getestet ist, sollte man sich der nächsten Schicht zuwenden. Dieses Denken in Schichten ist nicht nur beim Aufbau, sondern auch beim späteren Lokalisieren von Fehlern wichtig.

Relativ anspruchsvoll beim Aufbau ist die Konfiguration des Transportmechanismus uucp und der Adressierungskoordinatoren für E-Mail (üblicherweise kommt hierbei der sendmail zum Einsatz) und News (üblich: cnews). Man kommt nicht um das Einarbeiten in Spezialliteratur herum. Zum Umgang mit Linux sei auf die Bücher von Kofler sowie Hetze (Kofler 1996/ Hetze et al. 1996), zur Einrichtung von Linux als Netzrechner auf die Bücher von Kirch und Kirchdörfer (Kirch 1996, Kirchdörfer et al. 1997) hingewiesen.

Nun noch kurz zur Anwenderseite: Für reine Anwender, die ihre Daten nur mit der Site tauschen, aber nicht selbst als Site für andere Sites fungieren müssen, ist uucp dagegen sehr einfach zu installieren und zu benutzen. Unter DOS stehen Crosspoint und Waffle165 (zusammen mit Helldiver auch mit einer grafischen Oberfläche unter Windows3.1) zur Verfügung. Sieht man sich den Schichtenaufbau einer uucp-Site noch einmal an, dann integrieren die Anwendungsprogramme die drei Schichten des Protokolls, der Adressierungskoordination und der Anwendung. Crosspoint findet man unter `ftp://ftp.uni-kl.de/pub/pc/dos/terminal/xpoint`, Waffle auf vielen CD-ROMs mit DFÜ-Programmen oder unter `ftp://ftp.uni-paderborn.de/`. Unter DOS, OS/2 und Windows95/NT kommt UUPC/extended zum Einsatz. Dieses Programmpaket (zu beziehen von `http://www.kew.com`) integriert die Schichten nicht ganz so stark wie Crospoint und es bietet auch keinen Newsreader an, weil es stark an das klassischen uucp-Vorbild unter Unix angelehnt ist. Dafür kann es denn auch selbst als eine uucp-Site eingerichtet werden. Und auch die Benutzer von Mac-Rechner wurden nicht vergessen: Für sie gibt es Mac-uucp (zu beziehen unter `ftp://ftp.cs.tu-berlin.de/pub/mac/comm/`).

# Literatur


- da Cruz, Frank/ Gianone, Christiane M., 1993: Using C-Kermit - Communication Software for Unix, VMS, OS/2, AOS/VS, OS-9, Amiga, AtariST: Digital Press
- Hetze, Sebastian/ Hohndel, Dirk/ Müller, Martin,/ Kirch, Olaf, 1996: LinuX Anwenderhandbuch und Leitfaden für die Systemverwaltung, 6. Auflage, Berlin: LunetIX Softair
- Kirch, Olaf, 1996: Linux - Wegweiser für Netzwerker, Köln: O'Reilly
- Kirchdörfer, Klaus-Peter/ Rost, Martin/ Scheller, Herbert, 1997: Handbuch uucp-Networking, Computernetze bauen, 1. Auflage, Hannover: Heise-Verlag
- Kofler, M., 1996: Linux - Installation, Konfiguration, Anwendung, 2. Auflage, Bonn: Addison-Wesley

– Titz, Olaf, 1996: Ein Internet-Projekt: Linux; in: Rost, Martin (Hrsg.), 1996: Die Netzrevolution - Auf dem Weg in die Weltgesellschaft, Frankfurt am Main: Eichborn-Verlag: 201-207

Die Linux-Distribution von SuSE ist in jeder EDV-Abteilung einer größeren Buchhandlung zu finden:

S.u.S.E.
Gebhardtstraße 2
90762 Fürth
Tel: 0911 740530
Fax: 0911 7417755
Mail: suse@suse.de
WWW: http://www.suse.de

# Anhang

## A.1 Über die Autoren

Batinic, Bernad: Geb. 1969, Dipl.-Psych. 1995 in Giessen, Wissenschaftlicher Mitarbeiter am Lehrstuhl für Arbeits- und Organisationspsychologie der Universität Giessen. Arbeitsschwerpunkte: Datenerhebungsverfahren im Internet, Gruppen und Führungsprozesse in innerbetrieblichen Netzen und Arbeitszeit. Buchveröffentlichung: Internet für Psychologen (Hrsg.) (1997, Hogrefe-Verlag). Adresse: Lehrstuhl für A&O Psychologie, Otto-Behaghel-Str. 10F, 35394 Giessen, E-Mail: `Bernad.Batinic@psychol.uni-giessen.de`, WWW-Homepage: `http://www.psychol.uni-giessen.de/~Batinic/home2.htm`

Boni, Manfred: Geb. 1947, Bibliothekar an der Universitätsbibliothek in Wuppertal. Dipl.-Soziologe, Dr. phil.. In Wuppertal Fachreferent für Wirtschafts-, Sozial- und Rechtswissenschaften und Leiter der Informationsvermittlungsstelle der UB.

Goltzsch, Patrick: Hamburg, studiert Soziologie, Informatik und Literaturwissenschaft und befasst sich wissenschaftlich und praktisch mit den Kommunikationsmöglichkeiten, die über das Internet zur Verfügung stehen.

Hagedorn, Dirk: Geb. 1969, lebt in Sundern/Sauerland, studiert Betriebswirtschaft an der Universität-Gesamthochschule Paderborn, beschäftigt sich seit 1982 mit Computern, seit 1992 Erfahrungen mit der DFÜ und dem Internet, ist der Autor von UDO und befaßt sich seit 1995 intensiv mit (Hyper-)Textformaten und Markup-Languages. E-Mail: `dh@mk2.maus.sauerland.de`, `http://members.aol.com/DirkHage`.

Herwig, Werner: Geb. 1956 in Heide (Holstein), Studium der Geschichte/ Germanistik höheres Lehramt, Nebenfächer Pädagogik/ Soziologie. Seit acht Jahren Arbeit in der Erwachsenenpädagogik mit Schwerpunkt Arbeitssicherheit und -medizin. Zur Zeit Referent für Aus- und Fortbildung bei der Verwaltungsberufsgenossenschaft.

Jäger, Dagmar (geb. Horch): Mathematisch Technische Assistentin (MTA) bei der GMD – Forschungszentrum Informationstechnik in St. Augustin. Studium der Informatik. Derzeit bei der DETECON, Deutsche Telepost Consulting GmbH, mit Consulting- und Projektmanagementaufgaben im Bereich Informationssysteme betraut.

Köhntopp, Kristian: Diplom-Informatiker, derzeit als Berater bei der Installation und Absicherung großer, heterogener Rechnernetze tätig. Begleitet aktiv gestaltend seit mehr als 10 Jahren die deutsche Netzlandschaft.

Krajewski, Markus: Geb. 1972, studiert Germanistik, Kulturwissenschaft, Soziologie und Philosophie in Köln und Berlin. Mitherausgeber der kulturwissenschaftlichen Internet-Zeitschrift VERSTÄRKER (`http://www.uni-koeln.de/~amd47/`). Letzte Publikation „Spür-Sinn. Was heißt einen Hypertext lesen?“ in: Lorenz Gräf und Markus Krajewski, Soziologie des Internet. Handeln im elektronischen Web-Werk, Campus Verlag, Frankfurt am Main, 1997.

Kybelka, Jörg: Magister Literaturwissenschaft, Germanistik und Pädagogik.

Ohlendieck, Lutz: Geb. 1956 in Bremen, Soziologe, High-School-Abschluß in Michigan, USA 1973; Abitur 1975 in Bremen; Studium der Amerikanistik und Geschichte in Hamburg; Studium der Volkswirtschaft, Soziologie und Psychologie in Kiel.

Petter, Erhardt: freier Programmierer. Sein theoretischer Schwerpunkt ist die Gestaltung der Schnittstelle zwischen Mensch und Computer und deren Wandel durch die Einführung neuer Techniken und Medien. Praktisch beschäftigt er sich vorrangig mit neuen Wegen der technischen und wissenschaftlichen Dokumentationsdaten auf dem Computer. E-Mail: `epetter@toppoint.de`

Recke, Martin: Geb. 1969, Politikwissenschaftler und Journalist, u.a. Berliner Korrespondent für den Fachdienst epd medien. Internet-Forschung für das Wissenschaftszentrum Berlin. Demnächst erscheint ein Buch zur Medienpolitik im digitalen Zeitalter. E-Mail: `mr94@prenzlnet.in-berlin.de`

Rober, Renee: Beschäftigt sich beruflich mit der Entwicklung elektronischer Schaltungen der Mess- und Regeltechnik.

Rost, Martin: Studium der Soziologie, Philosophie, Psychologie, veröffentlichte zuletzt: „Anmerkungen zur Soziologie des Internet; in: Gräf/ Krajewski (Hrsg.), 1997: Soziologie des Internet, Campus“; „Rost (Hrsg.), 1996: Die Netz-Revolution, Eichborn“; „Rost/ Schack (Hrsg.), 1995: Der Internet-Praktiker, Heise“, E-Mail: `maro@maroki.netz-service.de`; WWW-Homepage: `http://www.netuse.de/~maro/`

Rotermund, Hermann: Dr. phil., war als Literaturwissenschaftler, als Organisator von Kulturveranstaltungen, als freier Autor, Übersetzer, Lektor und Herausgeber von Sachbüchern tätig. Beschäftigt sich derzeit mit Mediengeschichte sowie mit Konzepten für Internet-Präsentationen.

Sarnow, Karl: Dr. rer. nat., Dipl. Phys., unterrichtet die Fächer Mathematik, Physik und Informatik am Gymnasium Isernhagen bei Hannover. Als deutscher Koordinator des europäischen Schulprojekts ESP (`http://www.shuttle.schule.de/h/dadoka/esp`) wirkt er bei der Betreuung von Schulprojekten im Internet als Berater und mit eigenen Projekten. Als Vorstandsmitglied des BioNet e.V. wird diese Tätigkeit ebenfalls deutlich. BioNet e.V. (`http://baldrick.kc.kuleuven.ac.be/~karls/bionet`) ist ein eingetragener, gemeinnütziger Verein, der sich mit der Unterstützung wissenschaftlicher, ökologischer Projektarbeit an Schulen mit Hilfe der modernen Informationstechnologie im Internet beschäftigt.

Schmielau, Torben: installiert seit Ende der 80er Jahre Kommunikationstechnologie (Schwerpunkte: uucp-Sites und Internet-Server insbesondere für's World-Wide-Web) in Firmen, Instituten und Schulen. E-Mail: `tosch@ondit.netzservice.de`

# A.2 Sachwortregister

## A



## B



## C



## D



## E



## F

## U



## V



## W



## Y



## Z

# Intranet-Evolution des Internet

Gerhard Lienemann

Das Internet und dessen Teilmenge World Wide Web (WWW) entwickeln sich dynamisch weiter. Das Intranet ist in diesem Zusammenhang der nächste Schritt, denn es bildet Dienste und Funktionalitäten des WWW auf die unternehmensinterne Infrastruktur ab. Es ermöglicht die Straffung von Abläufen, einen optimierten Informationsfluss und damit eine erhebliche Kostenentlastung.

Vor diesem Hintergrund beschreibt Gerhard Lienemann aus Sicht des Praktikers den Weg zum integrierten Intranet im Unternehmen und zeigt die Möglichkeiten auf, die sich durch die Realisierung eines solchen Projektes bieten. Im Einzelnen werden folgende Schwerpunkte gesetzt:

- fachübergreifende Informationssysteme,
- Einrichtung von Diskussionsforen zum produktiven Erfahrungsaustausch,
- Integration eigener Anwendungen in eine gemeinsame Präsentationsschicht.

Breiter Raum wird den Risiken und den damit verbundenen Sicherheitsstrategien (Firewallsysteme) gegeben. Kostenaspekte und die Implementierung von FTP-Servern werden ebenfalls berücksichtigt. Weitere Schwerpunkte sind HTML und Java. Die Erörterung von HTTP im Hinblick auf Protokolleigenschaften, Frameaufbau und Funktion im Intranet runden die Darstellung ab.

Intranet für den Praktiker vom Experten!

**ISBN 3-89360-947-4**

**DM 79,80**
**öS 583,00**

bhv Verlags GmbH • Novesiastraße 60 • 41564 Kaarst • Tel.: 0 21 31 / 765-01 • Fax: 0 21 31 / 765-101 • http://www.bhv.net

# Software Engineering für Echtzeit und Embedded Systems

Georg Erwin Thaller

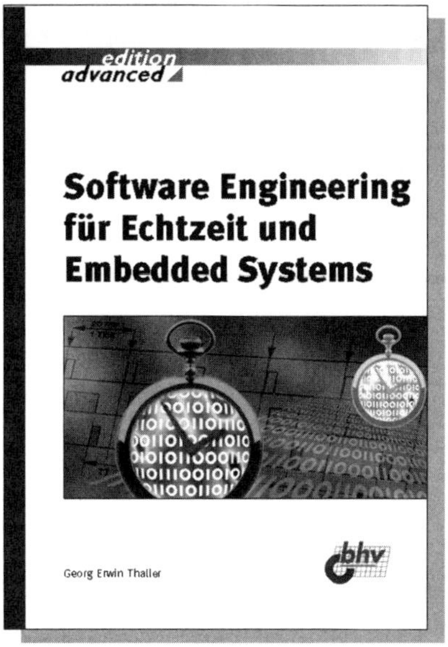


Nahezu neun Zehntel aller elektronischen Bauelemente sind in Geräten implementiert, die als Embedded Systems bezeichnet werden. Dabei handelt es sich "um einen durch Software kontrollierten Computer oder Mikroprozessor, der Teil eines grösseren Systems ist, dessen primäre Funktion nicht rechenorientiert ist." Diese Systeme finden in Haushaltsgeräten und Kraftfahrzeugen, aber auch in der Luft- und Raumfahrttechnik Anwendung. Viele solcher Konfigurationen arbeiten in Echtzeit - unterliegen also strengen Kriterien in Bezug auf ihr zeitliches Verhalten - und sind zudem sicherheitskritisch. Bei Ausfall oder Versagen können folglich Menschenleben gefährdet sein. Es kommt hinzu, dass bei dieser Art von Software die Verbindung mit der Hardware am engsten ist.

Diesem Spannungsfeld stellt sich Georg Erwin Thaller. Praxisnah und mit vielen Beispielen erläutert er den Software-Engineering-Prozess von Echtzeit und Embedded Systems. Er wendet sich an Entwickler, aber auch an Studenten der Fachrichtungen Informatik, Physik und Maschinenbau. Dabei setzt er folgende Schwerpunkte:

- Management und Kontrolle
- Systemdefinition
- Systementwurf
- Implementierungsphase
- Verifikation, Validation, Integration

Literaturverzeichnis, Glossar und Akronymliste machen Software Engineering für Echtzeit und Embedded Systems zu einem kompletten Nachschlagewerk für den Praktiker im Betrieb und den Studenten mit Grundkenntnissen.

**ISBN 3-89360-542-8**

**DM 79,80**
**öS 583,00**

bhv Verlags GmbH • Novesiastraße 60 • 41564 Kaarst • Tel.: 0 21 31 / 765-01 • Fax: 0 21 31 / 765-101 • http://www.bhv.net

# Für Notizen